房地产投资系列丛书　丛书总主编：李政道

粤港澳大湾区房地产投资

肖　冰　主　编
牙颖毅　何芃霏　赖旭露　副主编

中国财经出版传媒集团
经济科学出版社
·北京·

图书在版编目（CIP）数据

粤港澳大湾区房地产投资/肖冰主编. --北京：经济科学出版社，2024.1
（房地产投资系列丛书）
ISBN 978 - 7 - 5218 - 4849 - 6

Ⅰ.①粤… Ⅱ.①肖… Ⅲ.①城市群 - 房地产投资 - 广东、香港、澳门 Ⅳ.①F299.233.53

中国国家版本馆 CIP 数据核字（2023）第 110270 号

责任编辑：李一心
责任校对：刘　娅
责任印制：范　艳

粤港澳大湾区房地产投资
肖　冰　主　编
牙颖毅　何芃霏　赖旭露　副主编
经济科学出版社出版、发行　新华书店经销
社址：北京市海淀区阜成路甲 28 号　邮编：100142
总编部电话：010 - 88191217　发行部电话：010 - 88191522
网址：www.esp.com.cn
电子邮箱：esp@esp.com.cn
天猫网店：经济科学出版社旗舰店
网址：http://jjkxcbs.tmall.com
北京季蜂印刷有限公司印装
710×1000　16 开　22 印张　322000 字
2024 年 1 月第 1 版　2024 年 1 月第 1 次印刷
ISBN 978 - 7 - 5218 - 4849 - 6　定价：87.00 元
（图书出现印装问题，本社负责调换。电话：010 - 88191545）
（版权所有　侵权必究　打击盗版　举报热线：010 - 88191661
QQ：2242791300　营销中心电话：010 - 88191537
电子邮箱：dbts@esp.com.cn）

丛书总主编：李政道

主　　　编：肖　冰
副　主　编：牙颖毅　何芃霏　赖旭露

编委会委员：

杨　帆	李科霖	张宇峰	彭　喆	滕　越
张　晗	杨清荃	李宛珊	殷雅琴	陈嘉敏
宗亚宁	周进威	徐兆祺	吴宇鸿	叶子豪
陈勇君	郑晓森	洪　柳	汤　潇	李乐舒
石　航	张靖苗			

前　言

《中华人民共和国国民经济和社会发展第十三个五年规划纲要》于2016年3月17日正式发布，纲要中的内容"支持港澳在泛珠三角区域合作中发挥重要作用，推动粤港澳大湾区和跨省区重大合作平台建设"也代表了粤港澳大湾区的建设被首次明确提出。2017年3月5日，李克强总理在《政府工作报告》中提出要研究制定粤港澳大湾区城市群发展的规划，这使得粤港澳大湾区的建设开始付诸实践，也正式从地方战略层面提升到国家战略的层面。中共中央、国务院于2019年2月18日印发的《粤港澳大湾区发展规划纲要》进一步为大湾区在新形势下的发展指明了方向，给出了大湾区各地区协同发展的整体框架，明确了大湾区各地区在新时期的战略定位，奠定了粤港澳大湾区在国家战略格局中举足轻重的地位。2021年3月13日，《中华人民共和国国民经济和社会发展第十四个五年规划和2035年远景目标纲要》明确提出要加强粤港澳产学研协同发展，完善广深港、广珠澳科技创新走廊和深港河套、粤澳横琴科技创新极点"两廊两点"架构体系，推进综合性国家科学中心建设，便利创新要素跨境流动。2023年6月29日，国家互联网信息办公室与香港特区政府创新科技及工业局签署了《关于促进粤港澳大湾区数据跨境流动的合作备忘录》，目标是在国家数据跨境安全管理制度的框架下，建立粤港澳大湾区数据跨境流动安全规则，促进粤港澳大湾区数据跨境安全有序流动，推动粤港澳大湾区高质量发展。粤港澳大湾区的经济发展迅速，经济体量跻身世界前三大湾区，成为我国经济社会发展的重中之重，一方面引领华南地区经济结构的调整和产业升级，另一方面带动内陆腹地加快发展，不仅为中国特色社会主义市场经济发展探索道路，同时也成为我国"一带一路"倡议的支点和国际经济贸易的新窗口。

粤港澳大湾区在政策制度、地理交通、金融服务、产业协同、科技创新以及国际合作等方面具有巨大的发展空间和潜力。政策开放是大湾区发展的动力支持，科技创新是大湾区发展的活力源泉，交通便利是大湾区发展的天然优势，产业协同是大湾区发展的资源汇聚，国际合作是大湾区发展的长远目标，金融服务则是大湾区发展中的无形之手和强力基石，影响着大湾区各个方面的发展。这些优势在当前国内外经济发展的背景下，不断加速推进着粤港澳大湾区成为我国乃至世界经济增长的重要引擎。同时，随着粤港澳大湾区经济、科技、文化等领域的快速发展，城镇化进程不断加快，人们的生活水平也随之大幅提高，大量的新增人口涌入湾区，而人口的快速增长将大大刺激对湾区公共服务基础设施和住房的需求，导致粤港澳大湾区房地产投资的潜在机会不断涌动。房地产作为国民经济的支柱行业，密切关系着社会稳定、经济竞争力、资产配置、民生福祉等根本问题，一直是政府以及社会各界关注的重要领域。但目前，能够很好契合粤港澳大湾区发展特点的房地产投资分析研究匮乏，亟须从政策、经济、人口、土地、历史经验等角度对粤港澳大湾区的房地产投资进行深入研究和探讨。本书以国家粤港澳大湾区发展战略为导向，围绕广东省九市和港澳两地的实际情况，从国家发展的宏观视角和房地产投资的经济视角出发，详细梳理了关于粤港澳大湾区的一系列政策文件，深入剖析了大湾区的产业和房地产的发展路径，结合最新的时政和财经变化，从政策、经济、人口、土地、历史经验等多视角探讨分析了粤港澳大湾区房地产产业发展与投资机会。在推动粤港澳大湾区经济融合的基础上，本书有效地总结了大湾区房地产市场发展的经济规律，不仅可为相关研究人员提供大湾区房产投资的理论知识和房地产发展情况的翔实资料，也可为大众日后在大湾区进行房产置业投资及财富管理提供宝贵的参考。

粤港澳大湾区的快速发展与房地产市场的不确定性，对针对性的区域投资分析提出了更高要求，需要不断结合时政和实际需求做出有效决策。正因如此，以区域经济理论为基础、政策导向为抓手的大湾区房地产投资机会分析也必然会是一个不断进步和革新的过程。为此，本书虽从相关理论、政策、行业发展等多角度进行了较为全面的梳理和总结，但对房地产行业的全面研判也难免挂一漏万，敬请大家批评指正并提出宝贵意见，以便后续不断修改完善。再次感谢您阅读本书！

李政道
2023年11月于荔园

目　　录

第一章
绪论：全球未来都市圈中的明珠　　001
　　一、粤港澳大湾区建立的背景　　001
　　二、粤港澳大湾区的优势　　004
　　三、粤港澳大湾区对国内城市的辐射效应　　008
　　四、粤港澳大湾区的全球定位　　010
　　五、粤港澳大湾区与"一带一路"建设　　017

第二章
他山之石：世界三大湾区概况、发展经验及启示　　021
　　一、世界三大湾区的概况　　021
　　二、世界三大湾区发展经验与启示　　023

第三章
资源汇聚：粤港澳大湾区城市群的经济一体化　　034
　　一、粤港澳大湾区城市群概况　　034
　　二、粤港澳大湾区城市群经济要素的空间配置结构　　040
　　三、粤港澳大湾区城市群经济一体化程度　　050
　　四、粤港澳大湾区城市群经济一体化的发展方向　　056

第四章
黄金产业：粤港澳大湾区的产业发展机会   **059**

    一、粤港澳大湾区的产业分工与合作   059

    二、粤港澳大湾区制造业产业机会   073

    三、粤港澳大湾区金融产业机会   082

    四、粤港澳大湾区服务业机会   092

    五、粤港澳大湾区科技创新产业机会   100

第五章
周期脉动：粤港澳大湾区的房地产周期   **105**

    一、房地产周期的研究   105

    二、粤港澳大湾区的房地产周期   113

    三、粤港澳大湾区房地产周期的阶段及表现   124

第六章
供需钢丝：粤港澳大湾区房地产的供求关系   **129**

    一、粤港澳大湾区房地产市场的需求   129

    二、粤港澳大湾区房地产市场的供给   141

    三、粤港澳大湾区房地产市场的供需均衡   149

第七章
政策解读：粤港澳大湾区的房地产政策   **153**

    一、广东"9"城市的房地产政策   153

    二、澳门的房地产政策   183

    三、香港的房地产政策   189

    四、粤港澳大湾区房地产政策的影响机制   199

第八章
政府钱袋：土地财政及粤港澳大湾区房地产投资 208
一、粤港澳大湾区的房价分析 208
二、粤港澳大湾区的土地区位 217
三、土地财政带来的粤港澳大湾区房地产投资的难题 224

第九章
人口投票：人口迁移的国际规律与粤港澳大湾区房地产投资潜力 228
一、人口迁移的理论逻辑 228
二、粤港澳大湾区的人口总量对房地产投资影响 231
三、粤港澳大湾区的人口结构对房地产投资影响 238
四、粤港澳大湾区的人口政策对房地产投资影响 242

第十章
玩转金融：房地产金融属性及粤港澳大湾区房地产投资 248
一、房地产资产的证券化 248
二、粤港澳大湾区房地产证券化与投资的联系 257
三、财政政策对粤港澳大湾区房地产投资的影响 263
四、货币政策对粤港澳大湾区房地产投资的影响 267
五、信贷政策对粤港澳大湾区房地产投资的影响 272

第十一章
房价调控：历年中国特色房地产调控对大湾区房地产投资的启示 279
一、历年中国特色房地产调控回顾 279
二、历次房地产调控对粤港澳大湾区房地产投资的启示 297

第十二章
规避风险：粤港澳大湾区投资风险的思考   **302**

    一、俄罗斯房地产投资的启示   302

    二、日本房地产投资的启示   306

    三、东南亚房地产投资的启示   319

    四、历次房地产泡沫对粤港澳大湾区房地产投资风险的启示   321

参考文献   **326**

第一章

绪论：全球未来都市圈中的明珠

一、粤港澳大湾区建立的背景

（一）粤港澳大湾区建立的政治背景

2016年3月，《中华人民共和国国民经济和社会发展第十三个五年规划纲要》正式发布，指出："支持港澳在泛珠三角区域合作中发挥重要作用，推动粤港澳大湾区和跨省区重大合作平台建设。"粤港澳大湾区由"9+2"城市组成，包括香港、澳门特别行政区及广东省广州、深圳、佛山、惠州、东莞、中山、江门、珠海和肇庆。随后，国家与地区政府均发布相关文件，推动粤港澳大湾区的未来发展。特别是在2019年2月18日，中共中央、国务院印发了《粤港澳大湾区发展规划纲要》（以下简称《规划纲要》），是指导粤港澳大湾区当前和今后一个时期合作发展的纲领性文件，并要求各地区各部门结合实际认真贯彻落实，意在充分发挥粤港澳综合优势，深化内地与港澳合作。表1-1为粤港澳大湾区历年重要文件一览表。

表 1-1　　　　　　　　粤港澳大湾区历年重要文件一览表

时间	粤港澳大湾区相关政策文件名称
2016 年 3 月	《中华人民共和国国民经济和社会发展第十三个五年规划纲要》
	《关于深化泛珠三角区域合作的指导意见》
2017 年 7 月	《深化粤港澳合作 推进大湾区建设框架协议》
2018 年 11 月	《中共中央 国务院关于建立更加有效的区域协调发展新机制的意见》
2019 年 2 月	《粤港澳大湾区发展规划纲要》
2019 年 12 月	《"大众创业、万众创新"研究（2019）——粤港澳大湾区创新报告》
2022 年 2 月	《全国一体化算力网络粤港澳大湾区国家枢纽节点建设方案》
2022 年 6 月	《广州南沙深化面向世界的粤港澳全面合作总体方案》

作为特别行政区，香港、澳门在经济制度和司法体系上与中国内地存在较大差异。为了寻求司法上的协调合作，为区域经济发展铺平道路，中央一直寻求制定适应于粤港澳客观条件与中国国情的一系列法律法规和与国际接轨的经济政策，将粤港澳大湾区融入"一带一路"建设之中。同时，为了继续深化粤港澳经济联系与合作，港澳特区政府也尝试突破现有行政体制阻碍，为实现粤港澳大湾区的产品和生产要素自由流动提供最大限度的优惠和便利条件。

粤港澳大湾区的成立意味着中国改革开放政策将进入新的阶段。中国作为一个大国，有责任也有能力为其他国家展示出一条基于自身发展历程客观可行的和平发展道路，中国的政治视野也将会变得更加开阔。

（二）粤港澳大湾区建立的经济背景

一般认为，世界三大湾区经济普遍经历了港口经济、工业经济、服务经济和创新经济四个发展阶段。现阶段，粤港澳大湾区正处于由港口经济、工业经济发展阶段向服务经济、创新经济发展阶段迈进的过程中。可以说，建设粤港澳大湾区，不是简单的区域一体化战略和对外开放战略的合并、升级，而是在改革开放四十余年的新起点上，在经济发展模式转型、内外联动进一步扩大开放、全面深化改革过程中，以更高起点、更高标准、更广视野所提出的一项富有远见、胆识和魄力的历史使命。粤港澳大湾区的建设可从科技创新、经济金融、产业协同等各方面进一步推动经济的高质量发展。

中国内外经济模式的最大特点在于，对外开放过程中完全能够应对经济全球化的发展趋势，适应多边的国际经济秩序的基本原则，贸易和投资自由化程度显著提高；对内在国内制度的改革上，坚持了符合国情的市场经济道路，形成了具有中国特色的社会主义市场经济体系。中国经济模式的成功体现在中国经济总量的占优，使得中国经济在成功避免了世界经济周期性危机的同时，也成为第二次世界大战之后经济增长业绩最优秀的发展中国家之一。由此可见，粤港澳大湾区正是在经济特区以开放促改革的成功经验的基础上，从国家发展的大局出发，对中国经济最具活力的地区进行重新的战略定位。近年来，面对国内外风险挑战明显上升的复杂局面，中国经济取得了来之不易的成绩，而我国经济稳中向好、长期向好的基本趋势没有改变。在经济方面我国着力于实现量的合理增长和质的稳步提升。政府对经济发展的重视可为地区经济发展提供稳定的大后方，粤港澳大湾区势必会不负众望，成为推动中国经济更上一步台阶的火箭筒。

（三）粤港澳大湾区建立的社会历史背景

粤港澳大湾区，从行政区划分上来说，是一个国内的不同行政层级的组合，包括2个特别行政区和广东省内9个地级市；从政治体制上来说，是存在2种社会制度、3个独立关税区和3种不同货币的区域（人民币、港元和澳门币）；从经济发展上，是经济结构各异但联系紧密、开放程度不同但相互支撑，代表中国改革开放和经济发展最高水平的区域。

自香港、澳门回归以来，其在自身发展的同时与内地逐渐融合。粤港澳大湾区的建立一方面可促进地区发展，另一方面可使港、澳与内地更密切地联结。改革开放以来，粤港澳三地的合作交流进一步加强，共同互补发展，改革开放40余年成果的传承，为粤港澳大湾区建设打下了坚实的基础，让已经得到良好发展的地区进一步加强自身优势，形成区域产业协同，以辐射方式带动内地经济进步。

香港、澳门与珠三角九市文化同源、人缘相亲、民俗相近、优势互补。近年来，粤港澳合作不断深化，基础设施、投资贸易、金融服务、科技教育、休闲旅游、生态环保、社会服务等领域合作成效显著，已经形成了多层次、全方位的合作格局。

二、粤港澳大湾区的优势

（一）交通地理优势

粤港澳大湾区地处我国沿海开放前沿，以泛珠三角区域为广阔发展腹地，在"一带一路"建设中具有重要地位。作为"一带一路"建设的重要支撑，粤港澳大湾区更好地发挥了港澳在国家对外开放中的功能和作用，提高了珠三角九市开放型经济发展水平，促进了国内国际两个市场、两种资源有效对接，建设了具有重要影响力的国际交通物流枢纽。

《规划纲要》提出，要加快基础设施互联互通，加强基础设施建设，这预示着至少万亿量级的轨道交通项目即将提上日程；同时，"1小时生活圈"概念的提出，湾区各城之间的交通网建设与规划成为衡量湾区城市发展潜力的重要因素。

粤港澳大湾区交通条件便利，拥有香港国际航运中心和吞吐量位居世界前列的广州、深圳等重要港口，以及香港、广州、深圳等具有国际影响力的航空枢纽，便捷高效的现代综合交通运输体系也正在加速形成。2018年，港珠澳大桥正式通车，提供了珠港澳之间贸易流通的又一个通道。航运、海运、铁路运输等方面,粤港澳大湾区都做足了完善的规划与发展准备,为经济发展与区域协同奠定了坚实的基础。

大湾区未来将加快港口,机场,高铁,高速公路,桥梁等建设,推广"一票式""一卡通""一单制"等衔接目标,拆除湾区11个城市的"围栏",进一步满足协调发展的需求,促进周边地带的经济可以得到更进一步发展的机会。

(二)国际合作优势

国家确立粤港澳大湾区战略,正是从全球坐标出发谋划增创竞争新优势,推动该地区在国际化水平、产业结构、城市功能和人居环境质量方面综合协作,将粤港澳大湾区努力打造成为未来全球创新、现代服务、优质资源的集聚地。在粤港澳大湾区"9+2"的城市构成中,香港金融和现代服务业发达,澳门是国际化城市,深圳具备成为全球科技创新中心的潜质,珠三角地区其他城市则以高端制造、智能制造、系列制造闻名,有望成为全球性经济、金融、人才和创新中心。

其中,香港在粤港澳大湾区与世界的连接中扮演了十分重要的角色,香港所具有的"一国"和"两制"双重优势使其成为粤港澳大湾区连接世界的"超级联系人"。香港与世界上大多数国家和地区保持着紧密的经贸往来,引领海外公司进入中国市场;同时也协助中国企业走出家门,进军国际市场,是重要的国际金融中心、贸易航运中心和资讯中心,能够发挥自由港的优势,成为连接"一带一路"沿线国家和地区的重要枢纽和全球中高端资源配置中心。其次,深圳作为中国首个对外开放的窗口城市,外向型经济优势明显,开放型经济政策试点经验丰富,是国家跨境电商综合试验区。

(三) 政策制度优势

粤港澳大湾区享有国家级战略规划的政策红利叠加，例如"一带一路"建设、区域经济协同发展、深化对外开放等，为贸易和产业合作提供了巨大的选择空间。而且由制度多样性带来制度创新空间，其既有高度市场化环境发展起来的国际金融中心、国际航运中心，也有在计划经济向市场经济过渡时期成长起来的世界制造中心和世界领先科创中心。并且可以化制度复杂性为独特优势，将湾区的多重定位立足不同城市圈，较中国其他主要城市群，资源分配和区内发展更均衡。

大湾区也同时具备"一国两制三关税区"的独特优势，利用好其多样性和互补性，有助于拓宽制度创新的空间，使得湾区政策制定以多方协商推进。有助于人才引进、资本流动、贸易通关和引进外资上的合作，利于避免各自为政、重复建设。粤港澳大湾区内各级政府推出贸易、教育、人才等的政策措施，提升市场一体化水平，助力培育具国际竞争力、能走出去的企业，同时把优秀的海外企业和资金引进来，进一步完善对外开放。未来政策协商关注支持区域内投融资交流、简政放权、税制改革（利好科研投入和中小企业）提高湾区整体营商环境。

(四) 科技创新优势

大湾区的战略定位为建造具有全球影响力的国际科技创新中心，因此规划的重点即为区域协同创新、打造创新载体和平台、优化创新环境。进而使得湾区具备科技创新资源优势，有利于人工智能、金融科技等领域的蓬勃发展，将通过先进制造业、战略性新兴产业、现代服务业和海洋经济构建现代化产业体系。此外，大湾区具香港和深圳两个重要资本市场，未来将进一步互联互通，完善市场机制，这些因素都有利于民营经济的高速发展。

同时，大湾区科技创新资源具有极大的优势，湾区内区域集群创新能力全球排名第二[①]；深港交易所总市值（超6.5万亿美元）位居全球第三[②]；科研资源丰富，驻有多所知名高校、国家级重点实验室；拥有超过3000家创投机构[③]。未来可以通过建立企业和大学、科研机构的联盟等平台，缩短新技术从研究到应用的过程。

（五）经济金融优势

粤港澳大湾区与美国旧金山湾区类似，市场经济程度较高。珠三角中的一些代表城市素有改革开放的精神，目前来看，科技创新与金融开放结合是粤港澳大湾区的主要竞争优势。粤港澳大湾区坐拥港交所、深交所两大证券交易所，金融业大有潜力，其中香港在推动金融市场建设的地位举足轻重。作为国际金融中心，香港有完善的金融人才培养、金融研发能力和金融信息体系，一直充当着内地资本市场对外开放的窗口。广州、深圳也同样是国内金融发展的领军之城。粤港澳大湾区内又拥有众多新兴的科创企业，融资需求旺盛，给金融发展拓宽了空间，科技、金融两者发展相辅相成。香港、广州及深圳的金融业集聚优势有利于湾区内外乃至国际资本流动，可吸引更多国内外风投机构等金融产业进驻粤港澳大湾区。

未来，粤港澳大湾区有望发挥香港国际金融中心优势，以广州、深圳、澳门、珠海等城市的金融与科技领域为依托，打造粤港澳大湾区的金融核心圈。

[①] 新浪财经：深港穗科技集群连续三年排名全球第二：创新能力不断提升　基础研究有所不足，https：//baijiahao.baidu.com/s?id=1746564737753452671&wfr=spider&for=pc。
[②] 刘杰：《粤港澳大湾区建设理论与实践》，广州出版社2020年版。
[③] 搜狐网：大湾区的新机遇，https：//www.sohu.com/na/463186697_100195858。

(六) 产业协同优势

粤港澳大湾区既有香港特别行政区、澳门特别行政区，又有深圳和珠海两个经济特区，中国（广东）自由贸易试验区南沙新区片区、前海片区和横琴片区，其合作机制较其他城市群更为丰富、多元。

产业竞争力是一个国家或地区竞争优势所在。粤港澳大湾区在制造业上具有雄厚的基础和强大的实力，是全球制造业发达区域，计算机、通信和其他电子设备制造业入围创新机构行业前三，竞争强于合作；在产业结构上，部分城市传统产业比重偏大，产业竞争力不强。在构建开放型经济和参与全球化竞争上，珠江三角洲地区城市要学习借鉴香港、澳门的先进经验，积极探索体制机制创新，打造科技、金融、人才等新型合作平台，营造有利于开放发展的良好环境，促进湾区内人流、物流、资金流、信息流和技术流等资源要素自由畅通流转，实现城市间优势互补、竞合发展、协同共赢。

应充分利用广州、深圳的科研和科技实力，香港、深圳和广州的金融实力，香港和澳门的高端服务业实力，以及佛山、东莞、珠海、中山、江门及肇庆的制造业实力，科学布局、优势互补，创新驱动推进粤港澳大湾区产业转型升级，提升粤港澳大湾区在全球的竞争力。

三、粤港澳大湾区对国内城市的辐射效应

发挥粤港澳大湾区辐射引领作用，统筹珠三角九市与粤东西北地区生产力布局，带动周边地区加快发展，构建以粤港澳大湾区为龙头，以珠江—西江经济带为腹地，带动中南、西南地区发展，辐射东南亚、南亚的重要经济支撑带。完善大湾区至泛珠三角区域其他省区的交通网络，深化区域合作，有序发展"飞地经济"，促进泛珠三角区域要素流动和产业转移，形成梯度发展、分工合理、优势互补的产业协作体系，深化大湾区与中南地区和长江

中游地区的合作交流，加强大湾区对西南地区的辐射带动作用。

（一）核心层次：带动"9+2城市群"飞速发展

城市群（又称城市带、城市圈、都市群或都市圈等）指以中心城市为核心，向周围辐射构成城市的集合。粤港澳大湾区2017年GDP总值首次超越纽约湾区，排在东京湾区之后，综合经济实力已然成为世界城市群经济发展的新引擎。其中，香港、深圳、广州作为区域核心城市，GDP远远领先于国内其他城市，佛山、东莞作为第二梯队，经济实力逐步增强，大湾区内其他城市则相比于发达城市有更大的提升发展空间。

城市群的经济联结是建立产业集群的基础，从各城市产业构成看，香港、澳门经济以第三产业为主。内地城市中，深圳的电子信息制造业遥遥领先，东莞、惠州排在之后，三座城市在产业链上形成有效互补。佛山的机械、装备制造业增加值排在首位，地理区域相近的佛山—肇庆已形成一定的产业集聚效应，未来将成为湾区城市先进制造业转型升级的关键。广州在汽车、医药制造行业中领先于其他城市，汽车制造业作为广州市的传统优势产业，资源高度集中。此外，医药制造业发展迅猛，成为广州市产业经济新增长点。深圳市医药制造业也较为发达，以广州、深圳作为中心辐射的医药制造业产业带正在形成。在粤港澳大湾区规划中，深圳—香港将在金融服务方面发挥重要作用，推动建立深港两地金融长效性合作机制、探索创新型金融市场。此外，深圳将积极发挥在产业金融方面的优势，为大湾区先进制造业、战略性新兴产业、现代服务业等发展提供金融服务，促进金融与产业有效结合。

（二）第二层次：推动粤东西北欠发达地区发展

如何实现优势互补，避免恶性竞争，是粤港澳大湾区及周边城市未来发展面临的一个重要问题。经过改革开放40余年的强劲发展，广东贡献了全国经济总量的11%左右，已成为我国经济规模最大的省份。但广东富饶区域仅仅集中在珠三角和经济特区，但在占全省面积和人口85%左右的粤东、粤西和粤北山区，整体经济实力还较为薄弱。粤港澳大湾区的发展可以为这些欠发达地区带来人才、产业转移、旅游客源等诸多生产要素的大量输入，推动这些地区由乡村产业进行产业升级，加快新型基建建设，提高地区经济实力，提升人民的生活水平和质量。

(三) 第三层次：辐射带动东南地区发展

中国东南部的区域，包括江苏、上海、浙江、福建、江西、安徽等地。东南地区在我国属于较发达区域，上海是中国内地最重要的金融中心，杭州以阿里巴巴的龙头互联网创新闻名，江苏、浙江的经济实力与广东齐名。辐射是指经济要素和经济活动等在地理空间上的对外分散与流动过程。粤港澳大湾区自身的产业结构优化和技术进步，会进一步带动辐射区域的产业升级。粤港澳大湾区的发展建设不仅直接带动区域内经济，也将辐射带动东南地区发展，通过加强经济联合和商业合作，促进区域经济协调发展。同时，区域之间存在学习效应，粤港澳大湾区作为城市群在发展过程中形成的高效率的经济社会政策、经营管理经验等可成为东南地区区域发展的良好参考范本，形成更为高效和大范围的辐射效应，从而促进整个区域的社会和经济共同发展。

四、粤港澳大湾区的全球定位

(一) 打造世界一流湾区和世界级城市群

世界一流湾区具有开放的经济体系、优化的产业结构、高效的资源配置能力、不断增强的区域协同性、强大的对外凝结效应和发达的国际网络,比传统地区经济有更强的开放性、创造性、协同性等特性,在当今区域竞争合作格局下有独特的优势。构建充满活力的世界级城市群是粤港澳大湾区的首要愿景之一。《规划纲要》明确指出:依托香港、澳门作为自由开放经济体和广东作为改革开放排头兵的优势,继续深化改革、扩大开放,在构建经济高质量发展的体制机制方面走在全国前列、发挥示范引领作用,加快制度创新和先行先试,建设现代化经济体系,更好融入全球市场体系,建成世界新兴产业、先进制造业和现代服务业基地,建设世界级城市群。

粤港澳大湾区凭借其经济总量大、带动能力强的特征,发挥其交通运输网络发达、基础设施完善、产业层次众多的优势,成为我国未来经济社会发展的重中之重,引领区域经济结构的调整和优化升级,带动内陆腹地加快发展,为中国新型经济发展探索道路。未来粤港澳大湾区将进一步完成区域协调发展的战略要求,打造世界一流的大湾区,建设世界级城市群,具有国家战略格局中不可替代的地位。

(二) 成为世界经济增长的重要引擎

在经济总量上,纽约、东京、旧金山三大湾区作为连接本国市场与国际市场的纽带,吸引全球资源向湾区聚集投入,经济聚集效应明显,成为强大的经济门户,推动本国乃至世界的经济增长,在引领全球产业调整升级、主导全球生产要素配置、带动全球经济创新发展中起到重要推动作用。

在2021年的统计数据中,纽约湾区 GDP 约1.8万亿美元,东京湾区 GDP 约1.7万亿美元,旧金山湾区 GDP 约1.0万亿美元,而我国的粤港澳大湾区 GDP 已经达到约1.67万亿美元,位列第三[1]。可见粤港澳大湾区逐渐形成了三大湾区已有的深厚经济基础,在抓住目前国际经济发展机遇的情

---

[1] 界面新闻:「专访」商务部原副部长魏建国:对比其他湾区,粤港澳大湾区的弱项是第三产业,https://baijiahao.baidu.com/s?id=1760676629500564306&wfr=spider&for=pc。

况下，具有成为新一个推动世界经济增长的重要引擎的潜力。

在粤港澳大湾区的城市定位分工和布局上，都充分考虑了当地本身的历史及政策背景和未来发展前景，以充分发挥其自身特有的优势。在产业体系上，三大湾区抓住机遇，将内部产业深度融合，实现多项功能的发展壮大，引领全球产业调整升级。产业体系的完善发展和科技创新能力的突出表现都为粤港澳大湾区逐步成为世界经济增长重要引擎奠定了基础。在区位优势上，粤港澳大湾区作为连接南亚和东南亚、印度洋和太平洋的纽带，同时也是海上丝绸之路的重要部分，充分利用粤港澳大湾区优越独特的区位优势和进一步发挥其运输能力，提升国际航运地位，带动我国乃至世界经济增长。

三大湾区在实现自身产业创新升级的过程中，也推动了全球创新行业技术的发展，突破传统行业之间的壁垒，使国际经济也得以发展和转型升级。而粤港澳大湾区作为世界湾区"新秀"，也在创新方面有着独特优势。粤港澳大湾区内拥有香港大学、香港科技大学、香港中文大学、澳门大学、中山大学等世界一流大学；在创新科技上，深圳南山有着腾讯、大疆、中兴等高科技创新公司的总部，在这样培养人才、科技创新条件极具优势的背景下，粤港澳大湾区未来的发展也是极具优势的。

粤港澳大湾区需充分发挥并强化已有的自身优势，带动粤东西北、泛珠三角地区以及"一带一路"沿线国家的发展，强化自身的辐射带动作用，大力发展经济，构建有全球影响力的经济中心，努力发展成为带动世界经济增长的重要引擎。

（三）打造湾区科技创新中心

科技创新是科学和技术两个方面的创新，科学创新是根基，技术创新是发展，科学创新的不断发展往往会推动技术方面的创新，技术创新成果在经过商品化、产业化进入市场后，创造社会效益、带动经济增长，随后又会反作用于科学创新，进一步推动科学创新的发展，从而不断进行正反馈循环。粤港澳大湾区打造湾区科技创新中心，就是为了加快这个循环的速度，让科学与技术不断地相互推进、相互发展，促进粤港澳大湾区城市群技术升级、实现区域协调性发展。

打造区域科技创新中心，成为区域科技创新能力的最大增长点，粤港澳大湾区也在不断努力。粤港澳大湾区如今是我国高新技术企业数量最多的区域，拥有三万多家国家级高新技术企业。粤港澳三地科技研发、转化能力突出，拥有一批在全国乃至全球具有重要影响力的高校、科研院所、高新技术企业和国家重大科学工程，创新要素多，吸引力强，具备建设国际科技创新中心的良好基础。统筹利用全球科技创新资源，完善创新合作体制机制，优化跨区域合作创新发展模式，构建国际化、开放型区域创新体系，不断提高科研成果转化水平和效率，加快形成以创新为主要引领和支撑的经济体系和发展模式。

（四）打造湾区金融创新高地

巧妙利用香港、澳门多年来已有的金融优势，以深圳的金融富集资源为基础，在粤港澳大湾区打造金融创新高地，努力实现人民币国际化。除此以外，还需在大湾区内部设立多种保障机制，实现湾区自身金融的高速进步。

广东省近些年来高速发展，聚集了大量制造业企业，拥有全国领先的技术市场，可以吸引国内各地的高端人才，其综合实力雄厚，土地资源较香港和澳门尤为丰富；广东省还是世界性制造业基地和全球性产品生产、集散和销售中心，在金融上也有着自身独特的优势。澳门是国际自由港和低税率地区，在吸引投资与商贸方面有着优越的条件，其作为世界级的博彩旅游中心，可以为地区的财政收益提供保障，使当地政府得以维持低税率水平，为投资者们提供优质的税务环境。香港的金融水平在全球处于领先地位，具有建立粤港澳金融创新圈和构建亚洲金融中心的雄厚实力和优势条件。

港澳地区的商贸服务和管理水平较高，具有先进的国际销售网络和多年累积的经验。现如今大量港澳地区的制造业生产都已经迁往广东，企业仍保留在港澳地区，为粤港澳大湾区的整体发展模式提供了很好的条件。港澳作为国际上的自由港和国际性的城市，对外信息更加灵通，十分有利于集中力量从事科研成果的产业化和商品化，促进大湾区金融的发展。

充分发挥香港国际金融中心的作用，积极向整个大湾区引进先进的金融管理经验、金融资本等，促进深圳区域性金融中心的建立和发展，推动粤港澳大湾区的产业升级，进一步使大湾区内经济流动更加高速有效。

人民币国际化是指人民币能够跨越国界，在境外流通，成为国际上普遍认可的计价、结算及储备货币的过程。在最近十几年的发展历程中，人民币国际化已经进入了一个新的阶段，重心从扩大香港人民币市场转向推动人民币走向海外，人民币的海外之旅将会带动所有离岸中心的人民币流动性，香港人民币存款只是离岸市场的一部分，但仍然是离岸人民币的主市场。发挥香港作为人民币离岸中心的地位，以及香港国际金融中心的优势，促进人民币对外的流通，探索经济新常态下粤港澳金融业的良性互动发展。

深化国际金融合作，拓宽金融合作领域，进一步扩大与周边国家双边本币的互换规模和范围，完善人民币跨境清算安排，促进人民币离岸市场的发展。在本外币、境内外、在岸、离岸市场之间加强对接合作，支持粤港澳金融业融合发展，发挥区域金融优势，打造国家金融后台服务中心。

（五）成为国际文化交流平台

充分发挥粤港澳大湾区连接南亚和东南亚、沟通太平洋和印度洋的区位优势，充分发挥"21世纪海上丝绸之路"核心区以及作为"一带一路"门户的重要功能，发挥粤港澳地区自身的独特作用及地位，共同推进"一带一路"建设，打造我国高水平国际文化交流平台。

1. 大湾区的文化现状

粤港澳大湾区内部的广府文化、潮汕文化、客家文化等以其独特之处在湾区内部互通共存。深度挖掘传统文化的当代价值，建立"岭南文化"合作交流平台，可促进粤港澳大湾区的文化发展并提升对外文化吸引能力。

发挥粤港澳地区多元开放的优势，弘扬友好合作的精神，实现与不同文化之间的交流互鉴。在已有雄厚文化的背景下，大力推动多方文化的统合，强化国民教育，打造具有文化影响力的交流平台，加强文化产业合作，推动大湾区的文化产业升级以及文化产业的纵横发展，不断扩大国际市场中中国文化的份额。

2. 依托"一带一路"建设平台

立足大湾区的区位优势，深化与"一带一路"沿线国家和地区的经贸合作与文化交流。粤港澳三地曾联手在广交会以及高交会设立"21世纪海上丝绸之路"专馆，面向"一带一路"沿线国家打造合作交流平台。

《文化部"一带一路"文化发展行动计划（2016～2020年）》出台，提出加强我国与"一带一路"沿线国家和地区文化交流与合作机制化发展，推动成立"丝绸之路国际剧院联盟"、"丝绸之路国际博物馆联盟"、"丝绸之路国际艺术节联盟"、"丝绸之路国际美术馆联盟"和"丝绸之路国际图书馆联盟"。粤港澳大湾区借助"一带一路"建设，实现创新文化发展理念、激发文化发展活力、培育和发展文化产业，将粤港澳大湾区打造成具有国际影响力的文化交流平台，为实现"一带一路"沿线民众的相互理解、相互尊重和相互信任，打造责任共担、利益共享的人类命运共同体贡献力量。

（六）建立国际宜居优质生活圈

粤港澳大湾区各个方面的不断发展建设，还需要着眼于城市群的可持续发展，实现环境保护和生态修复，协同推进生态文明建设，努力形成绿色低碳的生产生活方式。在《规划纲要》中指出：坚持以人民为中心的发展思想，积极拓展粤港澳大湾区在教育、文化、旅游、社会保障等领域的合作，共同打造公共服务优质、宜居宜业宜游的生活圈。

1. 以人民为本，在教育、医疗和保险等制度上不断完善

发挥港澳优势，逐步实现大湾区教育的国际化和现代化。在粤港澳大湾区未来的发展规划中，在教育领域中重点发挥香港和澳门已有的教育优势以及辐射能力，带动粤港澳大湾区教育上的国际化和现代化。在医疗方面，充分借鉴香港的医疗服务体系和卫生安全标准，提高粤港澳大湾区医疗复位和食品卫生安全水平，致力于满足粤港澳大湾区居民日益增长的就医需要。

保险体系的完善在建立国际宜居优质生活圈的进程中也十分重要，是促进社会保障的重要措施。由于发展历史的不同，粤、港、澳三地有着三类不同的社会保障体系，为建立宜居宜业生活圈，向粤港澳大湾区内居民提供良好的社会保障服务十分重要。首先可以提高珠三角九个城市的社会保险统筹层次，实现尽可能地统一，促进九个城市人口的流动和资源共享，提高社会保障的服务水平。还需要建立大湾区内各地区社会保障机构的协调机制以及建立各地区社会保障衔接转移的统一服务平台，为粤港澳大湾区居民提供更方便的社会保障服务。

2. 推进湾区生态文明建设，实现环境的绿色可持续发展

粤港澳大湾区是我国典型的气候脆弱区，台风、暴雨、雷电、大风、高温等灾害性天气多发，在2020年4月30日发布的《粤港澳大湾区气象发展规划（2020～2035年）》中明确指出："围绕建设富有活力和国际竞争力的一流湾区和世界级城市群，统筹构建现代气象监测预报预警服务体系，最大限度地保护人民生命财产安全和提高生态文明水平，协同推进气象强国建设，加快提高中国气象的国际影响力和在共建人类命运共同体中的地位和作用"。依据"创新机制，共建共享""科技引领，智慧先行""服务湾区，保障民生""对接全球，开放合作"四个基本原则，到2035年建成具有世界先进水平的大湾区现代气象、服务、科技创新和管理体系，构建宜居的优质生活圈。

协同推进生态文明建设,坚持走生态文明发展的道路,把绿色发展的理念融入建设粤港澳大湾区的各个领域、各个环节、各个方面。推进大湾区生态文明建设有助于促进空间集约、协调发展,提升区域协调性和可持续发展能力。

始终坚持以人民为中心的发展思想,践行生态文明理念,充分利用现代信息技术,实现城市群智能管理,优先发展民生工程,提高大湾区民众生活便利水平,提升居民生活质量,还要以建设绿色湾区、生态湾区为引领,建立健全粤港澳大湾区生态文明建设长效机制,加强多元文化交流融合,建设生态安全、环境优美、社会安定、文化繁荣的美丽湾区。

五、粤港澳大湾区与"一带一路"建设

(一)"一带一路"倡议下粤港澳大湾区的定位

粤港澳大湾区位于我国沿海开放前沿,在"一带一路"建设中有重要地位。在改革开放四十多年的不断深化中,位于我国沿海窗口的粤港澳区域已经取得了很好的成果,随着香港和澳门的相继回归以及中国成功加入WTO,粤港澳三地之间的合作更是不断加深,达到了前所未有的高度。

在"一带一路"倡议下,粤港澳大湾区作为全国经济最为发达的地区之一,将已有的技术优势和过剩的产能很好地转移到其他经济相对欠发达的地区。顺应"一带一路"的政策与思想,抓住机遇,将粤港澳大湾区已有的科技与金融的优势带给国内其他地区及城市经济体,不仅可以促进其他地区的经济发展,更为全国各个地区带来更广阔的市场和更大的发展空间,使国内整体基础设施生产要素的边际效益得以维持在较高水平。

粤港澳大湾区积极与"一带一路"建设的对接,不仅助推中国参与国际竞争,随之还与"一带一路"沿线国家沟通联系,更加有助于构建高水

平国际合作平台，粤港澳区域在中国经济的发展与对外开放中的地位和功能将进一步提升。具体涵盖以下几个方面：

（1）对接"一带一路"沿线国家。粤港澳大湾区是中国改革开放前沿的产业高地，"一带一路"倡议提出以来，粤港澳三地经过不断努力，已经初步形成携手参与建设的良好局面。三地充分发挥已有优势并且极力合作，互通互补，在自己不断发展的同时积累经验，可为沿线国家提供经济开放与产业合作的相关经验和参考，为构建中国与"一带一路"沿线国家利益共同体和命运共同体提供强有力的支撑。

（2）打造高水平的开放平台。充分发挥香港、澳门的开放平台作用，支持粤港澳大湾区"9+2"城市群中的"2"与国际高标准投资和贸易规则相适应的制度规则，使整个粤港澳大湾区实现在市场资源配置中的重要决定性作用，减少政府干预的同时加强市场综合监管，形成更高水平的、更高开放度的自由营商环境，走向国际市场，面对机遇，迎接挑战。

（3）携手创造具有国际竞争力的营商环境，携手开拓国际市场。让我国有竞争力的产品与成果"走出去"，将国际上领先的技术与经验"引进来"，积极参与国际经济合作，不断开拓国际市场，进一步优化粤港澳大湾区的投资和营商环境，建设具有重要影响力的国际经济中心。

（4）全面参与国际经济合作。在"一带一路"背景下，粤港澳大湾区区域性规划的提出为内地金融市场发展以及参与国际经济合作提供更多机遇。在粤港澳大湾区内部，还要重视和依托香港、澳门已有的海外商业网络和海外运营的经验优势，推动粤港澳大湾区企业联手合作走出去，成为国际产能合作的引领者。引进国际上的先进技术和管理经验，提升自身对全球资源的配置能力，吸引外资投入，积极参与国际上多方的经济合作，同步提高自身经济发展的"软实力"及"硬实力"。粤港澳大湾区的建设与发展所带来的经济效益可以很好地填补"一带一路"进程中的资金缺口，为"一带一路"未来的建设增添动力。粤港澳大湾区现代高科技产业集群明显，处于"一带一路"的枢纽位置。在未来，粤港澳大湾区很有希望成为中国高科技制造业面向"一带一路"海外市场的核心"工厂"，有能力同时承担研发、制造、出口等多环节功能，促进国内和国际两个市场、两种资源的有效对接，更高层次地参与国际经济合作与竞争。

（二）"一带一路"倡议下粤港澳大湾区的发展方向

把握好"一带一路"倡议带来的机遇和面临的挑战，更快速地踏上国际化的开放快车，对粤港澳大湾区的经济一体化进程尤为重要。未来，"一带一路"倡议下的粤港澳大湾区经济一体化发展应当把握好以下几点。

（1）落实"一带一路"建设的倡议，将"一带一路"融入未来规划及发展中，成为"21世纪海上丝绸之路"的战略枢纽。粤港澳大湾区地处亚太主航道，并且具有全球领先的科技实力以及强大的经济实力，可以成为国家海上业务向外发展的重要支撑。因此，积极与周边区域展开合作，开发我国南海资源，充分发挥其自身潜力，与世界各国发展包括港口、航线等在内的海上运输领域，积极对外开放，发展国际合作性质的产业园区等均有很高的可能性。

（2）借助"一带一路"倡议，继续发挥香港和澳门的国际优势。通过建立工作联系机制、畅通信息沟通渠道、搭建交流平台、联合参与产能合作和开拓"一带一路"沿线市场等措施，支持香港、澳门参与"一带一路"建设。在粤港澳大湾区规划出台后，澳门、香港将与广东深度携手，共同努力做好大湾区建设，借此把粤澳两地更紧密地联系起来，更有利于两地经济一体化的发展。

（3）面向"21世纪海上丝绸之路"，与其他地区开展错位竞争。"海上丝绸之路"都涵盖了我国沿海的港口，除了粤港澳大湾区，还有其他的湾区或者城市借助"21世纪海上丝绸之路"进行发展，粤港澳大湾区地处海上丝绸之路的战略要冲，拥有独特优势，但依然要注意与国内其他沿海地区开展恰当的错位竞争，共促国家经济水平的发展。

经济基础的建设都是长期性的，且会依赖于"一带一路"沿线各国的政局稳定，粤港澳大湾区在经济一体化发展的同时与沿线国家除了在经济产业上积极合作交流，在政治上也要促进各国之间和谐发展。而对于"一带一路"区域外的国家，粤港澳大湾区乃至整个国家都要秉持与之形成利益共同体的观念，处理好与现行国际体系和全球化的关系，与地区已有合作架构及国家体系实现共融共通，实现与区域外和区域内国家的共享和共赢，建设多方利益共同体，这才更有利于粤港澳大湾区实现区域一体化的目标。

第二章

他山之石：世界三大湾区概况、发展经验及启示

一、世界三大湾区的概况

（一）纽约湾区

纽约湾区位于纽约州东南部的哈德逊河口，濒临大西洋，由纽约州、康涅狄格州、新泽西州等31个县、783个城镇联合组成[1]，面积达33484平方公里[2]。2021年湾区人口超2300万，占美国总人口的7%[3]，GDP体量大，纽约湾区利用占全美1%左右的面积创造了占全国近9%的生产总值[4]。

纽约湾区居国际湾区之首，是美国的经济核心地带，为美国最大的商业

---

[1] 黄埔网：国际成熟湾区系列研究报告（一）：纽约湾区发展的历史回顾，https://www.huangpucn.com/info/55292.html。

[2] 吴越：大湾区建设如何提升区域品质，http://house.people.com.cn/n1/2018/0903/c164220-30268584.html。

[3] 闻道识判：从世界三大湾区看粤港澳大湾区的未来，https://baijiahao.baidu.com/s?id=1713014715391211956&wfr=spider&for=pc。

[4] 刘彦平主编：《四大湾区影响力报告》，中国社会科学出版社2019年版。

贸易中心和金融中心，也是世界最大的国际金融中心。金融业可以说是纽约湾区独特的名片，这里囊括了3000多家世界银行、证券、期货、保险等机构。另外，还有近60家世界五百强企业总部汇集于此，因此纽约湾区也是美国房地产、教育、时尚等众多产业的中心之一。

（二）旧金山湾区

旧金山湾区是美国加利福尼亚州北部的一个大都会区，位于沙加缅度河下游出海口的旧金山湾四周，其中包括多个大小城市，最主要的城市有旧金山半岛上的旧金山，东部的奥克兰以及南部的圣荷西等。目前，一般认为旧金山湾区包括旧金山市、半岛、南湾、东湾、北湾这五大区域。

五大区域各有其特点，覆盖区域广泛，形成了独特的湾区版图，其中旧金山市是湾区的主要人口聚集地，主要发展金融业，是西部的金融中心；东湾坐拥奥克兰港湾，以港口经济为推手；南湾高新科技发达，电子产业处于全球领先地位，其"硅谷"的名号享誉世界。

（三）东京湾区

东京湾区位于日本本州岛中部，太平洋南岸，依托东京湾建设而成的东京湾区，包括"一都三县"，分别是东京都、琦玉县、千叶县和神奈川县。2022年湾区人口高达4400万，约占日本总人口的1/3，城市化水平高，城市化率在80%以上。东京湾区经济发展水平高，巅峰时期汇集了日本2/3的经济总量和3/4的工业产值，是日本的国际金融中心、交通中心、商贸中心、消费中心和最大的综合性工业区，也是全球经济最发达、城市化水平最高的城市群之一，享有"产业湾区"的美誉。[①]

[①] 中国城市中心：一次读懂！东京湾区的百年沉浮（上篇），https://mp.weixin.qq.com/s?__biz = MzA4MTA1MjkzNg = = &mid = 2653733590&idx = 2&sn = eb1d8c6f12d66e9fac869c6fb50a90db&chksm = 8442b6b1b3353fa7b557040e0587f9261f0217e97330c998076d1d60b2e1762029e595aad767&scene = 27。

二、世界三大湾区发展经验与启示

（一）纽约湾区发展经验与启示

1. 产业升级的经验与启示

纽约湾区是发展历史悠久的世界级湾区，经历了多次产业转型，从最早期的美国制造业中心转变为金融中心，最终又成功转型成为全球科技创新高地，湾区的产业结构之所以能不断地优化，主要有以下几个原因：

（1）顺应时代潮流，发挥自身优势，把握产业转型的机遇。

19世纪初，纽约借助自身海港的优势，发展国际贸易，成为国际贸易中心；19世纪中后期，纽约湾区把握住了第一次工业革命的机遇，一度成为美国的制造业中心；第二次世界大战后，纽约湾区利用了当时的国际环境等便利条件，实现了服务业的全方位发展；20世纪70年代中期之后，纽约湾区在经历了石油危机导致的滞胀之后，又把握住了金融行业飞速发展的机遇，开始陆续取消或废除了管制措施，使其国际金融中心的地位得到确立和巩固；近年来，随着科学技术的发展，纽约湾区再次顺应时代发展潮流，成为全球科技创新的高地。

可以看出，纽约湾区产业升级的每一次成功，都与时代背景息息相关，所以只有将目光聚焦在历史前进的车辙中，认清世界大势，顺应时代发展潮流，发挥自身优势并主动变革创新，才能创造历史，成就未来。

（2）重视人才，为产业升级助力。

人才是经济发展的主要源泉，是产业升级的重要基础和动力，纽约湾区的产业升级同样离不开社会的储备人才。纽约湾区拥有十分优秀的人才资本，仅纽约就汇聚了全美10%的博士学位获得者，10%的美国国家科学院院士,总计40万名科学家和工程师。在湾区内所有劳动力中,有近50%的人受过本科高等教育,近20%的人拥有硕士或同等水平的学位。

高素质劳动力首先得益于纽约湾区雄厚的教育资源,湾区内聚集了58所世界著名学府,包括耶鲁大学、哥伦比亚大学等,整体极高的教育水平源源不断地为湾区的经济发展输送高质量人力资本,满足企业与社会发展的需要。除此之外,对于已就业的人员或未接受过高等教育的劳动力,他们也享有湾区内各个组织机构提供的高质量职业技能培训。

(3)营造良好的营商环境和创业环境。

政策上,纽约湾区虽然不是全美税率最低的地方,但有很多致力于给中小企业减轻税负的优惠政策。除了政策上的支持,还有众多机构组织给创业者提供了培训和交流信息的平台,给企业发展提供了强而有力的支持。如纽约市成立的经济发展委员会,就给当地商业的发展带来了很大的好处,委员会整理并解决各种税收或者针对企业的政策分散、不系统、混乱的难题除了经济发展委员会,还有其他类型丰富的机构组织,如纽约得分(New York score)是由各种商业界专业人士构成的志愿者组织,给寻求扩张规模机会或新建的中小企业的发展提供免费的指导和建议。以上种种政策与举措都为纽约湾区营造了良好的营商环境和创业环境,在很大程度上激发了创业者们的热情,从而不断地为湾区经济注入活力,促进产业升级。

纽约湾区产业升级的成功案例也为粤港澳大湾区的建设提供了许多可吸取的经验:

首先,国际性大湾区的发展历程大致都会经历港口经济、工业经济、服务经济和创新经济四大发展阶段,虽然粤港澳大湾区已经迈向创新经济阶段,但整体上仍然以港口经济和工业经济为主。因此,在湾区总体建设过程中,既要借鉴其他三大湾区的成功发展经验,遵循湾区一般发展经济规律,顺应时代的发展潮流,也要充分结合国家发展战略和粤港澳大湾区的特殊国情,即"一个国家,两种制度,三个关税区,三种法律制度,三种货币",探索符合中国实际的湾区经济发展模式。

其次,应坚持"改革开放"的发展方针,以全球化的视野大力提升湾区对外开放总体层次,引进国内外高素质人才,打造透明高效、竞争有序的良好营商环境和创业环境。粤港澳大湾区应积极发挥香港、澳门自由港的优势和广州南沙、深圳前海、珠海横琴三个自贸区的制度创新优势,加快建设促进湾区投资贸易便利化、符合国际通用规则的全方位对外开放新体制,建立更加开放、透明的市场制度,依法保护外商投资企业及其所有权人的财产权益。同时加大英语、葡语等国际语言的推广力度和使用范围,发挥香港、澳门对接英语、葡语国家的窗口作用,将粤港澳大湾区打造成为高度包容、高度开放的国际性平台。

2. 成功的"总部经济战略"

总部经济(Headquarters Economy),是指一些区域由于特有的优势资源吸引企业总部集群布局,形成总部集聚效应,并通过"总部—制造基地"功能链条辐射带动生产制造基地所在区域发展,由此实现不同区域分工协作、资源优化配置的一种经济形态。总部经济一旦形成,就可以给当地区域经济发展带来诸多外溢效应,比如税收供应效应、产业聚集效应、产业关联效应、消费带动效应、就业乘数效应、资本放大效应等。

由于纽约湾区具有高素质的人力资源和科研教育资源、完善的城市基本设施和中心商务区环境、发达的金融、保险和新型服务业等因素,全球《财富》500强企业中,有46家公司将纽约作为总部设置地点,这使得纽约成为公认的总部经济中心。在拥有众多企业总部后,纽约也建立了新型的服务业,如广告服务、法律会计、管理公关、数据加工等各种机构。而纽约总部经济的进一步发展促进了信息流、人流、资金流的聚集,进而产生了规模效应。

由此可见,要从战略上重视粤港澳大湾区的"总部经济"发展,积极构建湾区"总部经济+制造基地"的产业布局体系,通过政策优惠、良好的营商和居住环境等吸引世界各大企业落户湾区,发挥"总部经济"的外溢效应,促进湾区的产业升级和经济发展。

纽约湾区各发展阶段如表2-1所示。

表2-1　　　　　　　　　　纽约湾区各发展阶段特征比较

阶段	时间	阶段特征
初始形成	1812~1929年	依托港口经济集聚劳动力、货物和财富，工业革命和交通革命后，工业化和城镇化发展迅速，世界城市地位初步形成
快速发展	1929年~20世纪80年代	经历了经济危机的萧条和第二次世界大战的发展契机，纽约确立了全球金融中心的地位，以金融业为主的第三产业迅速发展，出现了城区衰落、城市郊区化和都市圈扩大的现象
成熟稳固	20世纪80年代至今	以信息服务业为主导的产业结构转型，纽约及其周边城市的定位变为跨国商业银行和其他跨国金融机构的集中地，陆续取消或废除了管制措施

资料来源：刘彦平主编：《四大湾区影响力报告》，中国社会科学出版社2019年版。

（二）旧金山湾区发展经验与启示

1. 成功打造"硅谷"的原经验

（1）旧金山湾区产学研无缝对接的体系，大幅推动了湾区的科技创新与研发。

湾区内有五个世界级的研究型大学，包括斯坦福大学、加州大学伯克利分校、加州大学戴维斯分校、加州大学旧金山分校和加州大学圣克鲁兹分校；以及五个国家级研究实验室：劳伦斯伯克利国家实验室、劳伦斯利弗莫尔国家实验室、航空航天局艾姆斯研究中心、农业部西部地区研究中心和斯坦福直线加速器中心。本地的高校和实验室在湾区科技创新中发挥了巨大作用。

大学、研究机构与企业之间构建起创新驱动循环：大学为湾区企业输送了大量高水平的技术和管理人才，高科技企业源源不断地为大学提供了科研资金和高端设备。人才在高校和企业间频繁地流动，促使科技知识理论与实践在更深的层次上达到契合，加之制度环境的保驾护航和"高校—研究—

产业—政府"之间的良性互动、无缝衔接,强化了旧金山湾区的科技创新、技术商业化和创新扩散。

(2) 风险投资的保驾护航。

与中国相比,美国风险投资周期很长,大部分都超过10年,甚至有20年的,这就决定了美国的风险投资会很有耐心地陪伴技术的革命和新企业机制的诞生。也正是因为投资周期长,美国的风险投资特别注重基础的研究,对前沿技术的产业格局和发展趋势等都有非常敏锐的洞察力。而中国的风险投资周期平均只有5~7年,所以很多风投机构不敢投资不确定性较高或太前沿的项目。

(3) 政策开放,文化包容。

"小政府,大社会"的制度环境为旧金山湾区创新经济发展提供了自由开放的土壤。与纽约湾区一样,旧金山湾区也是一个拥有众多移民的地方,富有冒险精神的移民对发明创造的贡献巨大,开放包容的文化和市场环境为旧金山湾区带来了创新生态。

由此可见,在成熟的产学研体系、风险投资的保驾护航和政策开放、文化包容的环境等因素综合驱动下,旧金山湾区一步步成为了世界闻名的"科技湾区",粤港澳大湾区应该充分借鉴旧金山湾区的成功经验,探索自己的创新之路:

首先,世界上一流的湾区都具有一流的科技创新能力,科技创新也是经济增长的首要驱动力。QS2022世界大学排名发布,来自世界各地的1300所院校上榜,其中,中国共有92所高校上榜,粤港澳大湾区14所高校入选[①]。目前粤港澳大湾区高等教育较为发达,应充分发挥这一优势,打造特色的"产学研体系",积极吸引和对接全球创新资源,构建国际化、开放型区域创新体系。

---

① 中华人民共和国国家发展和改革委员会:粤港澳大湾区14所高校上榜QS,https://www.ndrc.gov.cn/xwdt/ztzl/ygadwqjs1/202106/t20210624_1284000.html。

其次，为科技创新的发展保驾护航。在"深港通"和"债券通"基础上，进一步推动粤港澳资本市场互联互通的步伐，充分发挥广州、深圳金融中心的外引内联作用，为香港和境外金融机构投资内地提供中转站和后援服务。此外，要向旧金山湾区学习，大力探索推广风险投资理念，打造具有粤港澳大湾区特色的"知识产权银行＋金融资本全链条服务＋创新成长指数"的知识产权金融服务支撑体系，开创知识产权与金融产业、资本市场密切结合的风险投资和创业投资运营新模式。

2. 城市群协调发展

美国的经济主要秉持市场原则，长期以来在资本市场的作用下，旧金山湾区的三大主要城市在历史沿革的过程中各自形成了不同的产业特色和产业定位：旧金山市侧重于金融业、旅游业和生物制药产业；奥克兰市倾向于装备制造和临港经济；圣何塞市处于硅谷，重点发展信息通信和电子制造、航天航空装备等高技术产业。湾区内主要城市之间功能的划分较为明确，互相之间没有竞争关系，且金融服务业、科技创新业、港口工商业互相带动，多元化的产业结构带来了区域整体的发展效率和可持续性。

城市群的协调发展离不开交通体系的不断优化，旧金山湾区打通了跨海湾城市群的天然隔断，以环状的、闭合的连续性空间，形成了城市群高效的时空格局，极具针对性地满足了产业和人口流动需求。

为了更好地促进粤港澳大湾区内城市的协调发展，形成湾区内部完整的产业链和价值链，需要对各城市进行明确的城市定位和产业分工，优化资源配置，使各地各展所长，避免同质化竞争，加速推动湾区空间发展格局的优化提升。

旧金山湾区各发展阶段如表2-2所示。

表2-2　　　　　　　　旧金山湾区各发展阶段特征比较

阶段	时间	阶段特征
初始形成	1848~1930年	在淘金移民热潮的带动下，城市化起步，重工业、轻工业并举，金融机构开始出现，跨海大桥的建成使湾区城市的网络雏形形成
快速发展	二战后~20世纪80年代	高科技产业迅速发展，旧金山西部金融中心地位确立，湾区内部出现城市郊区化的普遍现象，各大城市开始进行城市治理
成熟稳固	20世纪90年代至今	信息产业繁荣，三大城市定位明确：旧金山西部金融中心地位进一步巩固，奥克兰的港口经济和新兴经济占主导地位，圣何塞依托硅谷成为科技创新中心

资料来源：刘彦平主编：《四大湾区影响力报告》，中国社会科学出版社2019年版。

（三）东京湾区发展经验与启示

作为世界上著名的"超级产业湾区"，东京湾区具有完整的产业体系，已形成制造业、重化工业、新兴技术产业和现代服务业并存且合理的产业经济带（其发展阶段如表2-3所示），在产业体系治理方面有许多可借鉴的经验。

表2-3　　　　　　　　东京湾区各发展阶段特征比较

阶段	时间	阶段特征
初始形成	1603~1940年	东京逐渐成为日本新的经济中心，以东京湾为中心进行水上运输，在东京湾填海造陆，形成京滨工业区
快速发展	二战后~20世纪80年代	原有四大工业地带向外延伸发展，规划建成两大工业地带（京滨工业地带和京叶工业地带），实施工业分散战略，进行中心城区产业结构的转型与升级，发展第三产业
成熟稳固	20世纪80年代至今	利用临海的地理优势大力发展重工业，20世纪80年代以后，工业生产出现了下降，东京新城的崛起带动了科技园区发展

资料来源：刘彦平主编：《四大湾区影响力报告》，中国社会科学出版社2019年版。

1. 基于有限空间和发展规律打造协同发展、错位发展的港口体系和产业体系

东京湾区依次经历了港口经济、工业经济、服务经济和创新经济四个发展阶段，产业布局从传统工业化时期的一般制造业、重化工业为主的产业格局，逐渐蜕变为以对外贸易、金融服务、高新技术等高端产业为主，同时又与湾区两侧的京滨、京叶工业区紧密互动，促使产业形成合理化、专业化的分工格局。

目前，东京湾区内首尾相连成"马蹄形"的六大港口发挥各自的优势，在职能定位、贸易品种、吞吐规模上都各有千秋，彼此分工明确，避免了恶性竞争和重复建设，实现了错位发展、差别竞争。在具体布局和发挥作用上，既保持独立特点又按照统一管理、开发、规划、使用的原则来集中进行管理，优化资源配置，协调发展，打造统一的港口品牌，从而增强了整体竞争力，提高了整体知名度，提升了国际影响力。

2. 建设高效有序的交通基础设施

东京湾区内交通基础设施完善，交通工具齐全，涵盖铁路、高速公路、新干线，形成全球最密集的轨道交通网，有效地联结了城市和港口、沿海与腹地，为东京湾辐射日本内陆和沟通国际市场提供了重要支撑。其中包括6条新干线、12条JR线、13条地铁、27条私铁、4条其他轨道交通线，其中14条直达东京湾区城市地下轨道交通线以及京滨东北线、中央线、总武线等过境铁路和各类轨道交通。东京湾区公路网络以"4环9射"的高速公路为交通骨架，包括了首都圈央道、东京外环道路、首都高速都心环和中央环状线4条环状道路和9条放射状道路[①]。

此外，东京湾区构成了以东京羽田国际机场和成田国际机场为主的机场

---

① 国家金融与发展实验室：东京湾区崛起的启示，http://www.nifd.cn/Interview/Details/1577。

群，其中距离市中心仅12公里的东京羽田国际机场，2022年（1至12月），国内和国际航线客流量总计达5033.4354万人次，同比增长89.1%，其中，国内航线旅客4597.0874万人次，同比增长77.9%；国际航线旅客436.348万人次，同比增长4.6倍，全年国际航班起降数3.6284万架次，同比增长31.5%[①]。完善的交通基础设施，也大大促进了临海地带和高速公路沿线地带物流业的发展。高度发达的交通布局，在缓解城市问题的同时，也为产业体系的发展奠定了重要的物质基础，使得人流、物流、信息流、资金流等各类要素能以最低的成本进入湾区内进行各种交换和生产。

从世界三大湾区的发展进程中可以发现，产业的错位发展和经济的区域协同发展都是以高效有序的交通基础为前提的，这对粤港澳大湾区的布局发展具有重大启示。虽然从总体上看，目前粤港澳大湾区内部已初步形成了以公路和铁路为主体、其他交通协同发展的交通网络化体系，逐步构筑起了日益紧密的城市网络，但与其他三大湾区相比仍有一定差距。今后应继续完善湾区内外交通网络，优化高速公路、铁路、航空等交通布局，发挥好港珠澳大桥、广深港高铁、粤澳新通道等对空间优化的引领作用；发挥好香港作为国际航运中心的优势，形成公水联运、铁水联运、公铁联运、空铁联运等综合交通网络优势，提高湾区内的通勤效率和资源整合效率，实现湾区内城市可高效通达全国与全球的愿景。另外，应大力推动并实现粤港澳三地之间的快速通关，打破内地到港澳的"签注"壁垒，促使港澳与内地在教育、金融、科技、文化、医疗等领域密切交流。

3. 积极营造鼓励企业创新的制度环境和公平竞争的商贸环境

日本政府高度重视科研创新并营造了科研项目联合攻关的文化氛围，使东京湾区内不断聚集高科技研发机构和企业，湾区经济催生出强大的产业集聚效应，为制造业转型升级奠定了扎实基础。另外，日本政府高度重视对知

---

① 中国民航网：羽田机场2022年客流量回升显著国际航线旅客增长4.6倍，http://www.caacnews.com.cn/1/88/202303/t20230327_1365779.html。

识产权的保护，日本对侵犯知识产权行为的惩戒力度位居全球第二，仅次于美国，这也为构建有效的创新体系提供了保障。

公平健康的商贸环境也为东京湾区的可持续发展提供了重要支撑。日本政府提供了自由、公正、舒适的商业环境，为开展商务提供了更多的优惠，尤其是知识产权保护处于亚洲顶级水平，同时商事规则国际化，营商环境和商事仲裁流程透明、公平、公正。湾区内组建了半官方性质的地方政府联合组织，以协调湾区发展过程中的区域矛盾，强化区域合作开放包容的创业环境和经营环境一方面吸引了世界500强企业和机构的进驻，充分发挥了大企业的规模效应和示范效应；另一方面也吸引了众多的创业者投身于湾区经济建设，充分调动了中小企业和创业人才的积极性，为湾区的发展注入了更多的活力。

4. 正确处理经济发展与环境保护之间的关系

东京湾区在二战后工业化前期以及人工填海拓展湾区发展空间的过程中，对环境产生了一定程度的污染，是典型的"先污染，后治理"的发展路径。如开发期间东京湾周边地区的农业劳动力大量流入东京湾都市圈，城市人口成倍增长，企业竞相大规模扩建，出现了无序发展的势头，污染、公害、交通拥挤、供水困难等环境问题和社会问题日益突出。后来日本政府紧急刹车，出台了许多环境治理的法律法规，如1970年的《水污染防治法》、1973年的《港湾法》、1993年的《环境基本法》、2002年的《东京湾再生行动计划》等，通过治理的方式使湾区重回绿色、生态的发展轨道，并结合自然生态打造成多位一体的宜居之都。由于高度重视环境生态的修复与安全，东京湾区至今已发展成为人工规划区的典范。

因此，粤港澳大湾区在统筹发展的过程中，要规避"先污染，后治理"的发展路径，转变过去牺牲环境发展经济的思路，坚持"生态优先，绿色发展"的原则，充分利用土地资源、能源资源、水资源、海洋资源等，以良好的自然、人文和营商环境吸引生产要素集聚。落实好《粤港澳大湾区发展规划纲要》中关于生态的发展要求："牢固树立和践行绿水青山就是金山银山的理念，像对待生命一样对待生态环境，实行最严格的生态环境保护制度。"另外，应进一步将粤港澳大湾区打造成为"宜居宜业宜游"的优质生活圈，加强多元文化交流融合，从而推动生态的可持续性、经济的可持续性和社会的可持续性发展。未来，以建设生态安全、环境优美、社会安定、文化繁荣的美丽湾区为目标，需要在建设粤港澳大湾区的过程中，既要保留独特的自然生态和城市风貌，也要具备现代商业城市的生产服务功能，正确处理经济发展与环境保护之间的关系，实现人与自然和谐统一、城市与自然相互交融。

第三章

资源汇聚：粤港澳大湾区城市群的经济一体化

一、粤港澳大湾区城市群概况

（一）城市群的人口与土地概况

粤港澳大湾区围绕珠江口湾区，城市群总面积约为 55910 平方公里，截至 2022 年，大湾区内的常住人口超过了 8600 万人，约占中国总人口的 5% 左右。同年，粤港澳大湾区的 GDP 总量达到了 13 万亿元[①]，这意味着大湾区以全国 5% 左右的人口和仅占全国 0.6% 的土地面积，贡献了全国 11% 左右的 GDP 总量，充分显示出了湾区经济的优势效益。

---

① 封面新闻：委员通道｜何超琼：我是大湾区人！大湾区 "9 + 2" 早已超过了 "11" 的能量，https：//baijiahao. baidu. com/s？id = 1759674748834890290&wfr = spider&for = pc。

1. 人口状况

（1）人口规模。

粤港澳大湾区城市的人口总量持续增长，并呈现出进一步集聚的特征。2022年，粤港澳大湾区年末人口总数达到8600万人，人口密度高达1523人/平方公里，是中国人口密集度最高的区域之一。其中，香港和澳门人口密度最大，分别为6584人/平方公里和20177人/平方公里[①]。珠三角各市公布的《2022年国民经济和社会发展统计公报》显示，2022年珠三角九市人口总量为7860.6万人，占粤港澳大湾区人口总量的91.4%左右，同比上年增加了40.18万人[②]。香港人口总量达到733.32万，约占大湾区人口总量的8.5%。澳门人口总量为67.19万，约占大湾区人口总量的0.78%，在大湾区城市中数量最少[③]。

（2）人口结构。

粤港澳大湾区的人口结构呈现出"两头低，中间高"的特点，即少儿人口和老年人口占比相对较低，年轻人口占比较高。截至2021年，粤港澳大湾区内地九市所在的广东省，60岁及以上的老年人口占比仅为12.73%，远低于18.9%的全国平均水平[④]。人口年龄结构年轻，劳动力人口比重高，意味着大湾区可持续发展存在着强劲的人口动力。

2. 土地状况

珠三角的土地总面积547.33万公顷，占全省面积的31%，其中1/5的面积为丘陵、台地和残丘[⑤]。根据《广东省土地利用总体规划（2006～2020

[①][③] Maigoo：https://www.maigoo.com/news/658271.html。
[②] 排行榜百科：2022珠三角常住人口排行（附2022最新排名前十名单），http://paihang.k3f.cn/archives/283903.html。
[④] 时代周报：人口涌向大湾区：11年多出一个"超大城市"，https://baijiahao.baidu.com/s?id=1744632128382622459&wfr=spider&for=pc。
[⑤] 广东省人民政府：《珠江三角洲地区生态安全体系一体化规划（2014-2020年）》，http://www.gd.gov.cn/zwgk/gongbao/2014/35/content/post_3364433.html。

年)》，珠三角的土地利用结构以非建设用地为主，占总面积的84.84%，城乡建设用地及交通用地为82.64万公顷。随着人口的持续涌入和城市化的不断发展，珠三角城市的人地矛盾日益突出，耕地面积紧张。解决这个问题需要湾区各城市不断优化土地资源配置、提高土地利用效率，并且统筹兼顾保护和开发，加强环境治理，建设宜居宜业的优质生活圈。

香港土地总面积1107平方公里，由于香港限制大面积的土地开发，香港市区的人口密度逐年攀升，人地矛盾日渐严峻。澳门面积较小，由澳门半岛和氹仔、路环两岛组成，总面积只有33平方公里（见表3-1）。

表3-1　　　　　　粤港澳大湾区城市的人口与土地状况

城市	人口（万）	面积（平方公里）	GDP（亿元）
广州	1459.0	7434	22859
深圳	1302.7	1997	24222
东莞	839.2	2460	8279
佛山	790.6	3798	9936
香港	7486.0	1107	23983
惠州	483.0	11347	4103
江门	459.8	9507	2900
肇庆	415.2	14891	2202
中山	331.0	1784	3633
珠海	189.1	1736	2915
澳门	66.7	33	3647

资料来源：粤港澳大湾区门户网：https：//www.cnbayarea.org.cn/。

（二）城市群的基础设施概况

《规划纲要》中提出要加快基础设施互联互通，提升内部联通水平，推动形成布局合理、功能完善、衔接顺畅、运作高效的基础设施网络。

以信息基础设施、新能源基础设施为代表的新型基础设施建设（以下简称新基建），为推动现代化经济体系下的科技和产业发展提供支撑。大湾区通信产业的发展目标包括推进网间互联宽带扩容；推动建设网络协议第6版（以下简称IPv6）；构建智慧城市群，大力发展智慧交通、智慧能源、智慧市政、智慧社区；提升网络安全保障水平、增强信息基础设施可靠性；等等。2018年以来，粤港澳大湾区通信产业互联互通进入了全面建设阶段，各项工作在《规划纲要》的指导下紧锣密鼓地开展，特别是以5G为代表的新一代移动通信网络在大湾区迅速发展。截至2022年底，粤港澳大湾区5G基站建成超22万座，已实现5G网络的基础布局[1]。以华为、腾讯等龙头创新企业为支撑，深圳市5G建设与创新运用已领跑全国。未来，大湾区无疑将在5G、大数据、云计算、人工智能等新基建领域持续领跑，并在新基建的物质基础上实现多种层面上的效益最大化。

在交通运输领域，大湾区已基本上形成了以广佛、深港和珠澳为核心，向东西两翼递减的综合交通分布格局。为实现内联外通，大湾区将重点建设"一中心三网"的网络格局，"一中心"是指世界级的国际航运物流中心，"三网"则指多向通道网、航空航线网和快速公交网三条交通网络。随着港珠澳大桥、广深港高铁相继通车，港口群海上航线不断拓展，世界级机场群改造升级，内联外通的交通网络越织越密。

（三）城市群的相关制度法规概况

"一个国家、两种制度、三个关税区"是粤港澳大湾区城市群最大的特征，但也在一定程度上对粤港澳之间的沟通与合作形成阻碍。一直以来，粤港澳的经济一体化问题都是中央和各级政府关注的重点，政府更出台了一系列的政策和法规来规划和推动粤港澳大湾区的发展。

---

[1] 中国新闻网：广东累计建成5G基站超22万座 居全国第一，https：//baijiahao.baidu.com/s? id = 1753830147021306977&wfr = spider&for = pc。

1. 相关政策

1998年，粤港合作联席会议以及粤澳合作联席会议正式成立，联席会议每年召开一次，在一定程度上发挥着区域经济一体化组织的作用。2003年，中央政府分别与香港和澳门特别行政区政府签署了《关于建立更紧密的经贸关系的安排》（CEPA）。此后，内地与港澳在正文建立的框架下，通过签订补充协议的方式循序渐进地拓展CEPA的内容。2015年11月，《CEPA服务贸易协议》签订，该协定对法律、建筑、金融服务、检测认证等大部分服务领域提供优惠待遇，标志着内地与香港、澳门基本实现了服务贸易的自由化。2018年12月，《CEPA货物贸易协议》签订，新增了"海关程序便利化""技术性贸易壁垒"等四个专章，为两地货物贸易提供了更大的便利。在推动粤港澳的交流与合作中，CEPA发挥了不可忽视的作用，在制度层面上促进了内地与港澳货物和服务贸易的便利化和自由化，粤港澳大湾区的经济空间关联结构变得更加的紧密。

为了贯彻落实《规划纲要》，实现大湾区内部技术、劳动力等经济要素的自由流动，提高粤港澳大湾区的经济一体化水平，将大湾区建设成为具有国际竞争力的世界级城市群，各级政府在科技创新、通关服务、创业就业等多个方面出台具体政策。在科技创新方面，广东省成立了粤港澳大湾区国际科技创新领导小组，并设立广东省联合基金基础与应用基础研究。2020年国家出台了针对国家级科技企业出台孵化器管理办法，并设立了粤港澳联合实验室以推动粤港澳大湾区国际科技创新中心建设。在通关服务方面，粤港澳三地不断创新人员、货物、车辆的通关政策，提高通关效率，实现粤港澳大湾区内部的"软联通"。在创业就业方面，大湾区加强建设港澳青年创新创业基地，并通过就业补贴和创业资助等方式帮助港澳青年在内地生活、就业，提高大湾区对港澳人才的吸引力。

2. 制度红利

大湾区城市享受着体制政策叠加的福利。深圳特区是我国"改革开放的试验田",享受了包括税收等方面在内的巨大的政策福利。2019年8月,中共中央、国务院发布了《关于支持深圳建设中国特色社会主义先行示范区的意见》,深圳在全面深化改革和扩大对外开放的历史节点中承担起了更为重要的角色。从"试验田"到"示范区",深圳在珠三角城市与港澳之间的枢纽作用将更加凸显,在引领大湾区发展中的龙头作用也更加稳固。此外,广东省通过设立广州南沙、前海蛇口、珠海横琴三个自由贸易试验区,不断创新粤港澳大湾区融合发展新模式。相关政策文件如表3-2所示。

表3-2   粤港澳大湾区相关政策文件

时间	粤港澳大湾区相关政策文件
2008年12月	《珠江三角洲地区改革发展规划纲要(2008~2020年)》提出到2020年形成粤港澳三地分工协作、优势互补,在全球具有竞争力的都市圈
2010年4月	《粤港合作框架协议》提出实施环珠江口宜居湾区建设重点行动计划
2015年3月	《推动共建丝绸之路经济带和21世纪海上丝绸之路的愿景与行动》提出充分发挥深圳前海、广州南沙、珠海横琴等自由贸易区的作用,打造粤港澳大湾区
2016年1月	2016年《广东省政府工作报告》指出珠三角城市联手打造粤港澳大湾区
2016年3月	《国务院关于深化泛珠三角区域合作的指导意见》指出要充分发挥深圳、广州的辐射带动示范作用,携手港澳共同建设粤港澳大湾区
2017年1月	2017年《国务院政府工作报告》指出要研究制定粤港澳大湾区城市群发展规划,深化粤港澳合作,提高国家经济发展和对外开放的地位和功能
2019年2月	《粤港澳大湾区发展规划纲要》正式出台,为大湾区的建设从顶层设计的角度进行了具体规划
2019年7月	《中共广东省委、广东省人民政府关于贯彻落实〈粤港澳大湾区发展规划纲要〉的实施意见》以及《广东省推进粤港澳大湾区建设三年行动计划(2018~2020年)》出台,针对《规划纲要》制定了实施计划
2019年8月	《中共中央、国务院关于支持深圳建设中国特色社会主义先行示范区的意见》出台,强调了深圳在粤港澳大湾区建设中的示范带头作用
2022年6月	《广州南沙深化面向世界的粤港澳全面合作总体方案》是建设高水平对外开放门户、推动创新发展、打造优质生活圈的重要举措

二、粤港澳大湾区城市群经济要素的空间配置结构

城市群由地理上相互邻近的城市所构成，不同于数学上的集合，城市群的每个子集彼此产生影响，形成能够协同发展并且具有一定阶层关系的有机整体。以城市为节点，交通基础设施为轴线，要素禀赋和经济发展水平的差异使得生产要素基于比较优势在城市群的不同城市之间相互流动，从而产生了经济要素在空间上的相对关系和分布形式，即区域空间结构。

粤港澳大湾区城市群将构建"一环两扇"的网络化空间格局。一环指的是环珠江口经济圈，以香港、澳门、广州、深圳四大城市为极点，辐射带动大湾区发展。两扇是以珠江入海口为核心，在东西两岸形成了以广州为分界线的城镇扇面。珠江东岸坐落着东莞水乡经济区、松山湖高新区、惠州潼湖生态智慧区、环大亚湾新区等多功能的产业园区，对于东岸产业结构转型升级以及构建产业新空间格局具有推动作用。珠江西岸经济发展水平较弱，还处于待开发状态。深中通道、港珠澳大桥等跨海大桥的修建，提高了东西两岸的连通性，有利于加强东岸的香港、深圳等极点城市对西岸的经济辐射，推动生产要素形成更有效的空间配置。

（一）经济要素与配置机制

经济要素，也是生产性要素，指的是用于生产商品和提供服务，影响区域经济发展的资源。由于经济发展水平、地理区位环境不同，各城市所拥有的经济要素在数量和质量上存在着差异，这成为经济要素重新配置的动机。经济要素为追求利益最大化而产生集聚是要素空间配置的动力。当经济要素的匹配现状难以实现经济要素的最大效益时，便会促使经济要素突破现有的禁锢，实现空间上的重新配置，这也是经济要素的核心配置机制。

影响经济要素空间集聚的因素包括区域间价格的自由化程度（经济要

素自由流动的程度），当自由度提高时，劳动力、资本和技术要素都会呈现出空间集聚的特征。除此，经济要素的空间集聚会受到政策、基础设施、市场机制、政府合作形式等众多外在因素的影响。

要素的空间集聚效应存在配置效率的问题，最初要素的聚集会提高要素的使用效率产生规模经济，即要素聚集的增加会带来成本的降低和收益的提高，但当要素聚集达到一定规模之后就会出现由于出现资本闲置、人员管理混乱等问题而产生规模不经济，使得要素使用效率下降、成本增加，要素产生向外逃离的趋势。大湾区的资本、劳动力等经济要素在市场规模效应和价格指数效应的影响下，在香港、澳门、广州、深圳等极点城市集聚形成规模经济，当经济要素的积累达到一定程度后，极点城市的要素使用效率下降，经济要素向外扩散并在周围的城市重新聚集，使得周边城市的经济水平和辐射能力逐渐提高。

（二）粤港澳大湾区城市群劳动力要素配置空间结构

1. 劳动力要素配置机制

首先，地区经济的发展水平是影响劳动力资源配置的重要因素之一。劳动力价格的表现形式是工资，劳动力更倾向于流入经济发达的地区。其次，城市对劳动力的吸引力还与这座城市未来的发展前景息息相关。此外，成本也是影响区域劳动力积聚的重要因素，包括以房价为代表的经济成本、以对外来人口的包容性为代表的融入成本、以居住环境为代表的生活成本等。对于粤港澳大湾区而言，由于深圳和广州经济发展水平较高，生活的成本也相对较高。2020年各大地产中介机构发布的房价数据显示，深圳南山区每平方米的房屋均价已长期维持在十万元以上，远高于深圳市其他地区和大湾区其他城市。高企的房价让许多初来乍到的年轻人对这座城市"望而却步"，理想的收入和高额的生活成本之间的矛盾已成为影响大湾区劳动力集聚的重要因素。在城市的包容性上，移民人口占总人口的比重越大，包容性就相对较强，能让市民产生归属感和亲切感，这也有助于提高城市的凝聚力和创造力。

2. 劳动力要素配置结构

2018年珠三角各城市常住人口增量如图3-1所示。

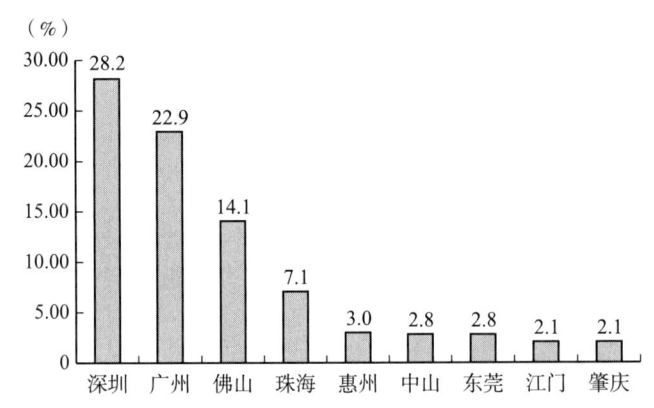

图3-1 2018年珠三角各城市常住人口增量占全省常住人口增量的百分比

资料来源：2019年广东统计年鉴。

珠三角地区是整个广东省人口流入最为集中的区域，其中部分城市流入人口数量占户籍人口数量的比重已超过了50%，形成外来人口数量超过本地居民数量（户籍人口数）的"人口倒挂"现象。结合我国实情，户籍人口的变化并不能全面代表一个地区的人口总流动量，相对而言，流动人口数量的变化更能真实地反应地区对劳动力的吸引力。如表3-3所示，在流入人口总量上深圳市以805.16万人位列第一，东莞位列第二。从人口流入率来看，东莞的人口流动率高达262.37%，远高于第二位的深圳。近年来，得益于优越的地理位置，东莞同时接受到来自深圳和广州两地的经济辐射，经济水平飞速增长，同时东莞的生活成本较深广低，对年轻人具有强大的吸引力。总体来说，珠三角地区对劳动力有着较强的吸引力，特别是东莞、深圳、中山、佛山和广州这几个城市，人口流入率都超过了60%，成为劳动力在珠三角的主要聚集区。

表 3-3　　　　2018 年珠三角城市流动人口数量及人口流入率

城市	流入人口（万人）	人口流入率（%）
东莞	607.63	262.37
深圳	805.16	161.84
中山	154.08	87.09
佛山	353.59	80.92
广州	562.75	60.66
珠海	61.71	48.44
惠州	102.1	26.80
江门	60.91	15.27
肇庆	-34.98	-7.77

资料来源：2019 年广东统计年鉴。

在"一国两制"的政策背景下，受到政策的限制，粤港澳三地之间人口流动的规模和效率远不如珠三角内部，无法实现劳动力要素的自由配置。香港统计处的数据显示，2022 年香港人口总数为 733.32 万人，同期净迁移人数为 3.88 万人，其中 2.12 万名为持单程证的内地移民移入，另有 6 万名香港居民净移出[1]。统计暨普查局就业调查结果显示，根据出入境资料初步估计，参考期内在澳工作而居于境外的澳门居民及外地雇员平均约有 8.36 万人，说明澳门对劳动力依旧具有强大的吸引力[2]。

2019 年的《粤港澳大湾区数字经济与人才发展研究报告》（以下简称《报告》）显示，粤港澳大湾区的高水平人才和数字人才均处于净流入状态，体现出粤港澳大湾区对高学历、高素质的青年人才有着强大的吸引力。《报告》显示粤港澳湾区的高水平人才以本科学历为主，占比达到 67.37%，

---

[1] 人民网：2022 年年底香港人口 733.32 万人，https://baijiahao.baidu.com/s?id=1658889037220901553&wfr=spider&for=pc。
[2] 中华人民共和国商务部，澳门 2022 年 11 月至 2023 年 1 月就业调查，http://mo.mofcom.gov.cn/article/tjsj/zwminzu/202303/20230303394302.shtml。

30%以上的人才具有研究生及以上的学历，其中超过25%的人才具有国际教育背景。这说明粤港澳大湾区不仅吸引了来自国内高校的优秀人才，更吸引了具有海外教育背景的国际人才。在大湾区产业转型的大背景下，人才无疑将成为推动技术创新和产业发展的重要力量。

珠三角城市应该放宽对劳动力流动的限制，促进优质劳动力集聚，由此各地的政府对受过高端教育的人才群体，特别是紧缺人才给予落户、医疗、税收减免、财政补贴等诸多优惠，并出台类似于"孔雀计划"的人才引进政策，鼓励海内外优质人才的流入。香港人口规模庞大并且在人才培育方面具有相对优势，接受专科及以上程度高等教育的人口高于大湾区的内地城市。但由于政策限制和文化差异的影响，香港和大湾区其他城市之间人才的相互流动规模较小。若借助粤港澳大湾区平台促进香港的优质劳动力流动于大湾区，不仅能够改善香港的社会结构、减轻香港的社会矛盾，也能够满足大湾区其他城市对高素质劳动力的需求。为加强珠三角与港澳之间人才的双向流动，广东省政府出台了面向港澳的专项人才吸引政策，在教育、就业、生活等领域为港澳人才提供便利。此外深圳前海、广州南沙、珠海横琴三个自贸区作为粤港澳大湾区的合作示范区分别设立了粤港澳青年创新创业基地，为港人就业提供了更加有利的政策环境。以上措施均有助于鼓励港澳专业人才向珠三角城市聚集，提高大湾区整体的人力资本配置效率。

（三）粤港澳大湾区城市群资本要素配置空间结构

资本的特征在于它的增值性，为了实现资本的增值，资本在空间流动和配置中形成了投资，即个人、企业或金融机构将其拥有的货币、设备等资产投入某一地区或产业，以赚取高额的利润和回报的过程。不同于劳动力的流动，资本能与所有者相分离，所以具有更高的流动性。追求价值增值的性质使资本天然具有一种逐利性，这种逐利性驱使其流向经济效益高的地区和部门，以获得更高的边际产出和资本回报率。资本流出的地区，资本供给减少使报酬率趋于上升，资本流入的地区报酬率则趋于下降，在理想状态下两地的资本回报率将趋于一致。市场机制完善的地区，资本的自由流动性较强，能够提高经济资源的配置效益。

从金融中心的影响力来说，大湾区的金融影响力持续上升。英国智库Z/Yen集团与中国（深圳）综合开发研究院共同编制的第26期全球金融中心指数报告中，粤港澳大湾区的香港、广州、深圳均上榜。香港作为国际性的金融中心连续两年仅次于纽约和伦敦位居第3位，并排在新加坡和东京等知名金融中心的前面，说明香港在世界金融中心中具有举足轻重的地位。

全球前十大金融中心与广州的金融中心指数如图3-2所示。

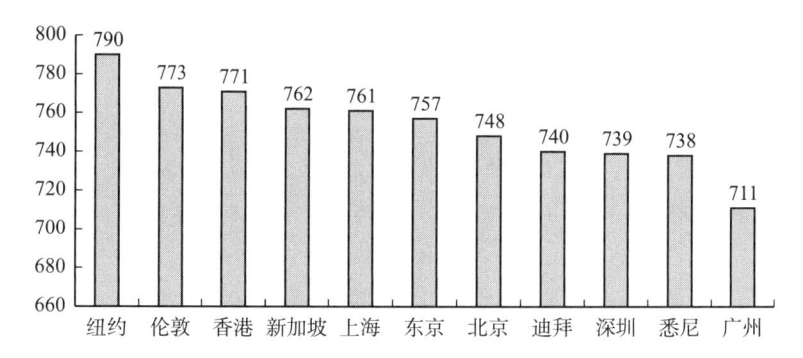

图 3-2 全球前十大金融中心与广州的金融中心指数

资料来源：第26期《全球金融中心指数（CFCI）》报告。

广东省的金融资源主要都集中在粤港澳大湾区内，而在大湾区内部则集中于香港、深圳和广州，其中，香港在金融机构和金融活动等方面远远领先深圳和广州，但是近些年三者之间的差距呈现出缩小的趋势。香港是国际金融中心，也是人民币的离岸中心，是中国企业走出去的桥梁，也是外国资本进入中国的平台。广州与深圳作为区域性的金融中心在促进大湾区的金融发展中扮演着与香港相似却不同的角色。深圳在金融服务和金融科技创新方面具有较大的优势，也是香港连接珠三角和内陆地区的枢纽。广州则致力于建设绿色金融改革创新试验区，成立了以碳排放为首个交易品种的创新型期货交易所，走特色化金融道路。各城市金融业增长值占大湾区金融业增长值比重如图 3-3 所示。

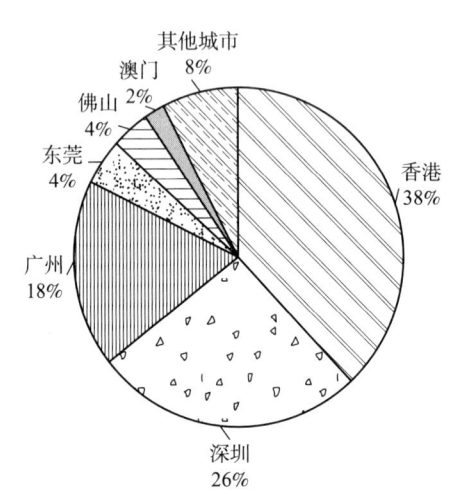

图 3-3　各城市金融业增长值占大湾区金融业增长值比重

资料来源：2019 年广东统计年鉴、香港特区政府统计处、澳门统计暨普查局。

（四）粤港澳大湾区城市群技术要素配置空间结构

技术要素的空间集聚受到贸易成本和产业结构的影响，其中贸易成本与空间距离、政府政策、基础设施等因素有关。贸易成本较高时，技术倾向于均衡分布；随着贸易成本的降低，技术逐渐流动形成"极化"现象。技术能够推动产业结构的变化，同时也受到产业结构的影响。一般来说，传统产业在产业结构中的比重越小，"极化"现象越明显。随着大湾区产业结构的转型升级，第三产业在产业结构中所占的比例越来越高，制造业和高端服务业的发展对于创新人才的集聚具有更大优势。

粤港澳大湾区是我国开放水平最高和最具有经济活力的地区，在技术集聚和创新方面都具有较强的优势。深圳、香港和广州作为"广深港澳科技创新走廊"的三个核心城市，囊括了创新资源能力得分的前三名。图 3-4 为粤港澳大湾区城市创新力指数得分情况。

第三章 资源汇聚：粤港澳大湾区城市群的经济一体化

图 3-4 粤港澳大湾区城市创新力指数得分

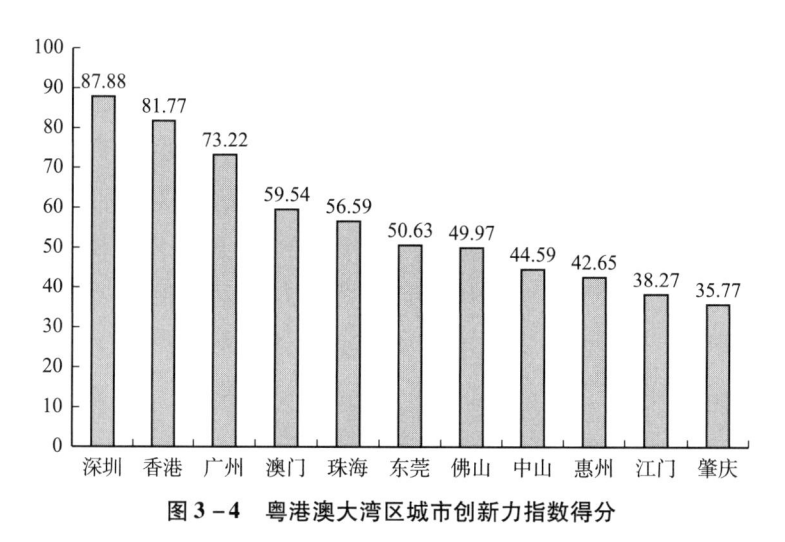

各城市得分：深圳 87.88、香港 81.77、广州 73.22、澳门 59.54、珠海 56.59、东莞 50.63、佛山 49.97、中山 44.59、惠州 42.65、江门 38.27、肇庆 35.77。

资料来源：《2018 年粤港澳大湾区城市企业创新环境分析》。

如图 3-4 所示，粤港澳大湾区的技术要素主要呈现出以下特点：

（1）科创主体。

科技创新的主体是高校、研究所和创新企业等科研机构。香港的大学综合实力最强，拥有世界性的知名大学如香港大学、香港科技大学等，并有 5 所高校打入"QS 世界大学排名"100 强；澳门有澳门大学、澳门科技大学等知名学府。对于珠三角而言，高校的教育还存在较大的提升空间。首先，珠三角缺乏全球顶尖的院校，截至 2022 年 12 月 31 日，广东全省 24 所高校共有 173 个全球前 1% 学科，其中 21 个学科入选前 1‰，且部分学校排名较为靠后①。其次，珠三角各城市间的高校资源存在分布差距，广州集中了大部分的高等院校，深圳除了深圳大学、南方科技大学之外，还吸引了香港中文大学等高校建立分校。虽然在创新人才的培养上略微薄弱，但凭借产业结构和经济水平的优势，深圳吸引了大量外来人才，弥补了其在人才培养上的弱势。而东莞、佛山等城市尽管经济发达，但缺乏知名学府，难以满足人才

---

① 搜狐网：祝贺！广东 24 所高校 173 个学科进入 ESI 全球排名前 1%！有你的学校专业吗？https://www.sohu.com/a/655874550_239689。

需求。

企业是粤港澳大湾区科技创新的核心。大湾区的技术企业不仅数量众多,而且实力雄厚,在129家入围世界500强的中国企业中有20家来自大湾区城市,如华为、腾讯、中兴、联想等。《粤港澳大湾区协同创新发展报告》对大湾区500强的优势创新机构进行了分类,结果显示珠江西岸的优势创新机构主要包括高校和科研院所、电子机械和器材制造业创新机构等,大部分集聚在广州;而珠江东岸的电子信息业创新能力强,计算机、通信和其他电子设备制造业创新机构占比高,主要集中在深圳。

(2)技术研究。

研发投入强度,R&D经费占GDP的比重是反映区域科技研发投入和竞争力的一个重要指标。从创新投入的维度来看,珠三角在广东省处于领先优势。2021年广东省统计年鉴显示,珠三角地区的R&D经费为3800亿元,约占全省总投入的94.8%,投入强度为3.14%,远高于2.44%的全国平均水平[①]。港、澳地区的产业结构更偏向金融业、博彩业等现代服务业,对科技创新的投入有限,两地2018年R&D的投入数量均较低,世界银行公布的数据显示,2018年香港和澳门的R&D投入强度分别为0.86%和0.2%,均低于1%,与深圳3.99%的R&D投入强度相差较远(见表3-4)。

表3-4　　　　　　　　2018年粤港澳大湾区R&D投入情况

城市	R&D活动人员(人)	R&D经费支出(亿元)	R&D投入强度(%)
深圳	289422	966.75	3.99
东莞	111969	221.24	2.67
广州	95562	267.27	1.17
佛山	93256	235.17	2.37
惠州	50199	89.32	2.18

① 南方都市报:深读 | 珠三角科创为何这么牛?九市最近七年R&D经费曝光,https://www.163.com/dy/article/H1LAH78605129QAF.html。

续表

城市	R&D 活动人员（人）	R&D 经费支出（亿元）	R&D 投入强度（%）
中山	36620	59.28	1.63
珠海	30808	82.77	2.84
江门	30145	58.35	2.01
肇庆	12524	22.03	1.00
香港	33576	206.656	0.86

资料来源：2019 年广东统计年鉴和 2019 年香港统计年鉴。

（3）专利数量。

发明专利和 PCT 专利的数量是地区创新能力的重要评价指标。2021 年粤港澳大湾区发明专利公开量增长 21.74%，达 44.96 万件[1]。发明专利的授予量最能体现区域科技创新产出水平，深圳 2021 年新增 42312 件，贡献了全省超五分之二的专利数量，排名第二位的广州新增授权发明专利 22824 件，与深圳相差近 2 万件，而其他城市则较为落后[2]。2020 年香港和澳门的专利授权量分别为 3147 件和 173 件[3]。《专利合作条约》（PCT）是有关专利的国际条约，可以反映区域的创新实力以及企业参与国际化竞争的程度。从 PCT 国际专利的申请量来说，2020 年粤港澳大湾区的 PCT 专利总量达到 36.59 万件，位于四大湾区的首位，为东京湾区的 2.39 倍，旧金山湾区的 5.73 倍，纽约湾区的 7.85 倍。虽然大湾区的 PCT 专利数量整体呈上升趋势，但珠江东岸近五年的 PCT 专利总量约是珠江西岸的 1.5 倍，是港澳地区的 20 倍，呈现出区域分布不均衡的现象[4]。

---

[1] 金台资讯：《粤港澳大湾区协同创新发展报告（2022）》发布，https：//baijiahao.baidu.com/s? id=1760578986937631135&wfr=spider&for=pc。
[2] 上奇产业通：广东 2021 年发明专利授权量 9.7 万件，深圳遥遥领先，广州第二，https：//baijiahao.baidu.com/s? id=1728871109491876458&wfr=spider&for=pc。
[3] 产业信息网：https：//www.chyxx.com/top/202112/991438.html。
[4] 人民网：GDI 智库发布《粤港澳大湾区协同创新发展报告（2021）》，http：//gd.people.com.cn/GB/n2/2022/0301/c123932-35154030.html。

粤港澳大湾区凭借区位优势和政策支持，贯彻创新驱动发展战略，不断提高自身的创新能力，在国内和国际上都具有较强的竞争力。从大湾区内部的配置结构来说，技术要素呈现出不均匀的分布状态。

为加强创新能力，《规划纲要》特别指出首先要加强区域合作，比如实现科研资源共享、加强科技交流等。广深港澳科技创新走廊的建设让几大城市通过协调合作提高科技研发和创新实力，带动大湾区整体科创水平提升。其次是打造一批具有高水平的科技创新载体和平台，打造粤港澳大湾区大数据中心。最后要优化创新环境，例如加强知识产权保护、促进科技成果转化等。

三、粤港澳大湾区城市群经济一体化程度

粤港澳大湾区的经济一体化是提高大湾区内部经济发展效益和外部竞争力，以期发展成为国内重要的经济增长极和国际一流湾区的必然道路。粤港澳大湾区经济一体化对国家经济发展有重大意义，一方面大湾区能产生强大的辐射带动作用，另一方面粤港澳大湾区城市群作为国家领导新型全球化的实验平台，在"一带一路"建设中也将发挥不可替代的枢纽作用。

（一）粤港澳大湾区城市群经济一体化进程

粤港澳之间的经贸合作有着悠久的历史，三地基于共同的经济利益通过协调合作实现共赢。如今，粤港澳之间的经济关系已由改革开放之前相互独立的离散型均衡发展转变为兼具集聚和扩散效应的非均衡发展阶段，并朝着一体化均衡发展的方向演变。

1. 经济一体化的含义

经济一体化，一般发生在地理位置上相近的不同主权国家或一个国家内

部相邻的地区，包括基础设施、生产要素、产业结构等多个方面的内容。粤港澳大湾区作为国家内部的区域经济一体化代表，具有"一个主权、两种制度、三个关税区"的特殊性。港澳与大陆之间具有相近的人口特征和语言体系，因文化价值观的差异而产生的隐性壁垒较小。但三地社会制度不同，在法律体系、货币制度、金融体系等方面具有较大的差异，存在隐性壁垒。

经济一体化的优势在于要素集聚形成经济发展极，极点通过扩散效应带动其腹地的发展，形成"以一带多"的格局。发展既可以由市场自发引导产业在个别城市集聚，也可以通过政府的政策计划和重点投资来引导。因此区域经济一体化需要市场和政府在资源配置中相互协调，实现区域经济持续稳定的增长。

2. 粤港澳大湾区的经济一体化

（1）交通基础设施。

交通基础设施一体化有两个目的，首先是在加强交通设施建设的基础上，提高不同运输方式的连通性，使得交通运输的各个环节能够得到有效的衔接，其次是增强不同区域的港口和机场等基础设施的协调性，避免恶性竞争。

随着港珠澳大桥、深中通道以及城际铁路等大型基建项目的落地，粤港澳大湾区各城市间的交通可达性得到提高，同时众多加密线和联络线的修建也为不同交通运输方式的转换提供了便利，大湾区内的"一小时生活圈"即将形成。

（2）生产要素。

生产要素一体化通过促进生产要素在区域内合理流动，实现资源的有效配置，提高区域经济发展效率。在人口方面，整个广东省甚至全国范围内呈现出向珠三角区域集聚的现象，珠三角内部又呈现向广州、深圳等城市集聚的现象。广州、深圳劳动力资源的高度集聚会通过扩散效应提高周边城市（如佛山、东莞等城市）劳动力的集聚能力，从而形成劳动力向珠江入海口的几座城市集中的趋势。制度壁垒的降低也增强了粤港澳三地人才的流动性,通过吸引港澳人才参与粤港澳大湾区建设实现人力资源有效利用,提高大湾区经济整体运行效率。在资本方面,香港是国际性的金融中心,深圳和广州是区域性的金融中心,三座中心城市自身吸引了大量资本的集聚,同时其辐射半径覆盖了整个大湾区,吸引全球资本向粤港澳大湾区集聚。技术流动主要依靠技术的创新和扩散,深圳是珠三角科技创新的核心,技术要素在深圳集聚产生的经济效益进一步吸引更多人才和技术的集聚,从而增强科技的产出效率,形成"循环积累"的态势并以向外辐射的形式影响大湾区其他城市。

劳动力、资本和技术通过集聚效应和扩散效应使中心城市与周边城市形成了经济联动,提高了区域经济一体化程度。随着广、深、港、澳四座核心城市资本和技术密集型企业的发展,劳动密集型的产业逐渐被转移到东莞、惠州、肇庆等城市,粤港澳大湾区逐渐形成了功能性的产业分工,加快了要素的流动,使得彼此间经济联系更加密切。

(3)产业结构。

粤港澳大湾区的建设是粤港澳经济合作在新时代背景下的创新。《规划纲要》通过宏观调控充分利用"9+2"城市的自身优势,发挥港、深、广、澳四个极点城市在整体经济发展中的核心带动作用。2018年,粤港澳大湾区三大产业结构持续优化,实现了产业结构由工业主导转变为由服务业主导,现代服务业、先进制造业在产业结构中的占比不断提高,加强了对人才、技术和资本的吸引力。差异化的产业布局有利于进一步提升了粤港澳三地的经济一体化水平,促进城市间分工协作、错位发展。图3-5所示为粤港澳大湾区的产业布局一览图。

(二)"一带一路"倡议对粤港澳大湾区经济一体化的影响

"一带一路"倡议被提出后,粤港澳大湾区逐渐从旁观者成为了重要参与者。粤港澳大湾区作为中国最重要的经济开放区域之一,在"一带一路"

的倡议下，探寻并发掘其在新时代下经济一体化发展进程中受到的影响，在战略层面处理好本区域利益和寻求中国全局经济发展之间的关系。

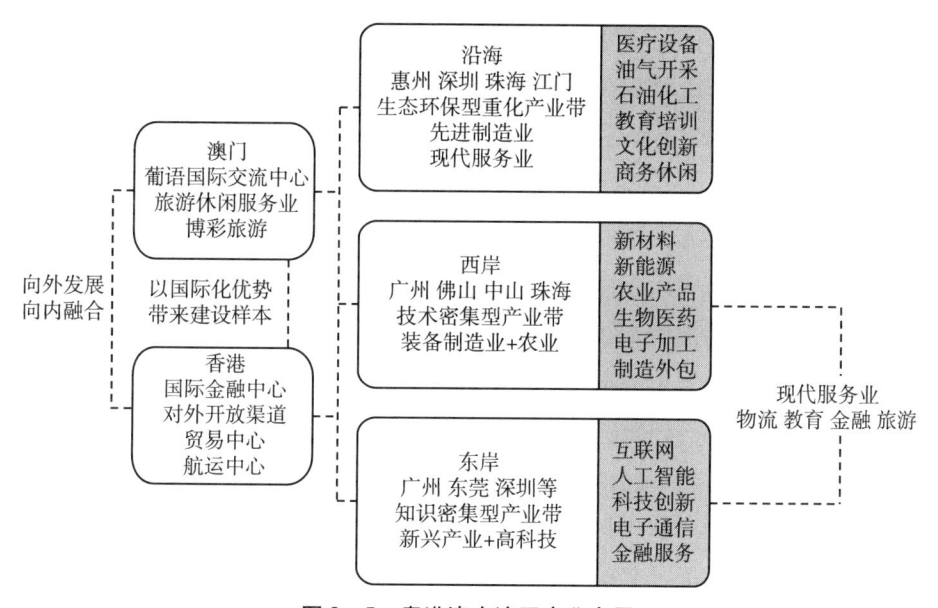

```
                    ┌─────────────────┬──────────┐
                    │ 沿海             │ 医疗设备  │
                    │ 惠州 深圳 珠海 江门│ 油气开采  │
              ┌─────│ 生态环保型重化产业带│ 石油化工  │
              │     │ 先进制造业        │ 教育培训  │
              │     │ 现代服务业        │ 文化创新  │
        ┌─────┴──┐  │                 │ 商务休闲  │
        │ 澳门    │  └─────────────────┴──────────┘
        │葡语国际交│
        │流中心   │  ┌─────────────────┬──────────┐
        │旅游休闲服│  │ 西岸            │ 新材料    │
        │务业博彩旅│  │ 广州 佛山 中山 珠海│ 新能源    │
        │游       │  │ 技术密集型产业带  │ 农业产品  │ 现代服务业
向外发展 │以国际化优├──│ 装备制造业+农业   │ 生物医药  │─ 物流 教育
向内融合 │势带来建设│  │                 │ 电子加工  │  金融 旅游
        │样本     │  │                 │ 制造外包  │
        │ 香港    │  └─────────────────┴──────────┘
        │国际金融中│
        │心       │  ┌─────────────────┬──────────┐
        │对外开放渠│  │ 东岸            │ 互联网    │
        │道       │  │ 广州 东莞 深圳等  │ 人工智能  │
        │贸易中心 ├──│ 知识密集型产业带  │ 科技创新  │
        │航运中心 │  │ 新兴产业+高科技   │ 电子通信  │
        └─────────┘  │                 │ 金融服务  │
                    └─────────────────┴──────────┘
```

图3-5 粤港澳大湾区产业布局

资料来源：中商情报局：粤港澳大湾区产业结构布局分析，https：//www.askci.com/news/chanye/20180821/1129371129481_2.shtml。

首先，"一带一路"倡议在空间上发挥了中国沿边和内陆的区位优势，粤港澳大湾区起到对外开放的窗口作用，进一步形成内地全方位空间开放格局，为粤港澳大湾区的经济一体化提供重要动力。

其次，粤港澳大湾区一直都走在中国改革开放的前沿，在"一带一路"倡议下，作为内地企业"走出去"、外国资金"走进来"的必经之路，自身经济的发展有助于资源的高效流通，加快内陆对外开放的速度。经济一体化即区域之间的经济联合，"一带一路"倡议加快了区域之间生产要素的流动，尤其是海陆要素之间的流通，更加有助于粤港澳大湾区经济一体化。生产要素在产业之间的流通，还促进了资源、资金、信息、技术、劳动力等在各个区域产业之间的流动。还促进了生产要素在区域间的自由流动，伴随着粤港澳大湾区基础设施和公共服务体系建设的不断完善，各个城市之间的交流也更加便捷和密切，恰逢"一带一路"倡议的提出，这为生产要素在区域间的流动提供条件，有利于粤港澳大湾区根据各城市的具体情况，因地制宜发展，实现经济上的联动。另外，提高四个核心城市联动发展的效率，充分发挥粤港澳大湾区对泛珠三角地区乃至全国经济的拉动作用，促进生产要素合理流动，加强粤港澳区域内各地区的经济联动，引导海域与陆域之间的产业转移。最后，"一带一路"强化亚洲区域内部合作和更紧密的经济联合，在实现粤港澳大湾区经济一体化的同时，促进亚洲经济一体化的进程。

长期以来，许多国家与组织都在不断尝试实现亚洲经济的一体化，无论是在东盟推动下的发展方向还是亚太经合组织下的亚太自由贸易区的尝试，其实施的重点都聚焦于关税等自由化措施，这本质上是一种变向融入域外生产交易政策网络的一体化，这种模式本质上还是要依赖于外部市场，虽然在实施区域内带来了经济的快速增长，取得明显成效，但是总体而言并没有带来一个经济上更加一体化的亚洲。我国提出的"一带一路"倡议以基础建设为突破口，意在通过基础设施的建设实现内部的互联互通，这对我国粤港澳区域经济一体化、我国经济一体化，以及未来整个亚洲区域一体化的进程都将产生重要影响。

（三）粤港澳大湾区城市经济一体化面临的挑战

在经过了长达40年的发展后，大湾区城市间的经济联系逐渐加强，基本上形成了经济要素的自由流动和相互依赖的产业分工体系，但同时也面临着来自外部和内部的各种挑战。

1. 外部挑战

日新月异的科学技术发展似乎预示着世界经济欣欣向荣，实际上在经历了多年的快速发展之后，全球经济发展已步入下行区间，政治不确定性因素增加，保护主义势力抬头，这些不利因素使得国际贸易风险增大。另外

2020年新冠疫情的出现对全球化分工的世界经济造成进一步的冲击。在这样的国际背景下，粤港澳大湾区全方位对外开放、开拓国际市场的步伐将会受到冲击，但这也更意味着大湾区城市需要作为一个整体，加强区域联系，完善产业体系，通过科技创新和产业升级增强自身优势和国际竞争力去迎接各种挑战。

2. 内部挑战

（1）贸易壁垒。

"一个国家、两种制度、三个关税区、四个核心城市"的格局是粤港澳大湾区区别于其他三大湾区的显著特点，使得粤港澳大湾区能够同时利用三地在经济制度和产业结构上的优势，但这种政治格局也使得大湾区内部协调难度较大。三个独立的关税区以及三套不同的法律体系形成强大的边界效应，给大湾区的要素流动和贸易往来带来不同程度的阻碍，并造成价格的差异和不必要的效率损失，增加大湾区一体化的协调成本。粤港澳大湾区内部的制度障碍既包括珠三角内部由于"行政区域"而产生的壁垒，也包括珠三角九市与香港、澳门之间的制度壁垒。

（2）粤港澳三地间的制度壁垒。

在"一国两制"的背景下，广东省实行的是社会主义制度，而香港和澳门实行资本主义制度。三者虽然同在一个中央政府的管制之下，但彼此之间具有相对的政治独立性。随着珠三角制造业发展水平逐步提高并走上了转型升级的道路，粤港澳三地间经济发展水平的差异减小，逐渐由互补性转向替代性产业发展。在粤港澳近些年的合作中，市场和政府的主导地位也在发生变化，粤港澳之间的合作逐渐由市场主导的自下而上的经济合作，转变为市场和政府共同推动。政府"看得见的手"能够对市场进行引导，推动产业分工协作和差异化发展，但过多强化政府角色难免会产生配置效率、政策协调、观念认同等方面的冲突。如何协调好市场化能力和政府职能之间的关系，是粤港澳大湾区实现经济一体化的难题。

粤港澳三地经济制度和监管制度的不同，也造成了影响经济要素自由流动的阻碍因素。首先，在货币制度方面，粤港澳三地分别流通着人民币、港币和澳门币三种不同的货币。澳门币和港币都采取了直接或间接盯住美元的联系汇率制，而人民币采取的则是有管理的浮动汇率制。与香港、澳门允许货币的自由流通的货币制度不同，内地对外汇管制较为严苛，企业在外经营赚取的外汇必须在银行强制结汇，兑换成人民币才能够在内地自由流通，外汇价格的波动变化使得三种货币之间的转换存在汇兑风险，无形间增加企业的成本。其次，人口的流动在粤港澳大湾区也受到了较大的限制。港澳特区政府为了保护本地的产业和就业，实行限制性的人才准入制度，大陆和港澳居民的就业选择受到了阻碍。在货物贸易方面，粤港澳三地由三个关税区构成，彼此的货物流动需要支付额外的关税，另外，三个关税区不同的检验检疫标准对货物的品质、包装等方面也具有不同的要求，这些关税和非关税壁垒的存在，额外增加了企业的负担，是边界"屏蔽效应"的典型体现，不利于一体化的发展。

制度壁垒的存在说明大湾区城市群缺乏有机联系和相互配合，没有形成有效健全的合作机制。虽然粤港和粤澳之间建立了高层联席会议制度，但这种一年一度的联席会议无法适应粤港澳大湾区一体化发展的灵活性和自主性。粤港澳大湾区的一体化合作发展，依旧需要建立法定性的联盟机制，提高粤港澳三地的凝聚力、决策力和执行力。

四、粤港澳大湾区城市群经济一体化的发展方向

（一）提升中心城市的影响力和经济水平

中心城市往往是一个城市群经济发展的引擎。中心城市由于在科创能力或者产业结构等方面有较高的水平，能够在一定的要素资源投入下得到更多的产出，具有较高的生产效率。依据粤港澳大湾区城市群的经济空间结构和

城市群的发展规律，提升大湾区中心城市的影响力和经济发展水平将成为增强大湾区整体竞争力的重要影响因素。香港、澳门、广州、深圳是大湾区经济发展的核心引擎，澳门特区由于其经济体量较小且产业结构单一，在大湾区建设中主要扮演着衔接中国与葡语国家商贸合作往来的角色，香港、广州和深圳三座城市在GDP总量、人均居民收入、金融实力和产业结构等各个方面都远远地超过其他城市，是大湾区名副其实的核心城市。从粤港澳大湾区整体的城市体系来说，大湾区已经基本上形成了以香港、广州和深圳为核心相互联系的城市关系网络，一体化发展也粗具雏形。

未来香港要在大湾区继续发挥其核心引擎的作用，需要重点发挥自身在金融业和现代服务业中的优势，大力发展金融、航运、旅游等主导产业，不断提升自身的经济发展水平。广州和深圳是珠三角地区重要的经济发展极，吸引来自全国各地的资本、技术和人才的集聚，但经济要素的空间集聚受到制度性交易成本的影响，依旧不能满足广深经济发展的需要。前海、横琴、南沙自由贸易区要充分发挥政策优势，探索出适应粤港澳合作的创新体制，减少粤港之间要素和产品流通的制度障碍，加强港澳与珠三角城市的经济联系。

（二）强化湾区的区域辐射带动作用

区域的经济辐射能力指的是城市群中的核心城市对周围城市和地区的综合影响能力和发展带动作用。

在粤港澳大湾区中，深圳、广州和香港具有较强的经济影响力，东莞和佛山通过承接广深的产业转移推动自身发展，同时对其他城市也有带动作用。中心城市的经济辐射能力除了与自身经济发展水平相关，还与城市之间的距离有密切关系，即集聚效应和扩散效应都会随着距离的增加而减弱，并且扩散效应受到规模经济等制约因素的影响，随距离而减弱的速度较集聚效应更快。大湾区四座核心城市都具有较强的经济集聚能力，但其扩散效应不佳。广深港澳的经济辐射范围较多覆盖到珠三角几座城市，对于更远的粤东粤西甚至内陆其他省市辐射效力还有待进一步提升，强大的回波效应产生的极化现象拉大了粤港澳大湾区与周围落后城市的经济差距。为了推动区域经济由不平衡向平衡发展，需要大湾区的四座核心城市进一步提高经济发展水平，增强对其他城市的经济辐射。大湾区未来将依靠强大的经济辐射能力，在带动内部经济水平提高的基础上，通过发挥香港—深圳、广州—佛山、澳门—珠海的极点带动作用，以珠江三角洲为核心链接粤西、粤北、粤东三个地区，构建以珠江—西江经济带为腹地，带动中南、西南地区发展，辐射东南亚、南亚的经济支撑带，形成"一环三级，三带多节点"的网络化空间格局。

（三）破除文化偏见，打造利益共同体

区域经济一体化已经成为粤港澳三地进一步提高发展水平和外部竞争力的必然要求，并在政府层面和学术层面达成广泛的共识。粤港澳，三地在语言和习俗等方面相近相通，彼此之间的沟通往来已具有悠久的历史。自2005年广东省政府首次提出"湾区发展计划"到2015年"一带一路"倡议的出台明确粤港澳大湾区城市群从地方构想上升成为了国家战略，粤港澳区域合作的政治意义和影响力得到提升。以创新和开放为核心大力发展湾区经济，不断减少贸易壁垒和制度障碍并推动区域要素流通一体化，已成为粤港澳大湾区下一步发展的方向。

随着各项政策的出台，粤港澳大湾区要素流动的阻碍逐渐被打破，但文化认同的缺失使得部分制度无法发挥真正的价值。为充分利用粤港澳大湾区的人才资源，广东省政府出台了系列政策支持港澳居民前往珠三角生活、就业，但港澳居民前往内地就业的意愿较低，政策实际的实施效果并不理想，主要原因除了工资待遇等物质因素，文化方面的因素也不容忽视。推动文化共识的形成需要在港澳国际化的教育体制上增强历史和传统文化教育，强化港澳青年的民族认同感，另外还需要不断完善文化设施和文化产业，加强文化交流互动，满足港澳居民的精神需求。

第四章

黄金产业：粤港澳大湾区的产业发展机会

一、粤港澳大湾区的产业分工与合作

(一) 粤港澳大湾区的产业布局

1. 广东九城和港澳地区的产业特点

粤港澳大湾区具备完善的产业体系，拥有以深圳、东莞为核心的珠江东岸电子信息产业中心；以佛山、珠海为核心的珠江西岸先进装备制造业基地；以香港、澳门、广州、深圳为核心的金融业、服务业产业体系。凭借沿海的地理优势，粤港澳大湾区的海洋经济水平走在全国前列，与世界一流湾区比肩。粤港澳大湾区现有支柱产业如表4-1所示。

表 4-1　　　　　　　　　粤港澳大湾区现有支柱产业

城市	现有支柱产业
香港	金融、贸易、物流、教育、法律、旅游、科技服务
澳门	博彩、旅游、金融、房产建筑
广州	汽车、石化、电器机械及器材制造、电子、金融、房地产、交通运输
深圳	电子信息、生物医药、互联网、金融、科技服务、新能源、新材料、贸易
东莞	电子信息、电器机械、家具、纺织、化工、造纸等
佛山	建材家具、家电、陶瓷、机械设备、灯饰
中山	医药、灯饰、家具、电器、五金、服饰、电子
惠州	数码、石化、服饰、制鞋、水泥、汽车及零部件
珠海	电子信息、家电电器、生物医药、石油化工、机械制造、电力能源
江门	汽车、摩托车、船舶、五金卫浴、纺织、石化、新材料、印刷等
肇庆	汽车及零配件、电子信息、农产品、金属加工、食品饮料、化工

资料来源：保利投顾研究院整理。新浪财经：湾区50+｜透视：粤港澳大湾区各城市产业发展现状特征与前景，https://baijiahao.baidu.com/s?id=1665009059070385595&wfr=spider&for=pc。

（1）广佛肇经济圈。

广佛肇经济圈包括广州、佛山和肇庆，区域面积26129.57平方千米，常住人口约3261.29万，2022年GDP约44242亿元[①]。广佛肇经济圈在产业上以实现优势互补、做大优势产业链、形成区域优势、产业集群和整体提升经济产业竞争力为目标。广佛肇经济圈在产业上将重点发展现代服务业和以装备制造为重点的先进制造业。其中，广州重点发展先进制造业、高新技术产业、金融服务业，例如电子信息产业、生物医药产业和高端汽车制造产业；佛山将重点发展高端装备制造业，例如机器人产业、智能装备和智能家电；肇庆因工业基础相对薄弱，将积极承接广深等地的产业转移，发展电子信息产业、节能环保产业、现代农业和新能源汽车产业。

---

① 经济观察报：统筹区域发展是粤港澳大湾区当务之急｜奇谈都市圈，https://baijiahao.baidu.com/s?id=1758344889886708223&wfr=spider&for=pc。

(2) 深莞惠经济圈。

深莞惠经济圈包括深圳、东莞和惠州，区域面积1.58万平方米，人口2625万，2018年GDP超3.7万亿元①。深莞惠经济圈将引导产业聚集发展，推动珠江东岸经济、社会和生态协调发展，重点发展创新型产业、现代服务业和以新型战略产业为核心的装备制造业。其中，深圳以高新技术产业为主导，发展人工智能、生物医药、5G产业链、金融服务业；东莞是世界工厂，发展电子信息产业、新能源、新材料和智能装备制造；惠州是一座新兴工业城市，发展石油化工中下游深加工集群、高端化学制品、电子信息和化工新材料。

(3) 珠中江经济圈。

珠中江经济圈包括珠海、中山和江门，区域面积9541平方千米，人口约1000万人，2018年GDP约9850亿元②。珠中江经济圈重点发展先进装备制造业、现代服务业，并依托澳门发展区域休闲旅游业。其中，珠海重点发展高端装备制造、智能家电、机器人产业、生物医药产业、跨境金融、休闲旅游等产业；中山发展智能装备制造、海洋工程装备制造、生物医药、现代物流等产业；江门重点发展新材料新能源及装备、轨道交通装备、汽车与摩托车产业、大健康产业等产业。

(4) 港澳地区。

港澳地区的发展模式是以第三产业为主。在产业结构上，金融服务、旅游、贸易及物流、专业及工商业支援服务是香港的四大支柱产业，文化与创意产业、医疗产业、教育产业、创新科技产业、检测与认证产业和环保产业是香港"六大优势产业"。香港独特的经济优势将会带动大湾区金融、航运、物流、保险及其他相关服务行业的共同发展。同时，香港依靠其独特的产业活力、经济制度优势、市场拓展能力和发展环境，使得香港一直保持着

---

① 新浪财经：中国十大都市圈发展潜力排名：上海、北京、深莞惠列前三，https://finance.sina.com.cn/roll/2020-12-18/doc-iiznezxs7500875.shtml。

② 搜狐网：珠中江GDP"三城演义"：珠海从第三跃升为第一，https://www.sohu.com/a/398720391_161795。

国际性贸易中心、国际性金融中心、国际性投资中心、国际性旅游中心、国际性航运中心的地位。未来，香港将积极融入"一带一路"和粤港澳大湾区的发展中，为香港发展经济注入新活力，打造世界级国际金融、国际贸易、国际航运中心，迈向更高层次的全球城市。

澳门因土地资源有限，并不能像大湾区其他城市那样布局过多的产业，博彩业和观光旅游业一直是澳门的支柱性产业。在产业结构上，博彩业一家独大，在2020年贡献了澳门整个经济的51%及超过80%的税收，[①] 是澳门最重要的产业。在未来产业布局上，澳门将改变单一的产业结构，破除"一业"独大的局面，做好经济多元化发展，积极融入粤港澳大湾区的发展中，在发展博彩业的同时，也大力发展会展业、创意产业、休闲旅游业、特区金融业等产业。在产业发展方面：第一，澳门将通过加强对外合作，建设世界旅游休闲中心和中葡商贸服务平台；第二，澳门将会发展融资租赁，为中葡企业提供资金结算服务和贸易融资等金融服务，结合葡语国家和"一带一路"国家需求，充当粤港澳大湾区发展的"超级联系人"；第三，澳门将会发挥休闲旅游优势，与大湾区各市合作打造世界休闲旅游中心，澳门将会与珠海、江门等城市共享旅游管理和培训资源，加强大湾区各城市之间的旅游合作，共同发展休闲旅游业。

2. 粤港澳大湾区的产业合作

粤港澳大湾区作为我国"城市—产业集群"建设的重要试验田，大湾区产业协同合作将会成为中国迈入区域经济协同发展的主要标志。但由于大湾区规划涉及两种制度、三个关税区、三种法律，如何在不同的制度框架下实现生产要素跨境流动、资源整体规划将是今后大湾区发展所面临的核心问题。因此，大湾区规划的提出不仅仅是一个经济发展的概念，更重要的是在经济共同发展的目标基础上进行区域整合，打造大湾区内部各个城市差异化

---

① 新浪财经：解读贺一诚首份施政报告：博彩业成"阿喀琉斯之踵"，澳门求解经济多元"横琴方案"，https://baijiahao.baidu.com/s?id=1665267804336376223&wfr=spider&for=pc。

定位，实现以创新经济为驱动和城市群协同发展的区域经济新模式。目前，大湾区内部在制造业、医疗健康产业、交通运输设备制造等方面有紧密的合作。

（1）制造业。

珠江东岸将继续发挥电子信息产业的集群效应，打造研发密集型、资本密集型的高端电子信息制造业。深圳作为珠江东岸电子信息制造业的龙头城市，信息产业产值占全国1/6，拥有华为、中兴等企业，实力强劲。深圳将电子信息产业作为创新发展的重点，加大研发力度，融合人工智能、5G等技术，使技术转化为成果加快。深圳将在芯片、服务器、系统操作等方面发展电子信息产业，占领电子信息产业链上游，为东莞等地的中下游电子信息产业提供技术和材料支持。同时，东莞电子信息产业将抓住机遇，大力通过产业链培育推动传统产业智能升级，从"传统制造"转变为"智能制造"。东莞将工业互联网与电子信息制造业结合，打造电子信息产业零配件全生态供应链，大力发展智能手机、平板电脑和车载智能终端，占领电子信息产业中下游产业链，与深圳共同完善上中下游电子信息产业链。同时，深圳、香港将联合打造数字技术产业集群，建设大数据产业聚集区和人工智能产业集群。

珠江西岸将打造现代装备制造、智能家电产业带。佛山作为大湾区装备制造龙头城市，重点发展工作母机类产业、工业机器人产业，为各城的装备制造业提供产业发展基础。江门发展的汽车零部件产业可为佛山的汽车制造业发展提供材料，海洋工程装备可为珠海发展临海工程提供装备。中山、珠海共同合作发展，推动航空设备制造业产品产业化、系列化发展，完善通用航空产业配套体系，发展卫星应用产业和无人机产业。珠江西岸利用佛山美的、珠海格力的家电制造业基础，打造现代智能家电产业。

（2）医疗康养产业。

珠江东岸各个城市利用香港、广州的医疗和教育资源、前沿技术研究和人才储备等优势，充分发挥其"创新大脑"作用，重点在医药研发、医疗创新、生物医药科技等方面重点布局，打造东岸医药研发创新高地，并推动其创新研究成果在大湾区的转化效率。另外，广州和深圳均处于大湾区医药制造产业第一梯队，在生物科技创新、生物医药研发等多方面具备先发优势，拥有广州国际生物岛、深圳国际生物谷等生物医药产业基地，并具有较为完善的产业链结构，是引领大湾区高新生物医药研发和产业发展，抢占全球生物医药产业发展制高点的重要极点。香港则利用其科研、金融服务平台等优势，助推大湾区与国际市场的深度融合。珠江西岸利用区域生态环境优美等优势打造现代化医养场所的聚集地，重点发展医疗康养设施和院所，为大湾区提供更加充足的养老床位和康养医院。东西两岸共同合作发展，完善现代医疗服务体系，形成具有国际竞争力的现代化医疗康养基地。

（3）交通运输设备制造。

位于珠江东岸的深圳重点打造新能源汽车制造。深圳拥有完整的新能源汽车产业链，并聚集了2000多家企业，拥有比亚迪、欣旺达等新能源汽车制造和全球锂离子电池领域的领军企业。深圳从资金扶持到消费刺激，从科技研发到推广应用，全方位支持新能源汽车产业发展，新能源汽车优势突出。广州重点发展传统汽车整车制造和船舶制造。汽车产业是广州第一支柱工业，2022年1~11月，广州汽车产量292.53万辆，实现工业总产值6023.79亿元，连续四年居全国城市之首，[1] 初步形成了三大日系品牌（本田、日产、丰田）、中国品牌和欧美品牌共同发展的多元化汽车品牌格局。广州依托其完整的产业链以及雄厚优势的产业基础，与深圳形成错位竞争，重点发展传统汽车产业，并通过科技研发、技术创新等推动产业持续升级。同时，广州与深圳形成差异化竞争的重要方面还在于船舶制造，依托广州港口和造船基地优势，重点拓展民用船舶、私人定制等船舶建造，将广州造船打造成"中国名片"。珠海则重点打造以航空为主的运输工具制造，抓住通用航空发展机遇，依托现有的航空产业园基础，借助珠海国际航空展，打造从飞机设计、制造、维修到航空设备展示、交易、航空服务培训的完整航空

---

[1] 央视网：【高质量发展看中国】广东广州：坚定不移推进产业第一，http://local.cctv.com/2023/02/20/ARTI2XhKa3w1xvl4V7LDy7RQ230220.shtml。

产业生态链。江门则侧重发展轨道交通装备，重点发展城际动车组、新型有轨电车、新能源轨道交通等产业，为广州、深圳等城市提供轨道交通设备，形成轨道交通设备产业链。另外，江门发展汽车零部件产业群，为广州汽车产业、深圳新能源汽车产业提供原料。

在大湾区产业布局中，广东将发挥其作为改革开放先行区，经济发展重要引擎的作用，构建产业创新中心、先进制造业和现代服务业产业基地；香港侧重国际金融、航运、贸易中心职能，为大湾区产品出口、原材料进口和技术引进，搭建交易平台；澳门推进建设世界旅游休闲中心，带动内地城市旅游业发展，同时为大湾区城市与葡语国家进行贸易合作搭建交流平台。

由于广东九城经济以出口贸易为主，港澳地区拥有国际标准的营商规则和营商环境，可以为广东九城走出去提供技术和经验，带动大湾区的贸易发展。目前围绕区域核心城市构建的特色产业链逐渐形成，但是中心城市之间的连接还处于相对薄弱阶段。所以，在未来的规划发展中，将根据各城市的产业特点构建不同的产业链，实现合理的分工合作，这样才能发挥产业协同优势，构建具有国际性影响力的现代产业体系，培育出世界级产业集群。

（二）粤港澳大湾区的产业经济

产业经济泛指国民经济的各行各业，从生产到流通、服务以及文化、教育等方面，主要研究产业结构演进的一般规律和特殊问题，促进经济总量扩张、经济结构的转换和经济水平的提高，从而使经济目标的实现。粤港澳大湾区2019年GDP达到11.6万亿元，同比上年增长6.7%，增速位列四大湾区第一，以全国5%的人口创造出全国12%的经济总量[1]。2019年粤港澳大湾区各城GDP如图4-1所示。

---

[1] 中国新闻网：粤港澳大湾区整体人均GDP水平超过16万元，https://baijiahao.baidu.com/s?id=1674262917000454184&wfr=spider&for=pc。

(亿元)

城市	GDP
深圳	26927
香港	25251
广州	23629
佛山	10751
东莞	9483
惠州	4177
澳门	3715
珠海	3435
江门	3147
中山	3101
肇庆	2249

图 4–1　2019 年粤港澳大湾区各城 GDP

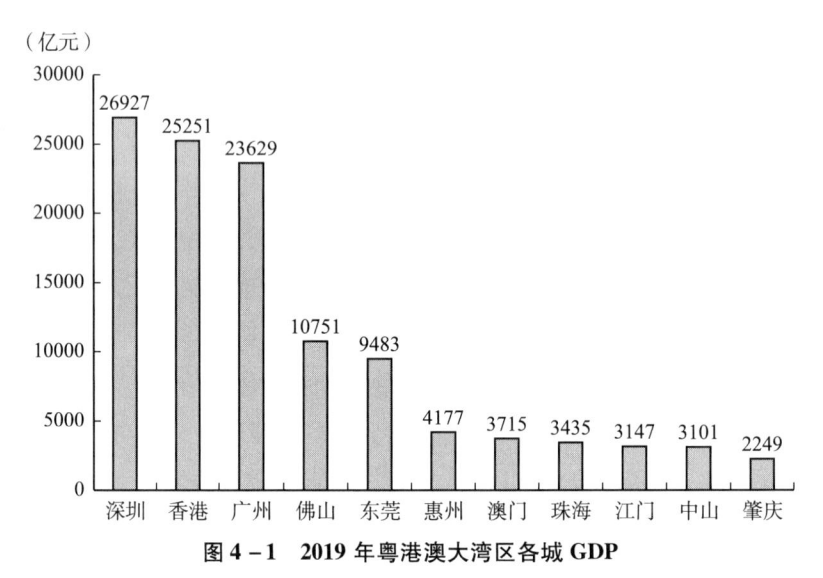

资料来源：2019 年国家统计年鉴。

粤港澳大湾区现今产业经济成就离不开完备的产业体系，现代产业体系是推动经济健康发展的主要驱动力。现代产业体系是指以现代农业为主导的第一产业；以高新技术产业、装备制造业为主导的第二产业；以现代服务业为主导的第三产业构成。改革开放以来，珠三角利用自身区位优势和政策优势吸引港澳企业和资金，发展出口型劳动密集型制造业，与港澳形成"前店后厂"模式。依靠我国的进一步开放和国际生产分工的历史机遇，粤港澳大湾区不断调整其内部产业分工与布局，成为全国市场化程度最高、市场经济机制最完整的地区和世界级制造业产业基地。经过 40 年的发展，粤港澳大湾区的经济实力位居全国前列，拥有完备的现代产业体系和产业布局，建立了适度重型化、高级化的产业体系。粤港澳目前及未来的产业经济主要由先进制造业、战略新兴产业、现代服务业、海洋经济组成。

1. 先进制造业

粤港澳大湾区是中国制造业产业基地，发展先进制造业是大湾区产业布局重要内容之一，是大湾区经济支柱。总的来说，大湾区先进制造业基础扎实，现在正持续加大科创投入、引进人才和高等教育资源，提升在全球价值链的层次，以获得更高的附加值。在先进制造业产业上，大湾区拥有以珠海，佛山为龙头的珠江西岸先进装备制造业产业基地；以深圳、东莞、广州为核心的珠江东岸电子信息产业集群。

广州市的先进制造业有汽车制造、石油化工、高端电子信息、电气机械及器材制造和生物医药产业。广州正在加大先进制造业高端要素投入，凭借强大的高等教育实力，探索出产学研结合和技术转化的成熟模式。广州拥有汽车制造、石油化工、电子信息、电气机械及器材等5个超千亿的产业群，为先进制造业的进一步发展奠定了基础。

深圳是全国第一制造业强市，2022年全市规模以上工业增加值同比增长4.8%，总产值突破4.55万亿元，规上工业总产值和全口径工业增加值居全国城市"双第一"[1]。先进制造业正成为深圳的标签，具有电子信息、生物医药、集成电路、新能源、新材料等先进制造业产业，全市七大战略性新兴产业（20个产业集群）增加值达1.3万亿元，占GDP比重突破四成[2]。目前，深圳实施创新驱动发展战略，加快发展先进制造业，努力打造制造业强市和智能经济强市。

佛山是广东先进制造业大市，正带头打造珠江西岸先进装备制造业产业带。佛山拥有智能装备制造、工业机器人产业、智能家电、汽车及新能源产业等先进制造业。佛山正推进全市1200多家企业进行技术改造、转型升级，加大科研投入，运用人工智能、工业互联网等技术与传统制造业结合，构建先进装备制造业产业群。

东莞市通过推动产业转型升级，拓展产业发展空间，打造粤港澳大湾区先进制造业中心。目前，东莞市先进制造业有电子信息、电气机械和新材料产业，2022年全市规模以上工业增加值5267.39亿元，高技术产业发展态

---

[1][2] 广东省工业和信息化厅：深圳：2022年全市规模以上工业增加值首破万亿，http://gdii.gd.gov.cn/dsdt2318/content/post_4090260.html。

势良好①。东莞积极参加国际科技创新中心建设,大力推进创新城市建设,优化先进制造业营商环境。

珠海市先进制造业有先进装备、智能家电、电子信息、家电电器、生物医药和石油化工。珠海市正加快工业互联网的发展,促进先进制造业降本提质增效,建设行业云平台,完善行业知识体系,实现资源有效配置。珠海将大力发展以先进装备制造业为核心的先进制造业产业体系。

中山市先进制造业有海洋工程装备、新能源装备、智能制造装备和生物医药。中山将深化"互联网+先进制造业"、推动产业数字化、推动先进制造业领域协同发展、统筹推进工业互联网创新发展模式,将使先进制造业与工业互联网紧密结合,打造具有创新引领和产业支撑能力及竞争力的先进制造业产业体系。

当今世界,先进制造业已经成为国家竞争力的关键,是国家抢占新一轮科技革命的重要高地。先进制造业包含较高的前端研发和后端品牌附加值,处于附加值"微笑曲线"的高端。发展先进制造业不仅仅促进经济增长,更重要的是,能在经济全球化中获得更多的产业附加值。粤港澳大湾的先进制造业早已成为其经济支柱,在未来的发展中,将加大资金投入、科研力度、人才培养等方面发展,构建具有全球竞争力的先进制造业体系。

2. 战略新兴产业

《规划纲要》提出,在培育壮大战略性新兴产业方面,除了将新一代信息技术、生物技术、高端装备制造和新材料四类发展壮大为新支柱产业外,还将5G和移动互联、3D打印、智能机器人、新一代通信技术、高端医学诊疗设备、蛋白质等生物医药、基因检测视为重大发展项目。广东省政协委员、中山大学产业与区域发展研究中心主任梁琦说:"战略性新兴产业是国家经济发展战略的制高点,粤港澳大湾区发展战略性新兴产业是中国对标国

---

① 东莞市统计局:2022年东莞经济运行情况,http://tjj.dg.gov.cn/gkmlpt/content/3/3947/mpost_3947588.html#832。

际先进制造的引领区。大湾区拥有完备的制造业体系,庞大的市场,是战略性新兴产业成长的沃土。"香港、澳门积极发展数字经济和共享经济,推动数字创意在会展、电子商务、医疗卫生、教育服务、旅游休闲等领域应用。大湾区将依靠广深港中心城市的科研资源优势和高新技术产业基础以及广州、深圳在产业端研发创新与运营优势,共同建设具有国际竞争力的战略新兴产业群。

3. 现代服务业

现代服务业指以现代科学技术特别是信息网络技术为主要支撑,建立在新的商业模式、服务方式和管理方法基础上的服务产业。它包括随着技术发展而产生的新兴服务业态,也包括对传统服务业的改造和升级。现代服务业有别于以商贸、住宿、餐饮、仓储和交通运输为主的传统服务业,主要有金融保险业、信息传输和计算机软件业、租赁和商贸服务、科研技术服务、文化及娱乐业。纵观世界其他三大湾区,服务业占比都超过80%,而粤港澳大湾区服务业占比仅达到62.2%。粤港澳大湾区正处于从制造业经济过渡到服务经济,追求创新经济的发展阶段。一般来说,在工业经济向服务经济过渡中,服务业会在国民经济中的地位不断上升成为第一大产业,经济增长由工业拉动转变为服务业拉动。粤港澳大湾区未来将聚焦服务业重点领域和发展短板,促进商务服务、流通服务等生产性服务业的发展,使得大湾区服务业向专业化和价值链高端延伸发展。大湾区同时以航运物流、旅游服务、文化创意、人力资源服务、会议展览及其他专业服务等为重点发展对象,构建错位发展、优势互补、协作配套的现代服务业体系,打造现代服务业中心。大湾区服务业的另一大特点是金融业十分发达。根据2017年3月发布的《全球金融中心指数(GFCI)报告》排名,中国香港位列全球第四,仅次于美国纽约、英国伦敦和新加坡,中国深圳和广州排进前20。在未来的发展中,港澳的服务业优势将会起到引领作用,带动整个湾区的服务业发展,引领建设现代服务业体系。

4. 海洋经济

粤港澳大湾区建设，核心在"湾"字，有着天然的海洋属性。粤港澳大湾区位居我国沿海开放前沿，以泛珠三角为广阔腹地，在"一带一路"建设中具有重要地位。大湾区海域面积2万多平方千米，海岸线漫长、海湾优良、港口条件优越、海洋资源优势明显，在发展海洋经济方面有着良好的基础。从世界各大湾区的发展史上看，依托天然港口优势发展对外贸易是湾区经济的起点，海洋经济是湾区经济的基础和重要组成部分。

《规划纲要》提出大力发展海洋经济，坚持陆海统筹，科学开发，加强港澳合作，拓展蓝色经济空间，共同建设现代海洋产业经济。另外，《规划纲要》提出建设"海洋强国"战略，并且首次把支持深圳建设全球海洋中心城市写入国家战略。大湾区将构建现代海洋产业体系，优化提升海洋渔业、海洋交通运输、海洋船舶等优势传统产业，并且培育海洋生物医学、海洋工程装备制造、海水综合利用、天然气水合物、海洋公共服务、港口物流等新兴产业及海洋服务。根据广东省自然资源厅发布的数据显示，2021年广东省海洋经济生产总值1.99万亿元，同比增长12.6%，占地区生产总值的16%，占全国海洋生产总值的22.1%，连续27年位居全国第一[①]。海洋经济已经成为广东和大湾区经济发展的新动力。

在海洋工程装备方面，大湾区将打造高端智能海洋工程装备超级产业，海洋工程装备制造业每年能为广东GDP创造1000亿元的增加值。在海上风电方面，广东将突出海上能源优先发展战略，截至2021年10月底，广东海上风电并网接入总容量累计达230万千瓦[②]，广东省政府发布方案提出2025年底力争海上风电累计装机达到1800万千瓦[③]。对于天然气水合物产业的

---

① 光明网：2021年广东海洋生产总值超1.99万亿元，https://m.gmw.cn/baijia/2022-06/09/1302988411.html。
② 新浪网："海神"送电！广东海上风电并网总容量突破200万，http://k.sina.com.cn/article_5787187353_158f1789902001dfev.html。
③ 人民资讯：海上风电连补三年！广东省力争到2025年装机1800万千瓦，https://baijiahao.baidu.com/s?id=1702778715070079919&wfr=spider&for=pc。

发展，到 2023 年，开始生产性试采，生产能力将达 10 亿立方米，带动相关产业产值超过千亿元①。此外，海洋运输凭借大湾区港口产业基础，已经建立了完善的港口运输体系。香港、广州、深圳是大湾区海洋运输的核心，且为国际航运中心，集装箱吞吐量位居世界前十，是推动大湾区海洋运输产业的重要城市。

（三）粤港澳大湾区的产业发展政策

粤港澳大湾区的产业发展政策目的是通过产业改造和转型升级，促进大湾区各个城市产业协同发展，构建具有国际影响力的现代产业体系。粤港澳的产业合作历来就是中央和粤港澳三地政府关注的重点，中央和粤港澳三地政府先后出台一系列产业发展政策，规划粤港澳三地的产业发展和布局。2003 年制订的《内地与香港关于建立更紧密经贸关系的安排》（CEPA）及其后续的补充协议。2008 年 12 月国务院发布的《珠江三角洲地区改革发展规划纲要（2008~2020 年）》在中央层面明确了珠三角改革发展战略。2009 年《大珠江三角洲城镇群协调发展规划研究》报告提出构建珠江口湾区和广佛、港深和珠澳三大都市区的"一湾三区"集聚发展空间结构。广东省政府则于 2010 年印发《珠三角产业布局一体化规划（2010~2020 年）》，提出珠三角"要遵循产业发展规律，强化市场导向功能，打破行政体制机制障碍，实现资源要素配置效率最大化，提高珠三角区域整体竞争力"。国务院于 2010 年印发了《全国主体功能区规划》，指出要"通过粤港澳的经济融合和经济一体化发展，共同构建有全球影响力的先进制造业基地和现代服务业基地。"广东省政府 2012 年编制并印发了《广东省主体功能区规划》，该规划构成了广东省国土开发和产业布局的基础。为了落实产业发展规划，依据国家产业政策，制定了《广东省主体功能区产业发展指导目录（2014

---

① 科普中国：2030 年年产达 10 亿立方米！天然气水合物有何应用前景？http：//mt.sohu.com/20170914/n511753508.shtml。

年版)》，目录详细列出了国家级和省级重点开发区的准入指导标准。粤港澳大湾区正式确立后，2019年7月5日，广东推出《广东省贯彻落实粤港澳大湾区发展规划纲要的实施意见》（以下简称《实施意见》）。《实施意见》提出，把大湾区作为引领全省工作的"纲"，举全省之力建设世界一流湾区，携手港澳共同建设充满活力的世界级城市群、世界级现代化产业体系、引领广东实现"四个走在全国前列"、当好国家的"两个重要窗口"。大湾区内各城市纷纷提出该市的产业发展政策。

其中，广州市为了贯彻落实《规划纲要》，制订《广州市协同构建粤港澳大湾区现代产业体系行动计划》，积极构建现代化制造业高质量发展指标体系，谋划创建"制造业高质量发展国家级示范区"。2019年，出台《广州市先进制造业强市三年行动计划》《广州市先进制造业"十四五"规划》《广州市加快IAB产业发展五年行动计划》《促进数字经济发展的指导意见》《汽车产业转型升级工作意见》等产业发展政策。广州政府以IAB（新一代信息技术、人工智能、生物医药）、NEM（新能源、新材料）等广州本土优势产业为重点，加强与深圳、东莞等城市的产业协同合作，建设珠江东岸高端电子信息制造产业带、广深创新科技走廊，提升广佛同城化"一核一带两轴五片区"产业合作层次，共同建设广佛产业合作示范区，合作建设广佛同城装备制造、汽车制造、新一代信息技术和生物医药与健康领域万亿级产业集群，进一步强化与港澳合作力度，大力创建粤港澳产业合作示范区。

深圳市为了贯彻落实《规划纲要》《中共中央 国务院关于支持深圳建设中国特色社会主义先行示范区的意见》政策，推出一系列的产业发展政策，有《深圳市战略性新兴产业发展专项资金扶持政策》《深圳文化创新发展2020（实施方案）》《深圳将实施十大行动计划布局新一轮科技产业创新》等政策。深圳率先建设现代化经济体系，落实"互联网＋"，在机器人、3D打印、精准医疗、新能源汽车、海洋工程装备等领域加快发展，提升高端制造、精密制造、智能制造能力水平，培育若干千亿级产业集群。

东莞市为了贯彻落实《规划纲要》，规划实施《东莞市重点新兴产业发展规划（2018~2023）》《东莞市支持新一代人工智能产业发展若干政策措施》《东莞市重点新兴产业发展规划（2018~2025年）》《东莞市2018年高新技术产业发展蓝皮书》等一系列产业发展政策。东莞未来将聚焦新一代信息技术、机器人和智能装备、新材料、新能源、生命科学和生物技术关键新兴产业，倾全市之力推动战略性新兴产业的崛起和聚集，为东莞新兴产业发展提供坚实的保障。

早在21世纪初，香港就开始研究未来的发展规划，并在大湾区建立前就发布了《香港2030+：跨越2030年的规划远景与策略》研究报告。未来，香港重点发展金融与服务业、国际航运与物流、休闲旅游业，巩固和提高其在国内和国际的地位，迈向更高层次的全球城市。

澳门结合自身的发展需要和国际发展环境，制定了《澳门城市概念性规划纲要》《澳门特别行政区"五年发展规划"（2016~2020）》等政策性文件，表明了澳门未来的产业发展方向。澳门未来将打造以博彩业为主的支柱产业，以旅游、休闲、会展、创意产业为辅助的"1+1"特色产业模式。同时，澳门将加强对外合作，建设世界旅游休闲中心和中葡商贸服务平台。

粤港澳大湾区各城都提出相关的产业发展政策，依据原有的产业底蕴，打造具有差异化的产业发展。

二、粤港澳大湾区制造业产业机会

（一）粤港澳大湾区制造业现状

制造业是国民经济的重要支柱，是立国之本、兴国之器、强国之基，是新时代中国经济"创新驱动，转型升级"的主战场。具有国内制造业龙头地位的粤港澳大湾区，经过改革开放四十多年的飞速发展，粤港澳大湾区已经具有完整的制造业产业链，形成一流的制造业产业体系。粤港澳大湾区的制造业发展可以分为四个阶段。第一阶段：1978~1990年的区域内产业转移;第二阶段:1991~2000年的制造业进一步快速发展;第三阶段:2001~2008年的制造业重工业化发展;第四阶段:金融危机后的转型升级期(2009年后)。

粤港澳大湾区在国内制造业具有龙头地位,广东坚持以制造业立省,经过改革开放四十多年的快速发展,制造业规模已经跃居世界前列,已经建立起门类齐全、相对独立完整、具有较强国际竞争力的先进制造业体系,并成为全球制造产业链上的重要一环。大湾区各城市各司其职,以珠海、佛山为龙头建设珠江西岸的先进装备制造业已成为广东装备制造业的高度聚集区,拥有电器机械、海洋工程、通用航空、智能制造等一批竞争优势明显、支撑带动作用较强的主导产业;以深圳、东莞为核心在东岸打造电子信息等世界级先进产业集群。

1. 广佛肇经济圈

广州市的石油化工、汽车产业和电子信息产业是其制造业三大支柱产业,这三大支柱产业2021年合计实现工业总产值1.13万亿元,占全市规模以上工业比重超过一半[①]。目前,广州仍处于制造业转型阶段,未来将打破国有经济为主导的传统产业结构,围绕着新一代信息技术、生物医药、智能与新能源汽车等八大重点领域建设,建设全国重要的高端装备制造业基地和智能制造基地。佛山制造业有装备制造业、金属材料及制品行业、家具、家电、陶瓷、陶瓷、机械设备等产业。佛山是制造业强市,2022年规模以上工业产值达到2.87万亿元[②],也是我国唯一的制造业转型升级综合改革试点城市。现阶段,肇庆市工业产值仍较低,制造业以汽车零部件、农产品、金属加工和食品饮料为主。目前,肇庆把新能源汽车产业、先进装备制造业、环保产业作为未来制造业的发展目标,围绕广佛的汽车及先进装备产业

---

① 苏力:突破4000亿元!广州传统石化产业蝶变路线图公布,https://static.nfapp.southcn.com/content/202211/23/c7102355.html。

② 中国经济时报:佛山:工业总产值向4万亿冲刺,https://baijiahao.baidu.com/s?id=1761041408206778760&wfr=spider&for=pc。

链的上下游，发展新能源汽车产业和发展配套产业集群。

2. 深莞惠经济圈

深圳市制造业有电子信息、生物医药、新能源、新材料等产业拥有着制造业产业链中的核心环节和关键技术，将继续发展前沿科技领域，加速制造业产业链的智能化和现代化。不过，深圳制造业发展面临着工业用地有限、外部环境严峻、企业成本上涨的难题。东莞市制造业发达，有"世界工厂"的称号，有电子信息产业、电器机械及设备产业、纺织服装鞋帽产业、家具制造、食品饮料加工、造纸及纸制品等产业。东莞在电子信息制造业方面实力强劲，特别是在智能手机制造，具有完整的智能手机制造产业链，全世界约六分之一的手机在东莞制造。东莞近些年一直承接深圳的产业外迁，是科技转变成果制造的基地，目前正加快发展先进制造业，2021年先进制造业、高新技术制造业增加值占比分别是46%、37.2%[1]，移动智能终端被选进国家先进制造业名单。惠州的工业实力较为薄弱，制造业有电子工业、石油化工、汽车及其零部件等。惠州制造业发展遇到基础设施不够完善、人才资源不足、没有支柱产业等困境。现今，惠州也在推动先进制造业产业群的建设，积极承接深圳的产业转移、拓展石油化工中下游深加工集群、依托深圳、东莞电子信息产业的优势，发展电子信息制造业。

3. 珠中江经济圈

珠海市制造业有精密机械制造、石油化工、家电电器、电子信息、生物医药等。珠海是珠江西岸装备制造业产业带的核心城市，装备制造业实力强劲，拥有通用航空设备、海洋工程装备等装备制造业产业。近些年来，珠海大力发展以装备制造业为主的实体经济，已经布局智能家电、高端装备制造业、机器人产业、生物医药制造业。中山市位居粤港澳大湾区的几何中心，

---

[1] 东莞市统计局：聚产业调结构　工业经济稳健前行——党的十八大以来东莞工业发展成就综述，http://tjj.dg.gov.cn/sjfb/content/post_3889340.html。

东边通过深中通道连接深圳，拥有良好的区位优势，制造业一直是中山的经济命脉，第二产业占比49%。中山市制造业有电子产业、电气机械、化工产业、五金、灯饰、家具等产业，但面临着传统制造业产业占比大、创新人才不足和先进制造业发展较为缓慢的难题。江门是广东传统工业生产基地，坚持工业立市，拥有比较深厚的制造业基础。江门市制造业有食品加工、化工产业、金属制品、汽车零部件、船舶、印刷等。近些年，江门也在推动传统制造业的转型升级，大力发展先进装备制造业，融入珠江西岸先进装备制造业产业带发展，已经布局轨道交通装备、船舶及海洋工程装备、汽车及零部件、机器人、工作母机等五大装备制造业。

4. 港澳地区

港澳地区的服务业高度发达，使得制造业在港澳地区处于比较薄弱的地位。香港制造业占生产总值的比重从2000年的4.8%下降到2019年的1.1%，2019年香港制造业增加值仅为293.66亿港元[1]，呈现出制造业空心化的现状。香港制造业主要有食品制造业、高端服饰制造业、高端玩具制造业、化妆品制造业、药品制造业。2019年，香港制造业就业人口约8.8万人[2]，占总就业人数的2.3%[3]。香港制造业在香港经济中变得微不足道，制造业的发展仍然呈下降的趋势。澳门的制造业主要集中于轻工业，有制衣工业、玩具制造业、印染工业、食品工业等。制衣工业在澳门制造业中占重要地位，是以服装以及生活用品为生产对象。

总体来说，大湾区先进制造业基础雄厚，珠三角已经形成较为完善的产业链，制造业基础雄厚，构成粤港澳大湾区经济的重要部分，同时也是全国重要的制造中心，拥有世界级的制造业体系和硬件设施。

---

[1] 中国经济网："再工业化"打造香港发展新引擎，https：//baijiahao.baidu.com/s？id=1717533440297128595&wfr=spider&for=pc。

[2] 观察者网：周浩鼎：香港不能只剩金融业，该"再工业化"了，https：//baijiahao.baidu.com/s？id=1713643229123445902&wfr=spider&for=pc。

[3] 财经头条：太和智库高级研究员张介岭受邀参加新视野深港融合发展圆桌会，https：//cj.sina.com.cn/articles/view/5633567275/14fc96a2b001013b8l？finpagefr=p_104。

（二）粤港澳大湾区制造业未来趋势

目前大湾区制造业面临的主要挑战有：一是在全球价值链中是技术含量相对较低、劳动密集型产品的主要供应者；二是品牌创新意识和自主创新能力相对较弱，而核心创新技术能力极度缺乏；三是经济增长后劲不足即大湾区主要依靠出口拉动经济增长，对周边地区带动作用不足，抑制了本土的扩张，导致区域间发展不平衡；四是长期粗放式发展，导致资源浪费与环境破坏严重。大湾区各市都面临着不同的挑战，广州先进制造业发展缓慢，产业创新动力不足，创新驱动发展机制不强；深圳先进制造业外迁，引起实体经济空心化的风险；佛山制造业核心竞争力不足，产业同质化严重；东莞传统制造业劳动力成本上升，过于依赖出口；珠海制造业总量规模小，自主创新能力不足；中山、惠州、江门和肇庆的制造业处于低端，自主创新投入少。

结合大湾区制造业的发展现状和特点以及面临的问题，大湾区制造业未来需整合产业链集群、加强产业分工协作、促进产业链上下游深度合作、建设具有国际竞争力的先进制造业基地、构建具有全球竞争力的现代化制造业产业体系、共同走向全球产业链的前端。广东九城在制造业发展方面，建设以珠海、佛山为龙头建设珠江西岸先进装备制造产业带；以深圳、东莞为核心在珠江东岸打造电子信息等世界级先进制造业产业集群；以江肇惠为主的大湾区外圈城市则主要发展一般制造业，现代生态农业，承接东西岸产业转移和产业配套。港澳地区在制造业发展方面，支持香港在优势领域探索"再工业化"，支持澳门继续发展轻工业。

对于港澳地区，粤港澳大湾区是一个巨大的消费市场，急需寻找高品质的消费品，为港澳发展高端消费品制造业创造了市场。香港和澳门拥有国际化的营商理念和营商能力，适合制造和销售具有高附加值的高端消费品。香港和澳门将发展高端化妆品、高端服饰制造业、食品工业等产业。

粤港澳大湾区各城市制造业都有侧重点，未来将携手合作推动制造业从加工生产环节向研发、设计、品牌、营销、再制造等环节延伸，加快制造业绿色改造升级，重点推进传统制造业绿色改造、开发绿色产品，打造绿色供应链。大湾区大力发展再生制造业，构建先进制造业产业链，占领全球价值链更高的位置。

（三）粤港澳大湾区制造业投资机会

打造现代化产业体系，发展先进制造业，建设世界级产业链，占领全球价值链顶端是粤港澳未来发展重要目标之一。粤港澳大湾区未来将会把制造业发展与工业互联网相结合，将工业4.0与智慧工厂理念与实践相结合，打造世界级现代产业链。在未来的发展中，应用人工智能的制造业产业、高端电子信息产业、先进装备制造、生物医药产业、是比较有发展潜力的几个行业，也是粤港澳大湾区制造业投资的几个大方向。

1. 应用人工智能的制造业

人工智能（Artificial Intelligence，AI）在《规划纲要》中被多次提及，作为新一轮产业变革的驱动力，正在深刻地影响人们的生产和生活方式。人工智能正成为新的增长引擎，应用人工智能的制造业产业的发展将会迎来"红利"期。2018年广东人工智能核心产业规模约260亿元，约占全国1/3，带动机器人及智能装备等相关产业规模超2000亿元。[①] 根据《规划纲要》，到2025年，人工智能核心产业产值达1500亿以上，带动相关产业规模达1.8万亿元，到2030年，大湾区人工智能产业迈进全球价值链顶端。人工智能是技术驱动型产业，将会为制造业的发展提供强大的驱动力，因此应用人工智能的制造业未来的投资机会是无限的。

在制造业中，大湾区工业机器人全国占比超20%，是人工智能发展最具潜力的行业。粤港澳大湾区要打造全球先进制造业中心，离不开人工智能

---

① 经济日报-中国经济网：2018自动驾驶全球高峰论坛在广州举办，http://bgimg.ce.cn/xwzx/kj/201811/27/t20181127_30883651.shtml。

支持。美的、格兰仕、比亚迪、广汽、格力等大型制造业企业早就应用人工智能产品进行转型升级，实现智能化生产。在未来的发展中，大湾区会有更多制造业企业应用工业机器人对产业进行现代化升级改造，提高产业竞争力，打造现代化产业群。未来是人工智能时代，粤港澳大湾区要打造世界制造业中心，构建具有国际影响力的现代产业体系，就需大力发展人工智能技术，并推动相关产业的发展，使"人工智能＋产业"模式得到广泛应用。

2. 高端电子信息产业

在"互联网＋"风起云涌的时代，伴随着5G时代的降临，电子信息产业将迎来新一轮发展机遇，大数据、人工智能、云技术等与实体经济的融合发展，离不开电子信息产业的支持，同时，在《规划纲要》中提到，支持电子信息等优势产业做大做强，推动新一代信息技术、新一代通信技术、高性能集成电路等领域的发展以及培育5G技术和移动互联网、智能机器人等战略新兴产业，这都表明电子信息产业在未来具有巨大的发展前景。粤港澳大湾区是我国电子信息产业规模最大、发展速度最快的地方，以深圳、东莞为核心的珠江东岸将打造具有全球影响力和竞争力的电子信息产业集群。未来将大力推动电子信息产业链的建设，注重电子信息产业和服务的高质量供给，提升产业价值链，打造新兴增长极。深圳和东莞是大湾区发展高端电子信息产业的聚集地，也是高端电子信息产业的投资领域。

未来深圳电子信息产业将向核心芯片、集成电路、半导体等高端电子设备领域方向发展，为建设智慧城市、发展智能制造、构建万物联网提供资源。深圳未来将发挥核心引擎和辐射带动作用，落实"互联网＋"、大数据战略，推动电子信息产业经济的发展，打造电子信息产业世界级制造业产业基地。

东莞的电子信息产业是其支柱性产业之一，已经拥有以智能手机为特色的电子信息产业链。随着大湾区的建设和5G时代的到来，东莞将推动电子信息产业转型升级，促进电子信息产业与人工智能、5G、大数据等技术的融合发展，打造高端电子信息产业，发展自主品牌。东莞电子信息产业不再以加工某个环节和承接大企业的代工，而是发展完整的电子信息产业链，掌握上、中、下游的核心技术，打造电子信息产业生态系统，提高全球竞争力和影响力。电子材料、电子元器件、硬件软件等领域是东莞电子信息产业的发展方向。

3. 先进装备制造业

未来，珠江西岸将继续发展先进装备制造业，运用5G技术、大数据、人工智能与实体产业相结合的方法，促进装备制造业转型升级。打造全球先进装备制造业基地。主要适合的投资产业有海洋工程装备制造、智能制造装备、机器人产业、轨道交通装备、新能源及新能源汽车、通用航空装备等装备产业。

珠海是珠江西岸装备制造业核心城市，上至太空，下至深海。目前拥有航空航天、海洋工程装备制造和生物医药三大核心装备制造业产业。智能通信设备制造、新能源汽车产业、海洋工程装备制造等装备制造业是珠海市装备制造业的投资方向。

佛山未来将建设粤港澳大湾区先进装备制造业核心基地。机器人产业、智能装备制造和高精加工装备产业是佛山市装备制造业的投资方向。

中山市未来将重点发展以机器人产业、高档数控机床为核心的智能装备制造；以影像诊断装备、治疗与康复装备、制药装备为代表的高端医疗装备制造业；以高端船舶制造、海洋工程装备和高端消费型海洋工程装备为核心的海洋工程装备。

江门市未来将大力发展轨道交通装备制造业、汽车及其零部件制造业和船舶与海洋工程装备制造业。在轨道交通装备方面，重点发展城际动车组、新型有轨电车、新能源轨道交通等产业。在汽车及其零部件制造业方面，将建设重卡和专用车产业群，重点发展重卡、商用车整车、半挂车轴等核心零部件。在船舶与海洋工程装备制造业方面，将建成10万吨以下，具有现代总装模式的中小型船舶制造基地，建设船舶工程、船舶配套、游艇产业、船舶维修等船舶产业体系。

4. 生物医药产业

生物医药是 21 世纪最为创新、最为活跃的新兴产业之一。在未来，人们将会对医疗、养老有极大的需求，生物医药因此也会产生极大的发展和投资机遇，拥有巨大前景。同时《规划纲要》指出，粤港澳大湾区将打造世界生物医药产业高地，生物医药行业将在未来迎来巨大的发展机遇。

截至 2020 年 2 月，广州拥有 3700 家生物医药企业，1110 家医疗器械企业，总量仅次于北京和上海，[1] 实力雄厚。生物医药产业作为广州市重点发展的战略性新兴产业，也是未来广州支柱产业之一。未来将充分发挥生物医药科研、临床应用产业链方面的优势，补齐发展短板，推动生物医药产业快速发展。未来将以临床救治、药物和疫苗研发及体外诊断等为主攻方向，重点发展生物制药、现代中药、医疗器械等行业。

深圳市的生物医药产业飞速发展，2019 年规模超过 2400 亿元，成为深圳经济增长的新动力。[2] 深圳拥有高端生物医学工程、基因测序、生物信息分析等先进技术，医疗器械、医药与精准医疗、医疗服务是深圳生物医药发展的机遇。在医药产业的未来发展中，医药领域重点发展化学药、生物制品和天然药物；医疗器械领域发展医用成像器械、放射治疗器械、医用诊断和植介入器械。深圳未来将引领粤港澳大湾区生物医药发展，打造全球知名的生物科技创新中心和生物医药聚集地。

珠海市的生物医药产业规模仅次于广深两市，已经形成以药品制造业为主体，医疗器械为支撑的生物医药产业体系。珠海市将扩大生物医药产业规模，提高产业聚集度，加大药物研发力度，促进医药科技成果转化。未来将重点发展创新药、生物药、高端医疗器械、医疗人工智能等领域。

中山市具有生物药、现代中药、医疗器械、保健品、健康服务业的生物

---

[1] 广州市发展和改革委员会：提升全产业链协同水平　打造全球生物医药产业新高地，http：//fgw. gz. gov. cn/ztzl/gzsfzggwzdlyxxgkzl/content/post_5648710. html。

[2] 深圳市国际投资推广联合会：产业规模超 2400 亿元，生物医药产业成深圳经济新"引领极"，http：//www. sziipa. com/api/lhh/detail？id＝1081。

医药产业群。未来,中山将发展成为互联网与健康产业融合发展示范区,促进生物医药、医疗设备、保健品、高端特色医疗服务等相关领域的发展。生物制药、高端医疗器械、基因诊断和精准医疗四大优势生物医药产业群是中山市生物医药产业的发展机遇。

佛山现在以中医药、生物制药、创新药、创新医疗器械为生物医药产业的发展重点,拥有南海区和顺德区两大生物医药产业群,南海区以临床医疗、研发创新、成果转化等领域为发展重点;顺德区以生物技术、医疗器械等领域为发展重点。佛山未来将发展单抗药物、治疗性疫苗、基因药物、血液制品、现代医疗器械等新型医药产业,生物技术创新型产业是未来的发展方向。

在未来,粤港澳大湾区生物医药产业将更多地围绕产业成果转化,研究成果转化为商品的方向发展。同时,通过建设创新平台,搭建BT(生物技术)+IT(信息技术)新路径,使生物医药产业向高端化、数字化、智能化方向发展。

三、粤港澳大湾区金融产业机会

粤港澳大湾区金融业底蕴深厚,发展迅速,未来将呈现多元发展,港澳地区的金融业将会与广东的金融业更加协调发展,双方的金融业务将有更多的机遇。

(一) 粤港澳大湾区的多层级金融体系

金融体系,宏观上指一国如何配置金融资源,微观上是指资金供需双方的融通方式,通常用直接融资和间接融资比重进行度量。直接融资,是指不通过金融机构等中介,资金供求双方在资本市场上直接签协议或购买有价证券实现资金融通。间接融资,是指资金供给方以存款形式,先将闲置资金提供给金融机构，再由金融机构以贷款给资金需求方。微观融资结构反映到宏观层面，形成了以间接融资为主的银行主导型金融体系和以直接融资为主的市场主导型金融体系。市场导向型金融体系中直接融资占比超60%，银行导向型直接融资占比低于50%。市场导向型和银行导向型金融体系除了在直接融资占比上存在差异外，还在产业特征、经济特征、金融特征存在不同。从产业特征上看，银行导向型金融体系侧重发展第二产业，市场导向型金融体系侧重发展第三产业；从经济特征上看，市场导向型发展水平较高，银行导向型发展水平较低；从金融特征上看，市场导向型银行坏账率较低，但货币供应量明显不足。

香港是排名世界第四的国际金融中心，金融业发达，是其优势产业。同时它还是世界上最开放的保险市场，全球前20大保险公司中，有14家在香港。澳门有中国—葡语国家金融服务平台，未来将建设成为葡语国家人民币清算中心。广东经济实力30多年来一直位居全国首位，金融业发达，金融业增加值总量连续13年全国第一。深圳是全国三大金融中心之一，金融实力仅次于北京和上海。广州是重要的区域性金融中心，是央行大区分行、区域性商业银行总行、国有商业银行区域性大分行的聚集地，具有金融地区总部优势。粤港澳大湾区独有的制度和区域特点，使大湾区内部在金融调控、金融监管、金融市场、金融企业、金融环境方面存在差异，形成了大湾区多层级的金融体系。其中，香港是市场主导型金融体系，广东九城是银行主导型金融体系，澳门是以银行为主体的依附型金融体系。

1. 香港的市场主导型金融体系

香港拥有金融发展水平高、经济繁荣、法律完善等一系列适合金融业发展的环境，因此以直接融资为主的市场导向型金融体系更能促进香港的经济增长。香港金融体系在金融调控、金融监管、金融市场、金融企业、金融环境中与广东九城有很大的差别，拥有自己的特色。在金融调控方面，因为香港没有"中央银行"，所以香港特区政府不会限制货币的供应量，实行货币自由兑换；同时由于香港实行联系汇率制度，港元汇率与美元挂钩，所以香港不用实行货币政策和外汇管制调控金融；香港金融市场取消外汇和贵金属管制，同时拥有低税率的制度。在金融监管方面，香港的金融监管一直与国际接轨，拥有较好的监管力度和能力，同时香港拥有金融管理局，负责香港的金融政策、银行、货币管理等；香港金融制度拥有严格的信息披露规定、比较公开透明的监管政策和风险为主的监管模式等。在金融市场方面，香港拥有亚洲第三的香港交易所，全球第六的证券交易市场，截至2019年初，在香港上市的内地企业达到1146家，数量在港股市场占比超过49.5%，总市值占比67.5%，成交金额占比79.1%。在金融企业方面，香港拥有中银集团、汇丰集团和外资银行为核心的商业银行为主体的金融企业，目前拥有195家认可银行机构和57家外资银行的代表。香港是世界上最自由、最开放的经济体之一，拥有市场导向型金融体系，将继续发展金融业，巩固金融中心地位。同时，香港将依靠其独特的产业活力，经济制度优势，市场拓展能力和发展环境，积极融入"一带一路"和粤港澳大湾区的发展中，成为粤港澳大湾区和"一带一路"建设重要的融资来源渠道。

2. 广东九城的银行主导型金融体系

由于法律制度、监管体系、市场环境等多方面的原因，广东九城是以间接融资为主，是银行主导型金融体系。银行主导型金融体系拥有集中力量办大事的能力，在金融实力比较薄弱、金融环境不是很好的地区拥有更大的优势。改革开放以来，银行主导型金融体系在促进广东九城经济快速增长方面发挥了巨大作用。

深圳是国内三大金融中心之一，也是风险投资最活跃的地方。在银行业方面，深圳2019年中小型企业贷款1.17万亿元，同比增速超过24%；民营企业贷款额达到1.87万亿元，同比增长19%，银行存贷款规模位居全国前列，为中小型企业、民营企业的间接融资提供了巨大的帮助，在促进中小型企业、民营企业的发展中发挥着重要的作用，充分体现了银行主导性的金融体系的优势。在证券业方面，深圳拥有22家证券公司，总产值达到1.7万亿元，营业额达到840亿元，位居全国第一。在保险业方面，深圳拥有保险法人机构27家，总产值超4.8万亿元，同比增长超9%。在上市公司方面，2019年，深圳拥有299家上市公司，总市值超过7万亿元。深圳依托深圳证券交易所，加快发展形成了包含主板、中小板、创业板在内的多层次资本市场体系，同时证券类机构实力超群，证券公司资产总规模排名全国第一。

广州是区域性金融中心，金融实力虽然与香港、深圳有所差距，但广州也已经逐步具备成为国际金融中心的基础条件。广州是我国最早开始金融市场建设的城市之一，许多领域的发展都走在全国的前列。在2016年，广州新三板挂牌增长率位居全国第一。截至2023年5月末，广州市本外币各项存款余额8.43万亿元，同比增长8.53%；本外币各项贷款余额7.28万亿元，同比增长10.28%；存、贷款增速分别居北上广深津渝六大城市第4位和第1位。1~5月全市保费收入857.8亿元，同比增长16.24%，规模居全国城市第3位；全市金融业总资产达到11.42万亿元。1~5月全市金融业税收217.9亿元，同比增长3.4%，占总税收比重9.1%。地方金融监管平稳有序，各类地方金融组织运行稳健。[①]

广东九城除广州、深圳外，其他城市的金融业还处在比较薄弱的阶段。广东企业贷款主要是通过间接融资的形式，主要集中在制造业等重点领域。2019年，广东九城的融资规模和存贷款规模续增加，间接融资仍然是企业融资的主要方式，对制造业、基础设施建设、民营中小型企业等实体经济领域的贷款持续增加，为广东九城的经济建设提供了巨大的动力。

3. 澳门——以银行为主体的依附型金融体系

澳门是一个高度发达的微型经济体，银行是其金融体系的主体，但是澳门金融体系存在对香港的高度依附性。澳门的金融体系由金融管理机构、金融机构、金融市场和金融工具组成。在金融管理机构方面，经济财政司负责金融监管。经济财政司会根据澳门金融业的发展，不断完善监管法规和指

---

① 广州市人民政府：广州5月末贷款增速居六城之首，https://www.gz.gov.cn/xw/xwfbh/content/post_9092548.html。

引，严格市场准入，狠抓反洗钱，保持澳门金融监管水平维持在国际标准水平。在金融机构方面，澳门有银行，保险公司等机构。澳门银行存在不成文的"三级制"：处于最底层的是注册银号，专营货币兑换业务，主要是澳门货币与港币的兑换业务；处于中间层的是注册财务公司，主要从事中期和长期投资；处于最高层次、发展最完善、构成澳门金融业主体的是商业银行，经营存放款业务。澳门没有任何外汇管制，资金可自由出入，政府对外币不征收利息税，对经营外币存款也无准备金要求。澳门金融体系对香港的依附性表现在港元在澳门金融体系和经济中占重要地位，形成了独特的货币替代现象。澳门币与港币挂钩，港元在澳门广泛流通，更占超过半数的广义货币（M2）。

粤港澳大湾区拥有市场主导型的金融体系、银行主导性金融体系和以银行为主体的依附型金融体系，三种金融体系各有优势，相互补充，为大湾区的企业融资提供了多样化的选择，促进大湾区的经济发展。

（二）粤港澳大湾区金融产业发展趋势

结合粤港澳大湾区金融业的优势和不足，在未来的发展中将呈现出巩固和提高中心城市的金融实力、推进大湾区金融业互通互联、发展以服务实体经济的金融业务的三大发展趋势。

1. 趋势一：巩固和提高中心城市的金融实力

（1）巩固香港金融中心地位和全球人民币离岸中心。

在未来的金融业发展中，香港的国际金融中心和全球人民币离岸中心的地位将得到巩固和加强。在促进大湾区金融业融合发展过程中，香港应发挥其国际金融中心的作用，帮助境内企业上市融资，同时也拓展跨境人民币结算业务。香港将继续充当"超级联系人"的角色，联合广东九城和澳门的金融业，不断优化人民币跨境业务配套措施，持续创新跨境人民币金融产品和服务，扩大以人民币计价的贸易和融资业务，巩固打造成人民币离岸中心，推动人民币国际化进程。

除此之外，香港还是亚洲最大的创业投资资金中心，吸引着来自世界各地的资金，香港可以将这些投资资金引入湾区的其他城市，不仅能带动湾区内经济发展，还能增加自身的金融业务机会。香港在经济环境、法律制度、金融监管制度和税率方面更具有优势，已经成为国际资产及财富管理中心和内地重要的资产管理平台。在与内地金融业融合发展方面，2016年12月，深圳证券交易所正式宣布深港通正式开通，使得境外资金可以通过香港这个平台流入大湾区内地城市。

（2）提高深圳全国金融中心地位。

由于地理位置，深圳和香港在多方面都有合作业务，在金融业方面，深圳未来将成为香港国际金融中心功能的延伸及补充，积极对接香港的金融资源，以金融创新为突破口，借助前海深港现代服务业合作区，深化深港金融合作。深圳也充当人民币国际化的"桥梁"和香港人民币离岸中心的后援基地，因与香港在金融业方面有深度合作，广东九城资金可以通过深圳进入香港，通过香港这个"超级联系人"，在世界各地投资，实现"走出去"战略；香港资金也可以通过深圳进入内地，与内地企业开展金融业务。深圳拥有深圳证券交易所，将发展形成包含主板、中小板、创业板在内的多层次资本市场体系，同时证券类机构实力超群，证券公司资产总规模排名全国第一。深圳市银行存贷款规模位居全国前列，为中小型企业、民营企业的间接融资提供了巨大的帮助。深圳未来将继续优化资金供给结构、促进金融服务实体经济的能力。

（3）完善广州现代金融服务体系。

广州将加快吸引各类金融机构的集聚，建设区域性金融中心并完善现代金融服务体系。广州的银行体系健全，体量巨大，将加快与港澳银行的机构互设，通过南沙自由贸易区与香港和澳门开展金融业务合作，大力推进广州银行业与实体经济相结合，发展产业金融，如汽车金融、物流航运金融、房地产金融等，完善现代金融服务体系。广州未来将扩大金融对外开放程度，融入"一带一路"的发展中，推进创建国家级绿色金融改革创新试验区、建设大湾区移动支付无障碍示范区、研究设立以碳排放为首个品种的创新型期货交易所,建设区域性私募股权交易市场、产权和大宗商品区域交易中心。广州未来金融产业政策将重点放于大幅度放宽外资准入限制及外资股比、降低港澳金融机构准入门槛、支持外资金融机构深度参与经济社会建设、营造金融产业发展优质营商环境等方面。

(4)澳门建设中葡贸易人民币结算中心。

澳门因土地资源有限,并不能像大湾区其他城市那样布局过多的金融产业。但是,澳门是中国与葡语国家、拉丁美洲国家联系的桥梁,可利用这一优势搭建中国与葡语、拉丁美洲国家的商贸金融合作服务平台,建设中葡贸易人民币结算中心;发挥中葡基金总部落户澳门的优势,承接中国与葡语国家金融合作服务,建立以人民币计价结算的证券市场、绿色金融平台,发展融资租赁业务,为中葡企业提供资金结算服务和贸易融资等金融服务,结合葡语国家和"一带一路"国家需求,充当粤港澳大湾区发展的"超级联系人"。同时,澳门将研究建立澳门—珠海跨境金融合作示范区。

2. 趋势二:推进大湾区金融业互通互联

有序推进金融市场互通互联,逐步扩大大湾区内人民币跨境使用规模和范围是《规划纲要》对大湾区金融业发展的要求。为加强金融市场互联互通,建议在"粤港澳大湾区建设领导小组"框架下,设立由国家金融管理部门、广东省以及港澳特区政府参与的粤港澳大湾区金融专项工作小组,打通阻碍三地金融发展的障碍,建立一套适合粤港澳三地的金融监管、金融法治体系,更好地推动大湾区金融发展和区域一体化发展。在人民币使用方面,允许大湾区银行机构开展跨境人民币业务,允许内地居民与港澳居民跨境投资和购买金融产品。在符合法规前提下,推动大湾区内基金、保险等金融产品跨境交易,不断拓展投资产品类别和投资渠道,建立资金和产品互通机制。同时允许符合条件的港澳银行、保险机构在深圳前海、广州南沙、珠海横琴等设立经营机构。粤港澳大湾区需打造有较强竞争力和全球影响力国际金融枢纽,推动粤港澳三地金融市场互通互联是重要的步骤。

3. 趋势三：发展以服务实体经济的金融业务

现今，全球三大湾区的共同特点之一是以"金融+"的形式促进经济发展。纽约湾区是"金融+高端服务业"促进经济增长的发展形式，旧金山湾区是"金融+科技创新"促进经济增长的发展形式，东京湾区是"金融+高端制造业"促进经济增长的发展形式。粤港澳大湾区的经济发展梯度性非常强，在粤港澳大湾区能找到上述三种金融支持形态服务实体经济特别是促进产业金融和金融科技创新，是大湾区金融业发展的一个方向。未来，大湾区对制造业、基础设施建设、民营中小型企业等实体经济领域的贷款持续增加，充分体现了金融服务与实体经济协同发展，为大湾区的经济建设提供了巨大的动力。

（三）粤港澳大湾区金融产业的业务机会

粤港澳大湾区的金融业底蕴丰厚、发展迅速，未来呈现多元发展的同时，港澳地区的金融业将会与广东的金融业更加协调地发展，为双方的金融业务带来更多的机遇。总的来说，大湾区的金融业务将有基建融资、跨境金融、金融科技、资产管理四大投资机遇。

1. 基建融资

在《规划纲要》中提到，粤港澳大湾区要加快基础设施互通互联，构建现代化的综合交通运输体系。要实现大湾区的建设和经济腾飞，都离不开基础设施的建设。由于基础设施建设需要投入大量资金，基础设施建设融资将是一个重要的金融业务发展方向，具有巨大的发展前景，将会产生众多的相关业务机会，广东在"十三五"期间就规划投资了1.2万亿元用于基础设施建设。目前，基建融资主要通过政策性银行贷款、商业银行贷款、国际金融机构贷款为主的贷款方式，以发行股票、资产证券化、债务融资为主的民间融资，以及信托融资构成基建融资的重要来源。总的来说，基础设施建设是发展粤港澳大湾区的基石，而基建融资是推动基础设施建设的动力源泉，基础设施建设带来的巨大融资和相关配套服务是粤港澳大湾区金融业务的一个机会方向。

2. 跨境金融

随着全球化经济的发展，结合粤港澳大湾区一个国家、两种制度、三个关税区和三种货币的特点，跨境金融的发展是促进大湾区经济一体化发展的重要因素。《规划纲要》中提到，大力发展特色金融产业、有序推动金融市场互联互通，使得跨境金融在未来有巨大的发展前景和业务机遇。早在2009年，内地与港澳就开展了跨境贸易人民币结算业务，标志着跨境金融的开始；2014年，随着广东自由贸易区的建立和"一带一路"倡议的提出，跨境金融迎来了进一步的发展，在保险、证券、银行、物流等方面，香港与内地的合作越来越紧密；澳门也在建设中葡金融服务平台和葡语国家人民币清算中心。截至2020年3月末，粤港澳大湾区累计办理跨境人民币结算业务14.82万亿元，约占全国的1/4。

随着粤港澳三地的金融法规的完善和监管力度的加大，在将来，资金外逃、跨境金融监管困难、金融风险波动等跨境金融带来的问题将会得到解决，跨境投资产品、跨境发行人民币债券、跨境人民币结算将会是跨境金融的主要业务来源。跨境发行人民币债券方面，将会允许境内企业去港发行债券、允许人民币债券在港交易和流通、允许跨境证券投资；在跨境人民币结算方面，将会巩固全球人民币离岸中心的定位，进一步推动"深港通""粤港通""支付通""融资通"的发展，允许香港在内地开设银行和香港居民开户，促进港澳银联App、港澳微信、港澳支付宝在大湾区的使用。粤港大湾区全球金融中心的建设，离不开大湾区内各城市金融业务的紧密合作发展，大湾区跨境金融业务也将迎来巨大的发展机遇。

3. 金融科技

金融科技是金融服务与科技、贸易等行业的动态结合，是信用中介、信息收集、风险评定、投资决策等金融活动的深度融合，是金融业未来的发展方向。大湾区的发展离不开科技创新，而科技创新离不开金融的支持，科技企业的发展也为金融业提供了无限的发展空间，科技与金融的深度融合是金融业发展的重要趋势之一。同时，《规划纲要》中提到，要大力发展特色金融产业，推进深港金融市场互通互联和深澳特色金融合作，开展科技金融试点，加强金融科技载体建设。推进科技金融创新、促进科技和金融的深度融合，是金融业服务实体经济发展的重要体现和发展方向。未来大湾区将结合香港、深圳、广州、澳门四大核心城市的金融产业基础和科技力量，提升粤港澳大湾区的金融科技实力，支持金融科技企业的创建，发展智慧金融，推动大湾区金融业互联互通，构建全球金融创新中心。金融科技业务包括支付清算、电子货币、区块链、智能投顾等领域。随着"金融业＋"的快速发展，支付结算将会变得更加方便快捷；电子货币的发展，使得港澳用户也可以在大湾区消费时实现扫码跨境支付；个人投资者可以更加轻松地得到投资参考建议，对资产配置就有更合理的安排。随着粤港澳大湾区金融科技基础设施的完备，金融科技将成为大湾区发展的引擎，也将迎来更多的金融业务。

4. 资产管理业务

资产管理是我国金融市场发展创新的重要领域，是企业追求长期稳定收益的必然选择，也是普通投资人最受益的理财选择。随着粤港澳大湾区的发展，将会产生高端产业与富人的聚集，从而衍生出巨大的资产管理和投资需求。现在，香港已经成为国际资产及财富管理中心和内地重要的资产管理平台。根据香港证券及期货事务监察委员会发表的年度资产及财富管理活动调查的结果，截至2019年底，香港资产及财富管理业务的管理资产达到28.8万亿港元（3.7万亿美元）。非香港投资者持续成为资产及财富管理业务的主要资金来源，占相关业务所管理资产的 62%。[①]

随着大湾区的建设和开放程度的提高，资本项目开放的相关政策的完善，资本的高速流通，大湾区产生的巨大虹吸作用，将会有更多的资金流入大湾区，从现在到 2023 年底，资产管理公司将会以每年 50% 的速度增加，所带来的金融业务是无限的。

四、粤港澳大湾区服务业机会

（一）粤港澳大湾区服务业发展现状

1. 粤港澳大湾区服务业总体发展分析

（1）粤港澳大湾区服务业占比。

粤港澳大湾区一直积极地进行着产业结构的优化，服务业的占比总体呈上升趋势，在国民经济中的地位不断上升并成为第一大产业，而第二产业占比呈缓慢下降趋势，经济增长由工业拉动向服务业拉动转变。

表 4-2 显示了 2008~2017 年 9 年间大湾区各城市的第三产业占 GDP 的比重。

表 4-2　2008~2017 年粤港澳大湾区各城市第三次产业占 GDP 比重　　单位：%

年份	广州	深圳	珠海	佛山	惠州	东莞	中山	江门	肇庆	香港	澳门
2008	59	51	42.4	32.2	34.1	46.9	36.5	34.3	40.6	92.5	82.8
2009	60.9	53.2	44.8	35	37.8	51.2	39.4	34.2	43.7	92.6	89.1

---

① 中华人民共和国香港特别行政区政府财经事务及库务局：资产及财富管理，https://www.fstb.gov.hk/sc/financial_ser/asset-and-wealth-management.htm。

续表

年份	广州	深圳	珠海	佛山	惠州	东莞	中山	江门	肇庆	香港	澳门
2010	61	52.7	42.5	35.4	35.1	48.7	39.2	37	40.4	93	92.6
2011	61.5	53.5	42	35.8	36	49.7	41.6	38	38.6	93.1	95.9
2012	63.5	55.6	45.8	35.8	36.5	52.2	42	41	37.9	93	93.7
2013	64.6	56.6	46.3	36.1	37	53.8	42	41.4	36.5	92.9	94.3
2014	65.2	57.4	47.4	36.4	38.7	52.1	42.3	42.8	35.3	92.7	94.9
2015	67.1	58.8	48.1	37.8	40.2	53.1	43.5	43.8	35.1	92.7	92.2
2016	69.4	60.1	49.5	38.7	41.1	53.2	45.5	44.6	36.8	92.2	93.4
2017	71	58.5	50.1	40.9	43	51.4	48.1	43.8	47.9	92.3	93.4

资料来源：各年度《中国统计年鉴》。

(2) 粤港澳大湾区服务业规模。

除了第三产业占比呈上升趋势外，粤港澳大湾区服务业的规模也在不断扩大。根据近5年粤港澳大湾区规模以上的服务业企业与服务业从业人员的数据显示，服务业吸引的企业和社会劳动力数量都呈上涨趋势，如图4-2、图4-3所示。

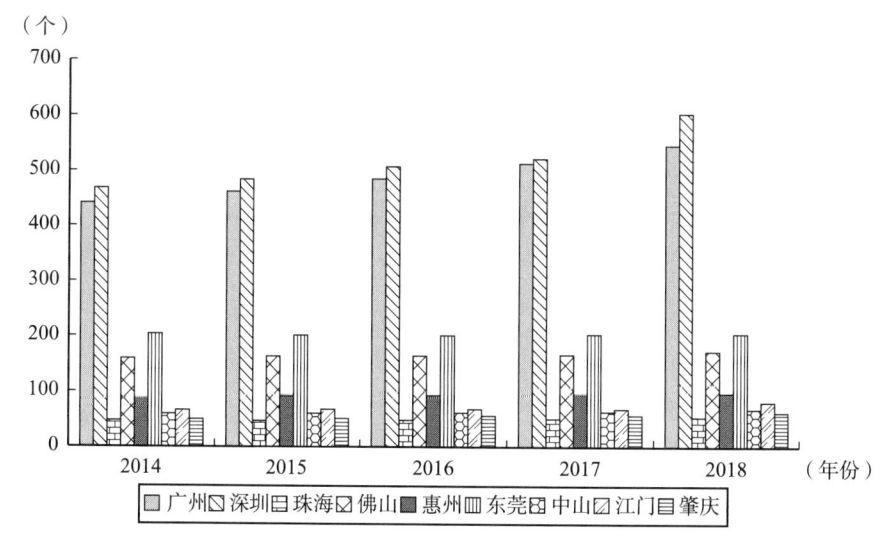

图4-2 粤港澳大湾区9市规模以上服务业企业单位数

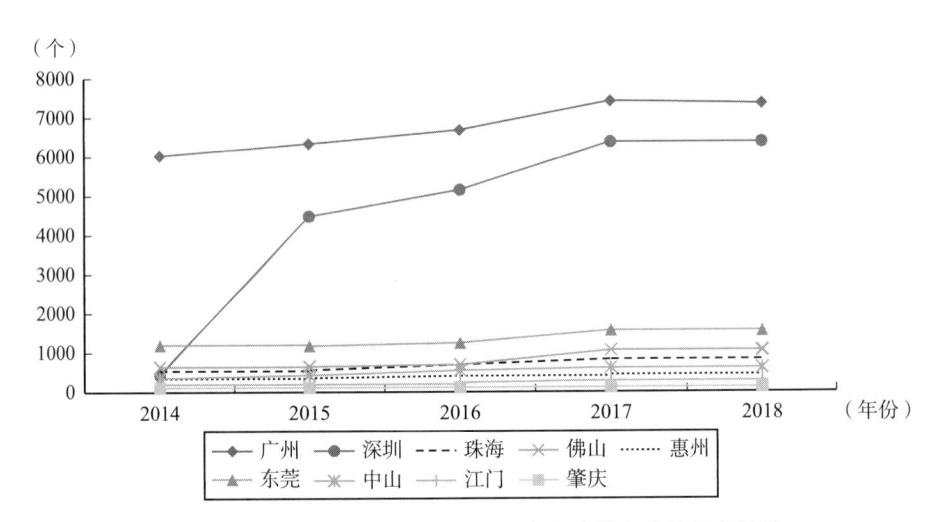

图 4-3 粤港澳大湾区 2014~2018 年各市服务业就业者数量

资料来源：各年度《中国统计年鉴》。

整体而言，虽然粤港澳大湾区服务业规模在五年内不断扩大，但有增长放缓甚至局部出现下降的趋势，处于规模扩大的平台期。

(3) 粤港澳大湾区中心城市服务业特点。

粤港澳大湾区中澳门、香港、广州、深圳这四个中心城市表现突出，但它们的服务业产业结构和发展优势各有不同。

服务业占GDP比重最高的澳门，有两个主要特点：其一，蓬勃发展的博彩业。2017年，澳门特区近一半的生产总值来自博彩及博彩中介业。博彩旅游业的"一枝独秀"一方面带动了其他行业的发展，如酒店业、旅游业等，但另一方面也为澳门埋下了产业结构单一的隐患。《澳门特别行政区五年发展规划（2016－2020年）》提出推动经济适度多元化，进一步优化产业结构的目标。争取非博彩业务收益占博彩企业总收益的比重由2014年的6.6%增加至9%或以上，进一步发挥博彩业与非博彩行业的联动效应。其二，澳门是联结中葡经济和文化的重要平台。在大湾区规划下，澳门有了建设"以中华文化为主流，多元文化共存"的交流合作基地的功能定位。

香港服务业的四大产业主要包括金融服务、旅游、贸易与物流专业及工商业支援服务。进出口贸易、批发及零售,金融及保险业,地产、专业及商用服务,四个主要行业在2018年为香港经济带来的产值占本地生产总值的51.7%。作为全球最自由的经济体和最重要的全球商业枢纽之一,香港在物流、金融及专业服务上有优质的发展土壤。旅游商务人流较多,让香港在住宿餐饮、养老、社会等个人服务方面也形成了一定的产业优势。

广州、深圳虽然不及澳门、香港服务业占比之高,但也在粤港澳大湾区具有相对优势,且在资讯及通信业当中较香港、澳门具有明显优势。广州基本形成了以贸易、金融及物流为特色的服务经济结构。深圳基本形成了以金融业,批发和零售,信息传输、软件和信息技术服务业为特色的服务业。

(4) 粤港澳大湾区服务业合作基础。

粤港澳大湾区各市有较好的合作基础。首先,粤港澳大湾区各地有独特的优势,互补性较强。总体来看,粤港澳大湾区中城市之间各有其独特的优势产业,为大湾区城市群的互补协作奠定了基础。比如,在科技创新方面,深圳、香港在信息传输、软件和技术服务业领先良多。而广州与香港则在科学研究、技术服务业和教育业的表现更为突出。因此广、深、港等城市在教育、科技研发、产业布局、技术服务等一系列产业链条可以进行互补和协作。

其次,粤港澳大湾区有着不断优化的合作环境。深圳经济特区建立后开启的"前店后厂"工业合作与地域分工模式,让粤港澳三地成为全国生产网络中不可分割的加工贸易链条。CEPA的签署让粤港澳经贸关系进入崭新的时期,粤港澳三地合作向纵深化发展。2014年广东自贸区成立后,制度创新为粤港澳生产服务业和服务贸易提供了更便利的条件。2017年国家发展和改革委员会、广东省人民政府、香港特别行政区政府、澳门特别行政区政府经协商一致,制定并签署《深化粤港澳合作 推进大湾区建设框架协议》,将提升市场一体化水平列入合作重点领域。进一步落实CEPA及系列协议,促进要素便捷流动,提高通关便利化水平,促进人员、货物往来便利化,打造具有全球竞争力的营商环境。推动扩大内地与港澳企业的相互投资以鼓励港澳人员赴粤投资及创业就业,为港澳居民发展提供更多机遇,并为港澳居民在内地生活提供更加便利的条件。这一系列举措,将逐渐优化粤港澳大湾区的合作环境，为服务业协同发展打下基础。

2. 粤港澳大湾区服务业主要问题分析

（1）东西两岸发展不均衡。

粤港澳大湾区中，港澳两个特别行政区及珠三角9市根据水系岸线可大体上划分为东岸和西岸两个地区，东岸地区由香港、广州、深圳、东莞及惠州5个城市组成，西岸地区由澳门、珠海、佛山、中山、江门、肇庆6个城市组成。从表4-2数据可以看出东岸和西岸两个地区服务业发展水平存在明显差异西岸地区经济总量不足东岸地区的1/3。粤东岸地区服务业增加值占地区生产总值比重为56%，高于大湾区51%的平均水平4个百分点，西岸地区服务业增加值占地区生产总值比重仅为36%，低于大湾区平均水平15个百分点，服务经济发展水平与东岸地区差距极其明显。这凸显出粤港澳大湾区范围内服务业发展水平的差异性和不均衡性的问题。

（2）产业发展动力不足。

①核心引擎动力不足。尽管香港和澳门的服务业发展突出，但其服务业在GDP中的占比十年内并无增长趋势。香港的主要服务业是金融、贸易物流、旅游和专业服务业，其中，物流、金融及专业服务等生产性服务业主要面向内地及亚太地区，服务距离较远，服务成本偏高。随着内地沿海港口和金融创新的快速发展，香港的生产性服务业受到了一定的挑战。而在生活性服务方面，香港虽有一定的产业优势，但由于本地总人口不足1000万，市场容量偏小，发展生活性服务业总体潜力有限。此外，香港信息服务业发展相对滞后，资讯及通信服务业在整个国民经济中占比不足3.5%，与广州、深圳两地相比差距较大，不利于把握5G等新一代信息技术带来的发展机遇。而澳门长期对博彩旅游业的依赖使其产业结构较为单一，难以形成丰富的产业链。同时，以博彩旅游业作为支柱产业也为澳门带来了许多社会问题，为澳门经济可持续发展带来潜在危害。比如贫富分化加剧、青年人才竞争力下降、犯罪问题频出等现状，让澳门急需从产业结构上进行新的调整。

广州在服务业发展定位上有待调整。广州既缺乏香港那样的国际贸易中心和国际金融中心的世界级产业平台，也缺乏深圳证券交易所等国家级金融平台。广州服务经济以贸易、物流及租赁业等传统服务业为主，这三个行业增加值占比达到28%，服务业转型升级压力较大。广州信息传输、软件和信息技术服务业发展势头良好，但与深圳相比差距有所拉大。此外，广州在旅游城市及美食之都方面着力有限，住宿餐饮业增加值规模占比不仅明显落后于香港，而且在深圳领先的规模占比优势也有所缩小，文化服务方面增加值比重也有所下降。广州作为大湾区的核心引擎之一，其定位还有待进一步明晰。

再结合深圳的情况，深圳生活性服务业发展相对滞后。深圳金融、信息传输、科研等生产性服务业优势较为突出，但其他服务业显著落后于香港及广州，教育、卫生等生活性服务业增加值占比虽然有所提高，居民服务、文化服务等领域还存在增加值占比下滑趋势，生活性服务业发展还有待进一步强化。

②产业融合程度低，产业升级存在障碍。这一点主要表现在生产性服务业与先进制造业融合不足上。以惠州市为例，中低端制造业去产能进程和智能化转型缓慢，成为阻碍城市产业结构优化升级、生产性服务业与制造业协同发展的"硬伤"。其主要成因就是生产性服务业与工业互动关系不明显，一方面受各种条件的制约，企业维持现状的意识很强，对剥离政策的认识不足，内在转型动力不足。另一方面通过研发、商务咨询、品牌建设等生产性服务业改造传统产业的需求并不紧迫，大量本应通过外包方式完成的服务活动在企业内部消化完成，导致生产性服务业难以向高质量发展，惠州也难以在广州、深圳等一线城市的压力下吸引人才。

（二）粤港澳大湾区服务业发展趋势

1. 趋势一：完善金融服务体系

金融是粤港澳大湾区重点建设产业之一，如何打造与大湾区建设相配套、高效优质的金融服务已成为银行业的重点课题。

商业银行将分别从企业服务、个人居民服务两方面入手,为企业提供"足不出港"的跨境远程代办工商注册登记服务,为跨境居民的"消费、汇款、缴费"等需求提供个性化服务。

2. 趋势二:进一步构建现代服务体系

《规划纲要》中强调,生产性服务业向专业化,价值链向高端延伸方向发展。这意味着从战略观念上让"服务业与制造业相互替代",服务业与制造业相互融合、共同促进。粤港澳大湾区产业发展将会迈向智能化、个性化,服务业与制造业深度融合,服务业中有制造,制造业转型成服务型制造业,促进商务服务、流通服务等生产性服务业帮助产业走向高效能生产。

此外,生活性服务业将向精细和高品质转变。《规划纲要》首次提出"智慧城市群"的建设要求,进一步说明新型智慧城市已不仅是一城一地的建设,更是未来区域经济协同发展的核心基础设施。未来粤港澳大湾区将结合区块链、云计算、人工智能等新兴技术进一步发展健康服务和家庭服务等生活服务。同时,以航运物流、旅游服务、文化创意、人力资源服务、会议展览及其他专业服务等为重点,构建错位发展、优势互补、协作配套的现代服务业体系。

3. 趋势三:打造宜居宜业的优质生活圈

通过完善的公共社会服务业打造宜居宜业的优质生活圈是吸引人才的关键路径。公共社会服务业不仅为专业人才提供良好的生活软环境,同时还是实现人力资本积累和社会起点公平的重要保障。从全球大湾区产业构成来看,以教育、健康、文化娱乐、社会救助等为主体的公共社会服务业目前占纽约湾区、旧金山湾区、东京湾区 GDP 的比重已超过或接近 10%。《规划纲要》中提出要促进社会保障和社会治理,意味着发展粤港澳大湾区必须进一步优化公共社会服务业,重点提升基础教育、医疗卫生、社保医疗、生态环境等非营利性公共社会服务业发展水平,通过更加优质的公共社会服务业提升粤港澳大湾区宜居宜业环境，汇集更多创新人才、孕育创新型产业，以当前非营利性的公共社会服务投入滋养大湾区未来的核心竞争力。

（三）粤港澳大湾区服务业的投资机会

新兴技术的发展以及相关政策的扶持，让智慧城市、智能医疗、智能制造三个领域产生许多新的机遇。

智慧城市与医疗健康的发展与优化公共社会服务体系息息相关，直接关系到居民的生活品质。智慧城市的建设除了要在城市内部创造智能环境外，还担负着打破城市壁垒，实现城市间功能耦合，深化区域间发展的重要任务。在全球87个主要城市中，香港的智慧城市化排名第11，这归功于香港出色的科技硬件基础。香港免费的Wi-Fi热点已接近3万个，是全球Wi-Fi热点最为密集的地区之一，且物联网技术应用广泛，政府部门和公私营机构已在多个领域安装感应器来收集数据实现智能化。另外，腾讯联合三大运营商继续加码"数字广东"项目，广州连续三年蝉联全国数字政务指数最高的城市，平台入口提供的服务项目108项。深圳依托"织网工程"形成强大的城市大数据中心，为破除"信息孤岛"打下了坚实的基础，大湾区内智慧城市发展势头良好。医疗健康领域在人工智能等新技术的发展下有了新的机会，应用范围非常广阔，包括虚拟助理、医学影像、药物挖掘、营养学、生物技术、急救室/医院管理、健康管理、精神健康、可穿戴设备、风险管理和病理学等，可以有效地整合资料资源、提高就诊质量，帮助城市进行健康管理，医疗健康将成为粤港澳大湾区支柱性产业之一。

粤港澳大湾区在经历了从计划经济到改革开放后，已成为了全国乃至全球重要的制造业基地之一，但相比于已经有完善工业体系、重点大力发展先进制造业的德国、美国，中国的制造业仍还处于大而不强的地位，受到核心技术少，产业层次不高、产业链条不完善等方面的制约；同时，当资源环境要素约束趋紧、企业综合成本上升、部分行业产能过剩、粤港澳大湾区制造业面临的国际国内竞争日益加剧。通过5G、物联网等新兴技术的应用，工业互联网的时代即将到来，为生产性服务的发展创造了空间，将帮助制造业从低效能向高效能迈进。

五、粤港澳大湾区科技创新产业机会

（一）粤港澳大湾区的新兴产业

1. 四大新支柱产业

新一代信息技术、生物技术、高端装备制造、新材料四大产业在《规划纲要》中被指定为新支柱产业。

（1）新一代信息技术产业。

如今，"数字经济""人工智能""跨界融合""大工程、大平台模式"已成为新一代信息产业发展的新趋势。粤港澳大湾区的大部分城市正处于转型升级当中，而且其中大部分城市的主体经济以传统制造业为主，在转型升级的过程中面临着诸多挑战：劳动力成本上升、科技创新发展遭遇瓶颈、环境污染、资源消耗过度及社会矛盾日益突出等问题。而新一代信息技术的应用带来的数字化、智能化功能，可使得以上问题迎刃而解。国内外的城市信息化发展路径表明，信息化对区域经济增长具有带动作用和倍增效应。信息化通过提升工业化，推动城市产业变革进而推进城市化进程。粤港澳大湾区内的大部分城市主要以制造业为主，即可以"互联网+大数据+人工智能"三位一体解决方案为制造业转型升级成智能制造提供科技基础。

（2）生物技术产业。

生物技术产业包括生物医药、生物农业领域、生物能源、生物环保等领域。生物产业链涉及技术面广且复杂，专业性强，行业壁垒高，且具有高投入、高收益的特点，粤港澳大湾区生物技术产业链健全，发展基础良好。广东省内的生物医药科技企业主要集中在粤港澳大湾区内,深圳从2009年开始重点打造生物医药产业集群,2022年深圳生物医药与健康产业集群实现产业增加值676.8亿元,增长6.7%[①];广州在2017年3月正式发布战略性新兴产业蓝图,生物医药产业年均增长10%左右,2022年第一季度生物医药与健康产业增加值384.78亿元,增速达8.9%[②];珠海,2022年1~11月生物医药业增速为26.5%[③];东莞,2008年开始布局生物产业,其松山湖生物基地已聚集三生制药、深圳安科、上海医药等300余家生物技术企业,医疗器械、生物医药和医疗保健品等领域产业集聚态势明显。根据广东省规划生物医药发展前景好且湾区内优势明显,成为大湾区产业结构布局的重点。

(3) 高端制造业。

在传统工业向高端制造业的转型升级之路上,粤港澳大湾区具有很好的生产基地和制造业基础。同时,华为、广汽、美的等企业将引领带动湾区涌现一大批"智能化、创新型"企业,将为高端制造业发展提供强大的技术力量。大湾区积极开拓国际市场,走向世界,开放包容,各产业协作升级,引领创新驱动,为高端制造业发展提供了广阔的舞台。在此优势背景下,传统制造业向高端制造业升级将成为湾区重要的产业和经济发展动力。

(4) 新材料产业。

新材料产业具有高投入、高难度、高门槛和长研发周期、长验证周期、长应用周期的特点。粤港澳三地科技研发、转化能力突出,拥有一批在全国乃至全球具有重要影响力的高校、科研院所、高新技术企业和国家大科学工程,具备创建新材料国际创新中心的基础实力,在创新要素、资本环境上都有明显优势。同时,粤港澳大湾区是全球金融最活跃的地区之一,为新材料

---

① 晚间报导:深圳精准发力 重磅支持生物医药产业做大做强,https://www.sztv.com.cn/ysz/zx/zw/79127476.shtml。
② 广东经济报导:广州生物医药产业年均增长10%,http://www.ceh.com.cn/epaper/uniflows/html/2022/06/09/03/03_65.htm。
③ 广东省人民政府:2022年1~11月珠海市经济运行简况,http://www.gd.gov.cn/zwgk/sjfb/dssj/content/post_4072285.html。

产业的发展提供良好的融资便利。《规划纲要》明确要大力推进制造业转型升级和优化发展，发展先进制造业，首要任务就是要突破新材料关键共性技术，扩大新材料应用领域，新材料产业的发展是粤港澳大湾区产业链的重要一环。

2. 新兴产业发展科研资源优势

依托香港、澳门、广州、深圳等中心城市，粤港澳大湾区新兴产业建设有突出的科研资源优势。

在人才资源上，粤港澳大湾区高校云集，科研人才具备充足。粤港澳大湾区共有170多所高校，其中，全球百强大学有5所。在平台资源上，企业与高校院所、科研机构深度合作，重视科研成果转化。粤港澳大湾区拥有20家世界500强企业和约4.3万家国家级高新技术企业；广东省孵化器总数达901家，众创空间总数804家，国家级孵化器培育单位139家，港澳的大学、科研机构也在广东兴建了一批产学研合作和成果转化基地。

丰富多元的人才与产学研合作的成果转化平台，让粤港澳大湾区的科技创新成果增长迅猛并逐步实现落地，发明专利呈井喷式增长，总量已经超越旧金山湾区，而且差距在逐渐扩大。

3. 产业协同优势

粤港澳大湾区拥有广泛的产业结构，特色科技产业突出，已经形成了新一代移动通信、平板显示等7个产值超千亿元的战略性新兴产业集群。而除了拥有大量高新技术产业之外，还存在许多不同的传统制造业，这为人工智能、智能制造、机器人、新材料、云计算、工业互联网、新一代信息技术等先进技术与传统工业结合奠定了基础。

赛迪智库发布的《2019年中国战略性新兴产业发展形势展望》显示，在推动粤港澳大湾区建设过程中，应发挥香港的技术创新优势，广州、深圳在产业端研发创新与运营的优势，佛山、东莞等制造和配套能力的优势，大湾区的新型显示、集成电路等战略性新兴产业领域的产业协作配套能力有望大幅提高,国际竞争实力将显著提升。

4. 粤港澳大湾区的科技创新走廊

创新走廊是以高速公路和轨道等交通要道作为依托的轴线(廊道),高度集聚科技企业、创新人才、高新技术、信息及资金等诸多创新要素的空间区域,是实现科技与产业集聚发展的高效形态。

《规划纲要》提出,要推进"广州—深圳—香港—澳门"科技创新走廊建设,探索有利于人才、资本、信息、技术等创新要素跨境流动和区域融通的政策举措,共建粤港澳大湾区大数据中心和国际化创新平台。

广州、深圳、香港和澳门作为大湾区的四大中心和区域发展的核心引擎,或产业基础坚实,或科技研发领先,或创新资源丰富,或转化能力强大。各具特色的四座城市将作为科技创新走廊的重要节点,为"科技兴湾"战略的落实提供支撑。

(二)粤港澳大湾区科技创新产业未来趋势

企业与高校院所、科研机构的深度合作,让粤港澳大湾区的知识转化效率不断提升。粤港澳大湾区拥有20家世界500强企业和约4.3万家国家级高新技术企业;广东省孵化器总数达901家,众创空间总数804家,国家级孵化器培育单位139家,港澳的大学、科研机构也在广东兴建了一批产学研合作和成果转化基地。新兴教育模式将会为粤港澳创新建设输送更多产业急需的高素质、应用型、创新型人才。

另外,《规划纲要》进一步明晰了广州南沙、深圳前海、珠海横琴这三大重点合作平台的定位:三大重点平台定位各不相同,有利于实现差异化发展。前海的工作重心是强化前海合作发展引擎作用,加强法律事务合作,建设国际化城市新中心;南沙的工作重心是携手港澳建设高水平对外开放门户,共建创新发展示范区,建设金融服务重要平台,打造优质生活圈;横琴的重心是建设粤港澳深度合作示范区,加强民生合作,加强对外开放合作。

此外,《规划纲要》指出要加快推进大湾区重大科技基础设施、交叉研究平台和前沿学科建设,着力提升基础研究水平,优化创新资源配置,建设培育一批产业技术创新平台、制造业创新中心和企业技术中心。粤港澳大湾区平台建设的领域将进一步深化与多元化。

(三) 粤港澳大湾区科技创新产业的投资机会

"创新"是《规划纲要》中词频最高的词汇,体现了创新产业在整个粤港澳大湾区规划中的分量,培育出了华为、华大基因、大疆无人机等技术强势企业,拥有腾讯、网易等巨头互联网企业。经过三十年的发展和积累,粤港澳大湾区在政策环境、产业集群、人才培养和创业文化等方面都形成良好的生态环境,这将促进新一代的创业创新群体不断涌现,人工智能、5G应用、智能汽车、生物医药、新材料等新兴产业会出现大量的投资机会。

第五章

周期脉动：粤港澳大湾区的房地产周期

一、房地产周期的研究

（一）房地产周期的决定因素

房地产周期是指房地产经济水平起伏波动、循环的经济现象，其表现为房地产业在经济运行的过程中交替表现出扩张与收缩两大状态，其中包含复苏—繁荣—衰退—萧条循环往复的四个阶段。

目前影响房地产周期的因素包括经济增长态势、人均收入水平、城市化进程、城市化率、人口数量及其结构等长期变量，同时也包括土地供应数量以及相关政策等中期变量，还包括利率水平、抵押贷首付比、税收等短期变量，兼具消费品属性和金融属性。

从周期的长短角度来看，房地产周期可以分为长、中、短周期，长期为人口周期，中期主要取决土地供给，短期看金融政策。从房地产的供求角度来看，人口、金融均属需求侧的范畴，而土地则属于供给侧的范畴，人口、金融、土地三方面因素共同决定了房地产周期。

1. 长期因素——人口

房地产长周期中的人口因素如何影响房地产市场，存在两个维度的思考逻辑：阶段与供求。

从阶段角度来看：在初期阶段，人口红利和城乡人口转移为经济发展注入了原动力，提升经济潜在增长率，拉动居民人均收入的增长，从而推进消费升级，进而带动房地产需求。步入中后期阶段，随着人口红利消失、人口老龄化的加剧，经济增速出现换挡，居民人均收入增速放缓；同时，伴随着城镇住房饱和度的不断上升和房地产市场容量的趋近均衡，购房置业人群数量达到顶峰，由此迎来了房地产投资长周期拐点。

从供求角度来看：在人口供给端，人口数量在很大程度上影响着房地产市场需求的数量指标，人口数量的增长从根本上带来购房置业的增长，推动了需求的增加；人口质量则对房地产市场需求的质量指标有重大影响，随着人口质量的提升，拉动居民人均收入的增长，提升购房置业的消费水平，进而推动需求的进一步增长；而人口数量和质量两方面共同影响劳动力、技术、资本三大生产要素，继而影响经济增长，从而影响房地产整体市场。在人口需求端，根据生命周期消费理论，由于个体生命周期的不同阶段存在消费倾向和消费结构的不同，因此人口年龄的结构性变化会对房地产市场的需求产生重要影响，随着人口老龄化的加剧，在一定程度上会导致消费增速下滑、社会投资需求增长下降以及储蓄率的上升，房地产市场需求的拓展将受到阻力。

在长周期的经济环境中，人口直接或间接地决定着房地产周期。从直接的角度来看，人口结构、年龄阶段、阶层比例等人口周期变化因素，会对房地产的需求产生直接影响，同时也在某种程度上直接影响着房地产市场的供给，由此反映直接关系；而从间接的角度来看，上述人口周期变化，会给社会经济带来直接变化，而经济周期背景又直接影响着房地产市场，由此得出间接关系。

2. 中期因素——土地

相比数十年人口周期的长期影响，正常情况下从政府供地到开发商拿地、到施工开建、再到竣工待售或房产预售形成房地产市场供给的土地迭代，2~3年即可完成房地产的一个周期。土地政策能以年度为单位，通过对供应数量的预期导向直接影响当前房地产市场状况，因此土地因素主要在中期层面对房地产周期产生重要影响。而土地供应数量是决定住房市场供求平衡及运行状况的重要因素。当短时间内出现土地供应过多或过少的失常情况，极易造成住房供过于求带来的房地产价格大幅下降，或者是由于供不应求造成的房价快速上涨，因此，维护土地、住房供应的相对稳定是保证房地产市场中期稳定的重要举措。

与此同时，中国大陆长期贯彻实施"控制大城市人口、积极发展中小城市和小城镇、区域均衡发展"的城镇化战略，使得大部分一二线城市的城市建设用地规模和土地开发资源被严格限制，而三四线城市为了刺激发展则超量释放土地资源，因此造成了土地资源错配问题，同样也给内地市场带来了一二线城市房价高企、三四线城市库存难除的局面，一二线城市的土地开发限制一次则房价暴涨一次由此而来。

3. 短期因素——金融

金融政策（利率、流动性投放、信贷、首付比等）既是各个国家进行宏观经济调控的主要工具之一，也是对房地产市场短期波动影响最为显著的政策。住房的开发和购买都高度依赖银行信贷的支持，利率、首付比、信贷等政策将影响居民的支付能力，也影响开发商的资金回笼和预期，对房市供求波动影响较大。国内外房地产泡沫形成大多受低利率和充裕流动性推动，而房地产泡沫破裂则大多可归因于加息和流动性收紧。

与数十年人口周期的长期影响和2~3年土地供应的中期影响不同，房地产短周期是由于贷款利率、税收比例、抵押贷款首付比等短期金融变量所带来的市场变动，主要逻辑是通过对当前居民的支付预期与能力进行调整，从而使得居民购房置业行为产生推迟或提前、增加或减少的市场效果。

当政府需要刺激房地产市场的发展，那么政策将会引导贷款利率以及抵押贷款首付比降低，从而提升居民的购房支付预期，同时配合购房税收的减少，进一步提高居民支付能力，进而实现对居民购房需求的刺激，鼓励加大杠杆比例来完成置业，实现房地产市场的发展。当政府需要对房地产市场进行降温时，则采取相反措施，分别调整贷款利率、税收比例、抵押贷款首付比等金融变量，抑制居民购房需求，防止房地产市场出现过大泡沫。

（二）房地产周期的理论逻辑及阶段特点

1. 理论逻辑

房地产周期可以分为两大演变过程，即发展过程和衰退过程。在这两大过程中又可细分为四个阶段：复苏阶段、扩张阶段、收缩阶段和萧条阶段。其中，复苏阶段和扩张阶段属于发展过程，而收缩阶段和萧条阶段则属于衰退过程。当房地产市场周期开始由扩张阶段进入收缩阶段时，房地产市场经济水平达到最高峰值，即繁荣的鼎盛时期；相反，若由萧条阶段转为复苏阶段之时，则房地产市场经济水平达到最低谷值，即衰败的波谷时期。

推动房地产市场周期发展演化、由某一阶段转入下一阶段的影响因素有很多，诸如经济发展、人口增长与迁移、城市化进程、居民收入变化、产业结构调整等都会对房地产市场经济的阶段变化造成重要影响，而在不同阶段，房地产周期变化的主要推动因素也会有所不同。总体而言，房地产市场的发展演化过程可分为三个时期：初期、中期、后期。

（1）在房地产市场经济发展的初期，住宅开工量和商品房成交量的主要推动力量为经济高速增长。地区经济的高速增长，带来的是居民人均收入水平的快速提高和城市化水平的大幅度上升，进而保证了居民的购房支付能力，刺激了大量的购房需求，从而拉动了房地产市场初期的快速发展。

（2）在房地产市场经济发展的中期，住宅开工量和商品房成交量的推动主要受经济因素及人口因素共同影响。当地区经济经历了高速增长阶段过后，经济增速放缓，居民人均收入水平快速提高和城市化水大幅度上升的局面不再，此时房地产市场的增长仅依靠经济增长拉动已不现实，而人口增长尤其是购房适龄人口的增长，逐渐成为另一个房地产市场发展的动力来源。

（3）在房地产市场经济发展的后期，住宅开工量和商品房成交量的增长主要受人口增长尤其是购房适龄人口增长的拉动。当地区经济进入发展中后期、增长出现乏力甚至倒退的阶段时，无论是居民人均可支配收入还是城镇化率同样进入缓慢增长时期，此时经济因素的拉动力已不足以推动房地产市场规模的扩张，住宅开工量的增长更多的是依靠人口因素的驱动。出生率的增长意味着城市需要更多的住宅以满足居民的居住需求，而数据统计表明粗出生率与建筑新开工量呈现较高的相关关系。

2. 阶段特点

世界各国经济发展历程表明，国家经济总量在时间序列上总会处于波动上升状态或波动下降状态的波浪式现象，即经济总体发展趋势体现的阶段性的扩张或收缩，这种反映出不同阶段表现特征的经济波动便会构成所谓的经济周期。而房地产业和其他产业经济一样，作为市场经济的重要组成部分，在经济实际运行的过程中，也体现了明显的周期波动现象。

（1）复苏阶段。

在房地产周期波动的发展历程中，复苏阶段承接于前一时期的萧条阶段，即起始于房地产经济的最低点，这一阶段将经历较长时间。

首先，在复苏阶段的初期，由于刚刚经历过房地产泡沫破裂的市场谷底，尽管政府相关政策限制逐步放宽，同时也推出一定的刺激措施，但市场的购房投资意愿仍处于观望或缓慢恢复水平，房地产市场仍供大于求，购房者在满足自用的前提下缓慢进入投资市场。此时房地产市场虽在总体上看，新开工量和交易量不大，房价、租金水平仍处于较低迷状态，但从总体趋势上看，新房开工率已经有所回升，房价也已经呈现明显止跌并开始缓慢上升的趋势。然而这一时期内房地产投资量较小，仅存在极少数房地产投机者。

其次，在经过一段时间的房地产市场恢复后，受益于宏观经济复苏，居民购房意愿有所增强，房地产的需求开始增长、供求关系趋于平衡、交易量有所增加。与此同时，由于住房销量和建筑成本的增加，房价开始逐渐回升，进而拉动房地产开发投资的增加。随后由于房地产市场需求的进一步增长，购房者及购房量逐渐增多，再次刺激房价回升。而交易量、房价的上升，加快着房地产商的开发步伐，期房销售呈现增长态势，少数房地产投机者寻找机会着手入场，房地产市场加速复苏。

在宏观经济持续复苏和利好政策引导刺激的背景下，房地产市场进一步恢复，居民对房地产市场悲观消极的投资态度逐渐消散，取而代之的是对市场当前发展的乐观和未来前景的期待，购房成交量进一步上升。与此同时，房地产投资机构和金融机构对房地产市场的未来预期同样持乐观态度，加大了对房地产及相关行业的投资力度，并吸引拉动其他行业投资机构进入房地产市场，进一步扩大投资规模。伴随着房地产市场快速复苏，房地产相关行业如建材业、建筑业、物业管理业等行业得到较快发展，金融机构的房地产融资贷款业务也得以快速恢复。

经过一段时间的复苏，参与房地产市场的购房者、投机者等市场主体明显增多，而房地产开发商、建筑施工方、房产中介、物业管理方等企业数目也在同步增加，推动房地产业完成行业复苏，得到进一步扩张。

（2）扩张阶段。

继承于快速增长的复苏阶段，房地产周期波动将进入短暂但高度繁荣的扩张阶段，此时房地产市场便达到峰值水平。

通过上一阶段的复苏和发展，房地产市场达到一定高度，此时无论是开发商、施工方、投资方等市场供给端，还是购房自用者、投机者等市场需求端，都对房地产市场保持着高度乐观态度。房地产供给端的开发企业所推出的开发项目、建设计划数量进一步扩张，其他相关行业也相应地加大了对房地产市场的投资力度。而房地产需求端的购房者，无论是出于自用还是投机目的，大部分都被市场氛围所感染，推动着各级、各类市场中的现房、期房等交易数量大幅激增，房地产市场泡沫开始形成。

随着供求双方的不断推动，土地价格、房地产各类物业价格加速上涨。而在此期间，三级市场的价格近乎追赶上二级市场的价格，拉动着二、三级市场价格的交替上升。同时，在需求端的投机炒家数量也在不断逼近自用者数量，市场中炒房浪潮占据了主流地位，推动房价高企不下。当炒房者多于用房者、自用购房者无法担负高涨房价时，真正有住房需求的购房者被迫先后退出市场，留下大量投机炒家在火热的房地产市场内"空转"，形成了有价无市的局面，而此时也正是房地产市场扩张阶段的顶峰，房地产泡沫的极限时刻。

当房地产市场空置率开始上升、政府房地产相关政策开始紧缩之时，也预示着房地产繁荣局面的结束，泡沫即将破裂，市场面临萎缩。

（3）收缩阶段。

伴随着真正的自用购房者被挤出仅剩投机方的市场，房地产市场开始由盛转衰，意味着房地产周期波动中的收缩阶段已经到来。

由于房地产泡沫达到前所未有的水平，政府随之出台一系列如提高贷款利率、压缩投资规模、提高按揭首付比及减少土地出让等紧缩政策，抑制炒房行为，为市场降温。当政策发挥作用之时，因利率提高、首付比提升及财务压力加大等困难，导致房地产投资、交易的过程中开始出现各种违约现象，新增房地产投资数量、住房新开工面积显著下降，房地产投资热度开始出现回落。同时，房地产市场中的各类物业销售市场趋近于饱和，难以刺激需求吸引购买投资，销售难度明显增加，房地产价格开始回调。而房地产租赁市场的热度也显著降低，租赁交易量与租金水平开始逐渐下跌，房地产空置率提升、房地产库存增多的现象进一步加剧。此时的房地产市场中，无论是供给方还是需求方的普遍乐观情绪逐渐消极化，对房地产市场未来的悲观心态开始扩散蔓延。

当出现重大利空消息或突发性事件时，房地产市场受此刺激开始急转直下，房地产价格暴跌通道开启，房地产市场进入不断下跌的恶性循环，房地产泡沫宣告破灭。由于先前自用购房者被挤出市场而投机炒家难以转手出售，导致市场恐慌情绪蔓延，房产持有者纷纷争先抛售房产，房地产价格开始出现暴跌。而暴跌的消极态势会加重市场恐慌情绪，阻止自用购房者和投机炒家进入房地产市场，此时房地产库存量进一步增加，市场价格加速下跌、范围扩大。

面对急剧萎缩的市场需求，投资风险和投资成本剧增，导致房地产投资量大幅度减少，同时出现大量在建或待开发的房地产项目停建、转手等现象。在此基础上，受困于政府紧缩政策所带来的融资问题，房地产开发商回本无望，资金链面临断裂的风险，结果导致一些房地产企业难以维持、宣告破产，而房地产行业破产率也不断上升。与此同时，由于项目流失、企业破产，房地产业的失业率也大幅上升，与房地产相关的如建筑业、建材业等行业也遭受重创，破产率、失业率显著提高。

（4）萧条阶段。

经历了房地产泡沫破灭的急剧痛苦过程后，房地产周期将要面临的是漫长持久的萧条阶段。

房地产泡沫的破灭使得市场供求双方对房地产业的当下及预期普遍持悲观态度，房地产销售价格和租赁价格将持续保持收缩阶段的下跌趋势，以至于少数楼盘价格甚至跌破成本价，一定数量的房地产项目亏本转让，房地产交易量持续萎缩，房产空置率不断高企、库存量持续积累的现象进一步恶化。至此，房地产泡沫完全破灭。

此时，房地产市场大规模停摆，房地产人员失业、企业破产成为普遍现象，房地产纠纷、金融坏账大量涌现，房地产业总体水平急剧下滑，基本达到谷底位置。

当房地产业的泡沫成分经过持续下滑被挤出后，房地产市场在自主调节和政府干预的情况下，房地产价格水平逐渐结束急剧下跌的状态，转为波动较小的平稳阶段。随着房地产市场需求及房地产开发成本的正常化，与此同时政府也出台相对宽松的政策，放宽对房地产投资、交易的限制，适当刺激房地产开发、购买的增长，房地产价格水平出现回升迹象。至此，下一个房地产周期即将到来。

二、粤港澳大湾区的房地产周期

（一）影响粤港澳大湾区房地产周期的内生因素

影响房地产周期的内生因素指的是源自房地产市场内部、内部传导于房地产市场运作的房地产业自身因素，通常包括房地产市场的供求关系、投资情况、价格预期等。

1. 供求关系

房地产市场的供求关系，即房地产开发商对房地产市场的供应量与购房者对房地产的需求量之间的关系，二者在整体上表现出的相对平衡状态，将在很大程度上房地产周期的波动态势。当一段时间内房地产市场中的房产供给大于需求时，市场存在房价过高无人能买或房价走低无人敢买的情况，意味着已经成为买方市场，房价增长力量走弱甚至已经处于下跌状态，房地产周期有可能进入衰退阶段；相反，当需求大于供给时，在此阶段内房地产周期可能处于发展过程。对比当地房屋竣工面积与销售面积，可大致观察了解该地区房地产市场的供求关系变化。

粤港澳大湾区各城市由于地区差异性，房地产供求关系存在较大差异，所反映的特点分化明显，故仅对具有代表性的城市做房地产供求关系对房地产周期的影响分析。

广州市房屋竣工面积与销售面积自 21 世纪初以来，整体呈交替领先的增长态势，而从 2016 年开始，房屋竣工面积不断扩张的同时房屋销售面积却持续走低，目前呈现供大于求的情况。自 2005 年深圳市基本生态控制线管理规定颁布以来，由于土地开发的政策限制，深圳市房屋竣工面积持续下降，已达到较低水平，而房屋销售面积则在波动中缓慢上升，供不应求的市场局面显著。同样受限于土地开发政策，香港的房屋竣工面积在波动中整体小于销售面积，且由于较大的城市改造难度，香港的房地产市场供不应求的压力难以得到缓解，房价继续走高的态势不会改变（见图 5-1、图 5-2、图 5-3、图 5-4）。

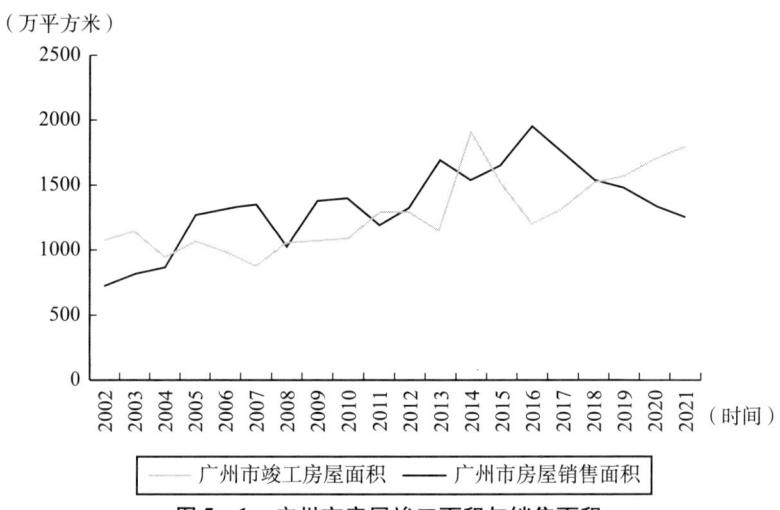

图 5-1　广州市房屋竣工面积与销售面积

资料来源：前瞻数据库。

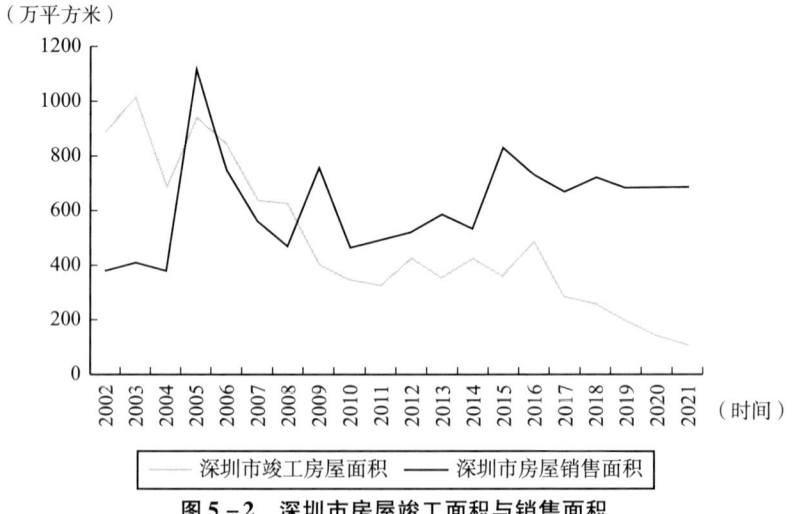

图 5-2　深圳市房屋竣工面积与销售面积

资料来源：前瞻数据库。

图 5-3 香港房屋销售面积

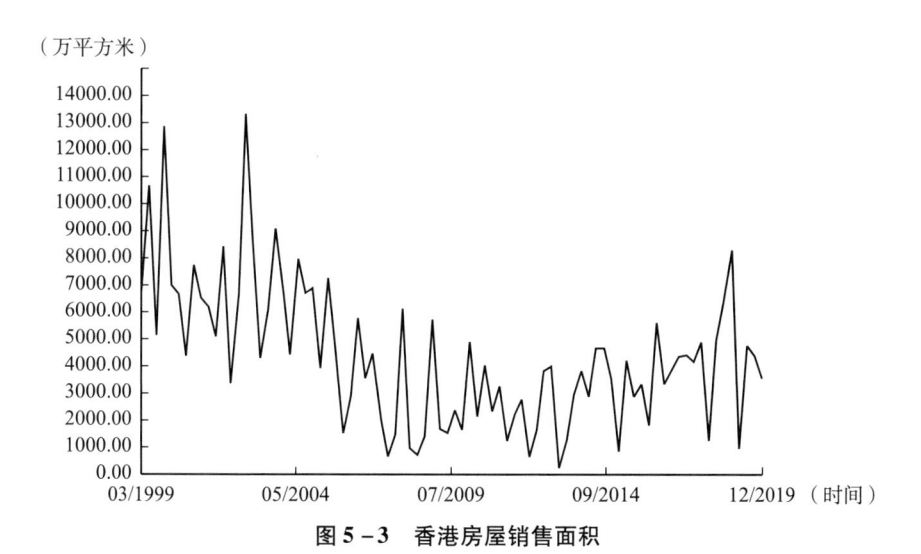

资料来源：CEIC 数据库。

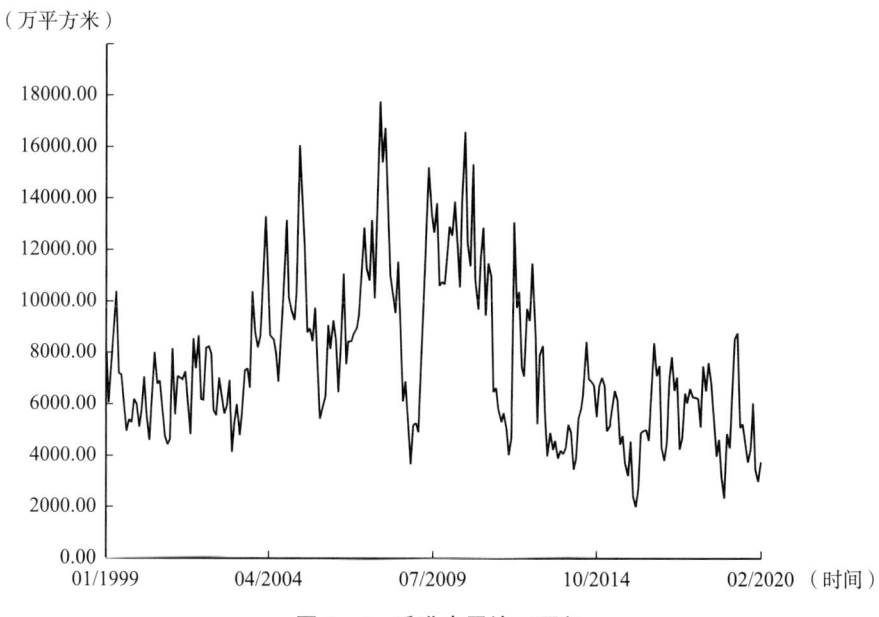

图 5-4 香港房屋竣工面积

资料来源：CEIC 数据库。

2. 投资情况

房地产市场的投资，是影响房地产业发展的重要因素，也是房地产市场供给端增长的原动力，以及供给端对房地产市场预期与态度的体现。当房地产企业的开发投资数额提高时，会增加房地产市场的供给，推动房地产市场规模的扩大，意味着房地产周期进入或正处于发展过程。相反，当房地产企业的开发投资额紧缩或大幅下跌时，体现了房地产周期所处的衰退过程。

无论是广东境内的粤港澳大湾区九大城市，还是广东省整体，在近十年期间的房地产开发投资额都呈现稳定增长的趋势，年均增幅分别为17.1%和18.3%，反映了持续且稳定的市场发展动力源，体现了房地产供给端乐观的市场预期。其中，粤港澳大湾区广东九大城市的房地产开发投资额所占全省的比例，近十年期间平均达到了84.4%，正是粤港澳大湾区作为地区经济发展引擎的一大体现，侧面反映了粤港澳大湾区庞大的房地产市场规模。对于经济相对发达的大湾区来说，房地产市场也相对成熟，在此情况下仍能够保持与全省平均水平差距不大的开发投资额增长速度，也体现了房地产市场周期远没有到达峰值拐点，依然存在较大的增长空间（见图5－5）。

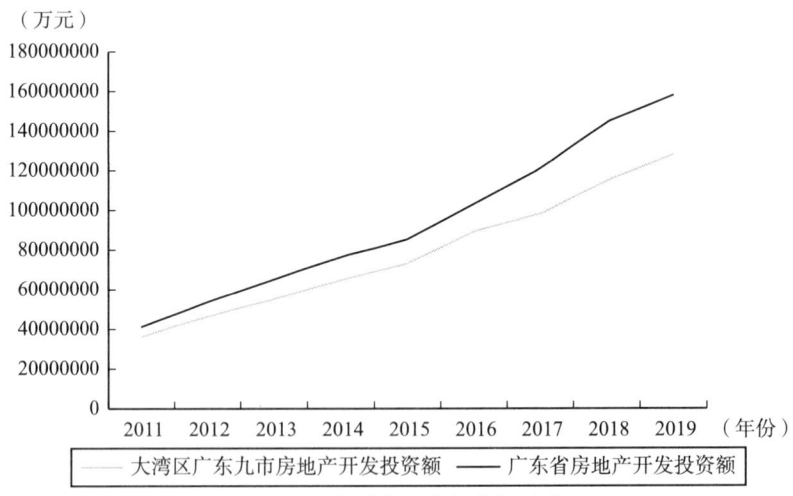

图5－5 房地产开发投资额对比

资料来源：前瞻数据库。

3. 价格预期

房地产周期的波动变化，最根本的是价格的变化，而市场对价格的预期会在很大程度上影响未来房地产价格的走势，是房地产周期的重要影响因素。价格预期将作用于市场供求双方，当房地产预期价格上涨时，会刺激房地产企业扩大开发投资规模，同时也将推动投机炒家和自用购房者的购房消费；而当市场普遍悲观使得房地产预期价格下跌时，房地产企业会暂停开发计划、缩小投资规模，而购房者也将转为观望态度，减少购房行为。房地产预期价格的走高，将推动房地产实际价格的上涨，而上涨的实际价格也将助推预期价格进一步走高，而后再次推高实际价格；相反，当市场蔓延悲观情绪之时，房地产预期价格普遍降低，从而使得市场实际价格应声下跌，导致的是市场情绪的再次悲观化，然后陷入持续下跌局面。因此，市场的预期价格与实际房价相互关联，相互作用，成为房地产周期的重要影响因素。

在粤港澳大湾区内，由于发展程度等方面的差异，广东省内城市与香港、澳门的房价表现有一定差异。由于香港、澳门地区经济发展程度较高，房地产市场较为成熟，房价水平较高，但也意味着较小的价格增长空间。香港房价指数自2010年起，呈波动上涨态势，曾多次出现指数下跌的情况，当前价格指数预期也呈现一定幅度的回落，房价未来增长趋势放缓。

澳门较成熟的房地产市场也有相类似的房价表现，近十年澳门房价指数在2014年达到241.1阶段高位后，一度连续两年下跌，而后三年增长乏力，当前价格指数同样呈现小幅回落态势，未来房价预期也将有增速放缓的可能。这在一定程度上可以反映香港、澳门房地产周期已经进入扩张阶段。

广东省整体水平以及广州、深圳两大中心城市，由于经济增长空间较大，房地产市场发展时间较短，其住宅平均销售价格水平在近20年间处于持续增长的发展态势，且未来预期仍将持续增长。其中广州市住宅平均销售价格在2010年进入万元时期以来，近十年增幅达到248%，而深圳市在2014年后进入高速增长期，五年增幅更是超过276%，年均增幅达到40%，体现了广州、深圳两大城市房地产市场良好的未来预期的态势，也侧面体现了大湾区的其他广东省内城市也有着较大的房地产市场发展空间,价格预期乐观,房地产周期仍处于较高速的发展过程(见图5-6、图5-7、图5-8)。

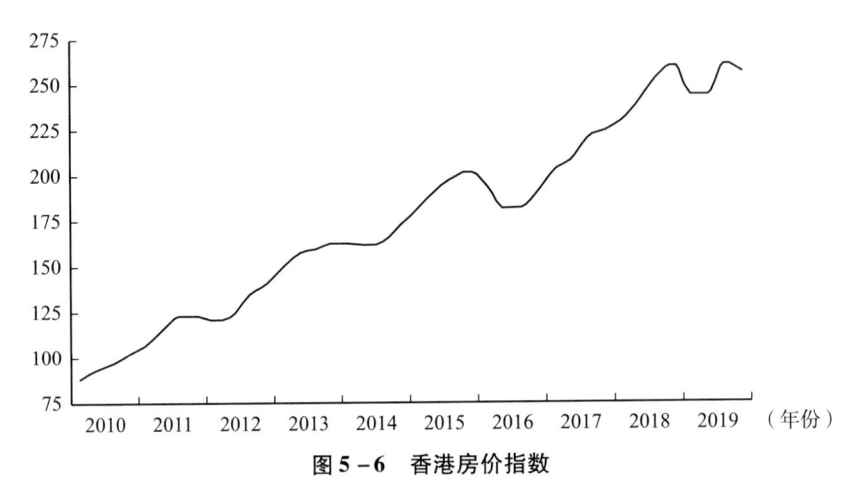

图5-6 香港房价指数

资料来源:CEIC数据库。

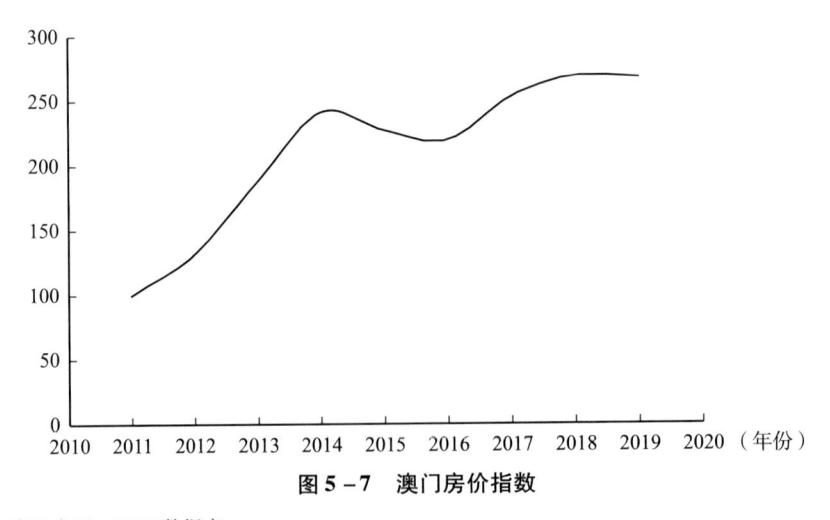

图5-7 澳门房价指数

资料来源:CEIC数据库。

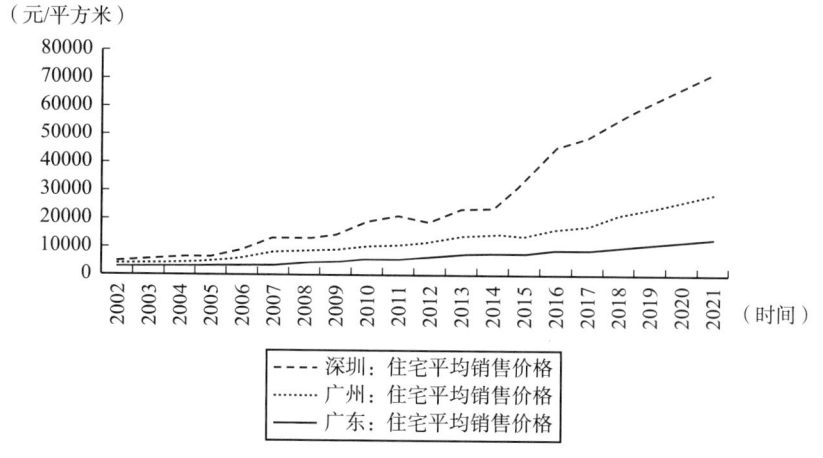

图 5-8　广东省住宅平均销售价格对比

资料来源：前瞻数据库。

（二）影响粤港澳大湾区房地产周期的外生因素

1. 经济因素

（1）经济增长。

房地产业作为一个产业链条长、行业跨度大的行业，其产业范围涵盖第二、第三产业，同时关联与建筑、建材、金融等多个行业，其发展情况可以直接或间接影响整个产业上下游几十个产业的发展。房地产市场的发展速度与地区经济增长率呈高度正相关，对国民经济有着重大贡献。同时，稳定持续的地区经济增长，为房地产业提供了完整且高质量的产业链条，也给房地产市场带来海量的投资机遇，促进房地产业的整体发展。正因为房地产业与地区经济的高度相关关系，使得房地产周期的波动变化与地区的经济增长周期存在紧密的联动关系。

由于经济发展程度、增长模式等不同，粤港澳大湾区内各地区的经济增长态势有所不同。广东九市虽然在经济增长率上有所差异，但整体发展基本呈现高速增长趋势，较高速的经济增长为房地产业的发展提供了强大的动力源以及日益完善的产业链条，同时也体现了房地产业的扩张态势。

香港、澳门地区由于经济发展较为成熟，已达到一定的高位水平，经济增长率波动变化，近八年GDP平均增速分别为5.05%和5.74%，增速较相对较低。其中，澳门曾在2015年出现16%的负增长，而当前两地也处于增速大幅放缓的阶段，与当前房地产价格指数预期呈现一定幅度回落的现象相契合，体现了经济增速与房地产周期的高度相关性（见图5-9）。

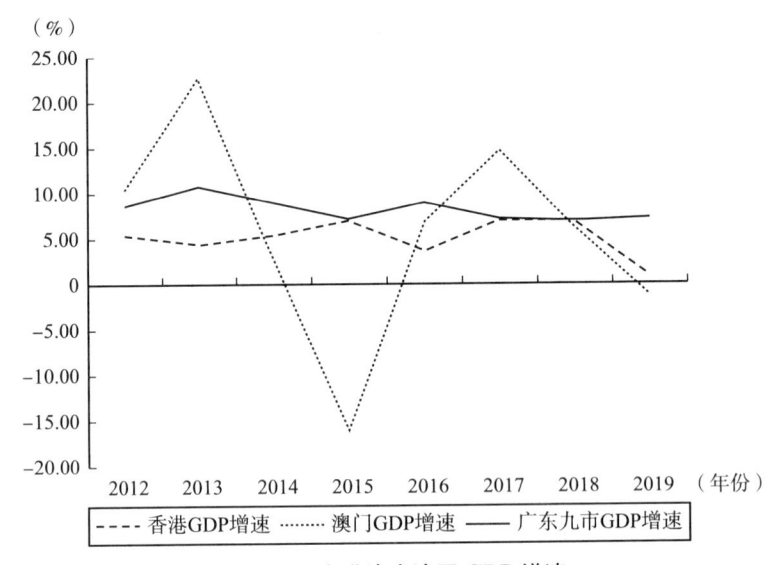

图5-9 粤港澳大湾区GDP增速

资料来源：前瞻数据库。

（2）通货膨胀。

房地产周期的波动变化表现在房价上是名义价格与实际价值的变化，而名义价格的重要影响因素就是通货膨胀率。随着通货膨胀率的上升，货币的价值会相对下降，在这种情况下，人们更倾向于投资相对保值的固定资产而不是持有货币。在有限的投资渠道限制下，人们会把更多的资金投入房地产市场中，期望未来得到跑赢通胀的增长收益，从而加剧了房地产市场的活跃程度，引起房价的波动，进而影响房地产周期的变化。

粤港澳大湾区内存在三套相对独立的金融体系，意味着存在三种不同的宏观货币市场和货币政策，因而通货膨胀率也会有较大差异。香港、澳门地区作为相对成熟的金融市场，货币政策相对趋稳，货币供应量的增长较缓和，因此消费者物价指数CPI的波动幅度也相对较小。

广州、深圳两大城市，由于货币市场和货币政策的不同，通胀情况也有所不同。自2010年起，广州、深圳两地的CPI增长均有一定波动，且年均增长率保持在2.91%和2.95%，接近宏观调控红线的3%，除极个别时段出现负增长外，两地CPI近十年均呈现持续增长态势，通货膨胀幅度相对较大。受此影响，有更多的资本投入到房地产市场，不断加速上涨的房价体现了房地产周期的发展过程（见图5-10、图5-11）。

2. 政策因素

政府宏观政策的风向变化，将对房地产业的发展方向和房地产市场的运行趋势产生重要影响，进而在房地产周期上有所体现。对房地产周期产生影响的政府政策，有不同层次不同作用面，影响效果也不尽相同。如地区发展、产业结构等政策，将直接影响整个地区的发展走势，影响宏观经济发

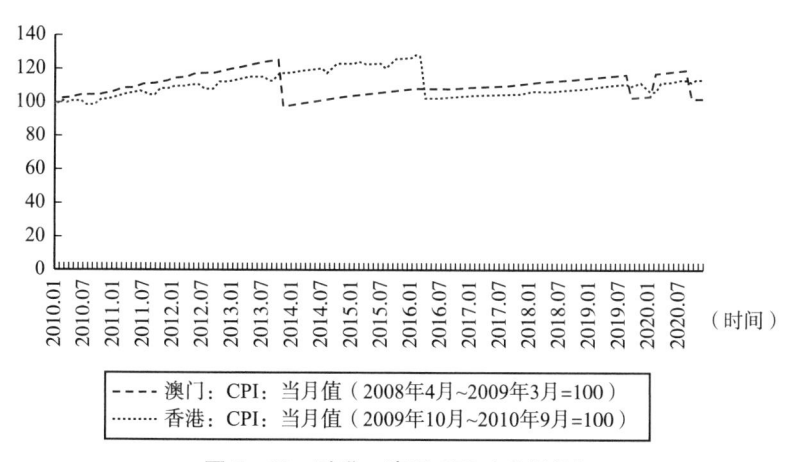

图5-10 香港、澳门CPI（当月值）

资料来源：前瞻数据库。

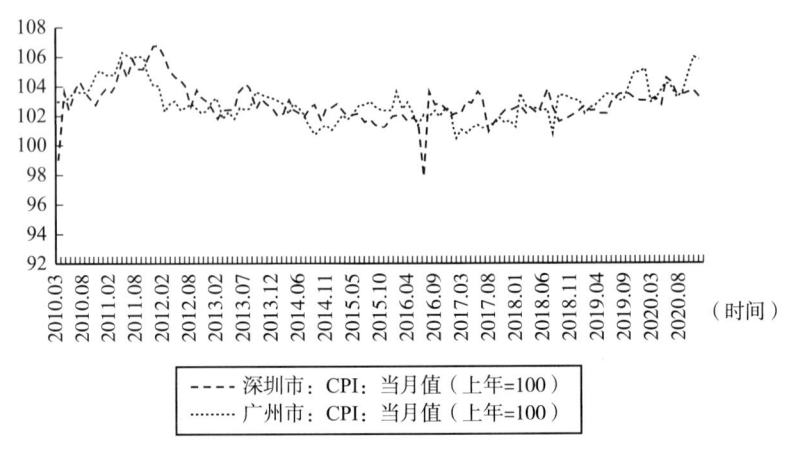

图 5-11 广州、深圳 CPI（当月值）

资料来源：前瞻数据库。

展，从而传导至房地产业。而如限购政策、落户政策等则将作用于微观个人，直接影响购房人口和购房行为的数量，进而使得房地产市场的运行发生变化。再比如房贷政策、租购权益政策等房地产相关政策，也将传递至房地产市场，对房地产周期产生直接的影响。

粤港澳大湾区作为国家级战略，政府相关政策涉及面广，影响范围大。

珠三角城市历年来对社会投资具有较强大的吸聚能力，凭借粤港澳大湾区的建设，使得大湾区城市站上了新的投资风口，对各种资源、各路资本的吸聚能力上进一步加强。在此基础上，政策导向的投资倾斜，会给地区带来充足的发展资本支持，推动地区经济发展的同时也将为房地产业提供更加雄厚的进场资金，引发市场的持续升温。目前粤港澳大湾区的产业转型升级规划正在快速推进，同时在"新一代智能发展规划"等国家利好政策的加持下，粤港澳大湾区的产业竞争力将得到进一步加强。日益增强的地区竞争力，同样为大湾区聚集了更多的投资目光，使得房地产市场的关注度持续上升，不断推高房地产价格。

除此之外，交通一体化、自贸区建设等热点政策的导向，同样为粤港澳大湾区吸引来更多的投资资本，进一步推动房地产市场的扩张发展，房价持续走高将成为当下及一段时间内的房地产周期趋势。

3. 社会因素

（1）人均收入。

在社会和城市的发展过程中，居民收入的增长所带来的不仅是消费的增长，同时也会拉动地区购房行为的增长。更高的人均收入，将刺激居民改善住房、投资置业的需求，让居民投入更多的资金进入房地产市场，房地产价格也将随之水涨船高。

粤港澳大湾区内部各城市由于经济发展程度不同，人均收入水平有着较大差异。香港、澳门地区作为发达城市，人均收入分别达到了399758.58元和184534.76元的水平，与48552.73元的广东省人均收入拉开了较大差距，因此体现在房地产市场价格上也存在较大差异，但近20年广东省人均收入的年均增幅超过23.3%，具有较大空间，房地产价格也将随之走强（见图5-12）。

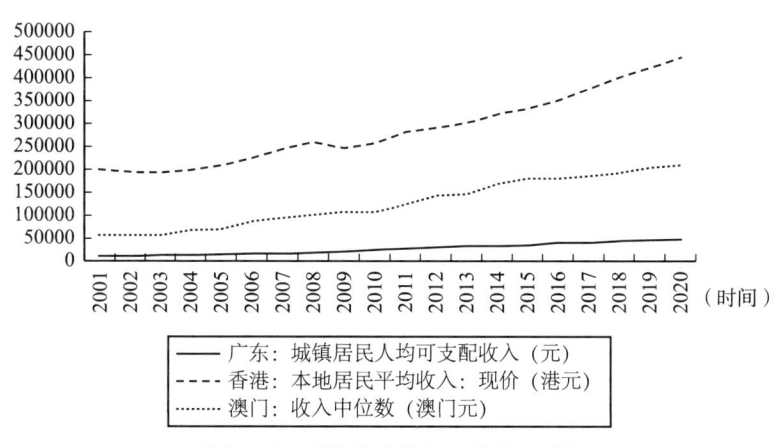

图5-12 粤港澳大湾区人均收入对比

资料来源：前瞻数据库。

（2）城镇化率。

地区城市化进程的推进，增加城市人口规模的同时，加剧了居民对城市基础设施的需求。在此情况下，作为重要基础设施之一的住房，其数量的增长与城镇化率的增长呈高度相关关系，房地产市场的热度随之升高。房地产市场需求的增加，吸引的不只是开发企业，投机炒家也会不断入场，市场供求平衡在不断调整的过程中有很大概率会出现房价螺旋上升的局面。

粤港澳大湾区作为经济较为发达的地区，其城市化进程目前已达到较高水平。其中，香港、澳门、深圳的城镇化率已经达到了100%，完成了城市化进程，而广东省城镇化率平均水平也超过了70%。庞大的城市人口带来了庞大的购房需求，直接推动了市场规模快速扩张，也推动了房价的不断上涨（见图5–13）。

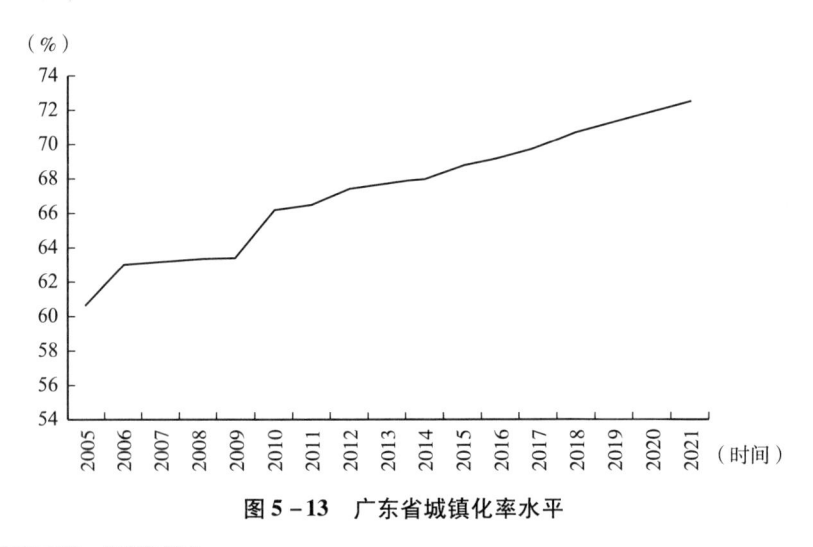

图5–13　广东省城镇化率水平

资料来源：前瞻数据库。

三、粤港澳大湾区房地产周期的阶段及表现

自1998年国务院发布《国务院关于进一步深化城镇住房制度改革加快

住房建设的通知》之后，中国于当年下半年开始停止住房实物分配，逐步实行住房分配货币化，自此打开了房地产市场大门，加速推进了城镇住房制度的改革进程，与之配套的银行信贷、土地管理等政策也相应出台，房地产业起步发展的局面初步形成。

粤港澳大湾区所处的广东地区作为改革开放前沿，通过宏观政策的传导，开启了房地产市场的发展历程，房地产周期也由此开始，经过二十余年的快速发展，粤港澳大湾区各城市的房地产业已形成了一定的市场规模。

（一）复苏、扩张阶段

在房地产周期波动的一般情况中，复苏阶段通常起始于房地产经济的最低点承接与前一时期的萧条阶段。但由于粤港澳大湾区所在地区此前并未存在过房地产市场经济，房地产业的发展从零开始，因此大湾区房地产周期的复苏阶段并不承接于上一周期，而是作为房地产周期的开端，直接由原点起步发展。

在1998年国务院推出房改最新政策之际，广东地区的宏观经济正处于高速增长阶段，近五年GDP年均增长幅度超过20%。在宏观经济持续发展和利好政策引导刺激的大背景下，房地产业发展迅速，市场规模扩展速度达到较高水平，广东省GDP的房地产业部分已连续三年增幅超过20%，其中大湾区广东九市在1999年到2004年的五年GDP的房地产业部分年均增幅接近24%，在房地产市场开放之初表现出一般情况下复苏阶段难以体现的增长速度。接下来的十余年时间内，凭借着广东省GDP年均增长达到12.84%的经济高速增长和资本市场的逐渐重视，大湾区房地产业发展动力后劲十足，在2005年至2016年间GDP的房地产业部分年均增幅仍保持着超过21%的高速增长，而这段时间内住宅平均价格年均增幅也达到了14%，后五年时间里的房地产开发投资额年均增速同样处于20.01%的较高水平，反映了房地产市场对当前发展的乐观和未来前景的期待，体现了房地产业的高度活跃程度（见图5-14）。

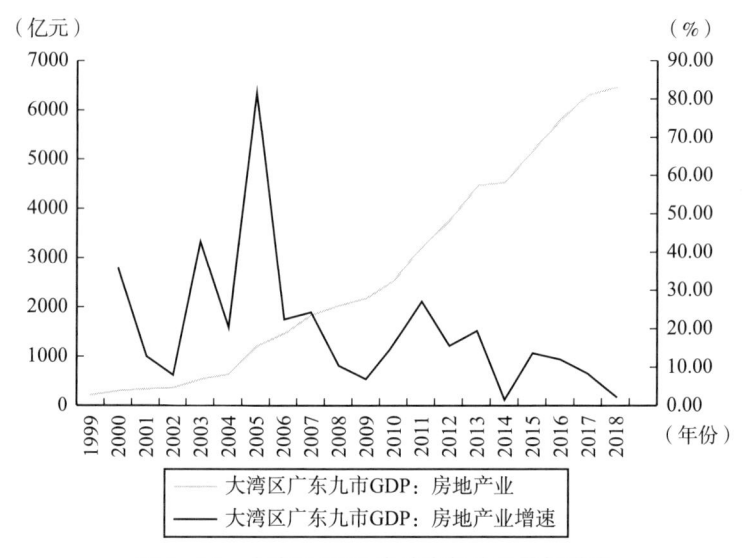

图 5-14 大湾区 GPD 房地产部分总量与增速

资料来源：前瞻数据库。

经过一段时间的快速增长，大湾区房地产市场规模达到了较高水平，投机资本的不断入场推动了平均房价的不断高企，加剧着市场内供不应求的局面。面对不断升温的房地产市场，广州、深圳市政府于2010年先后出台房产限购政策，而此时九个城市中仅剩惠州、肇庆是粤港澳大湾区广东九市里不限购的城市。在一般情况下，当政府开始出台一系列政策措施限制购房时，意味着房地产市场炒风日炽，投机炒楼行为越来越热烈，在一定程度上反映了房地产周期已经进入或正处于扩张阶段。到2019年底，大湾区的房地产市场发展态势并未呈现明显的增速放缓，也未出现大量投机炒家在火热的房地产市场内"空转"、房地产有价无市的局面，此时的大湾区房地产周期仍处于扩张阶段（见图5-15）。

（二）收缩、萧条阶段

鉴于目前粤港澳大湾区并不处于也未曾经历房地产周期的收缩或萧条阶

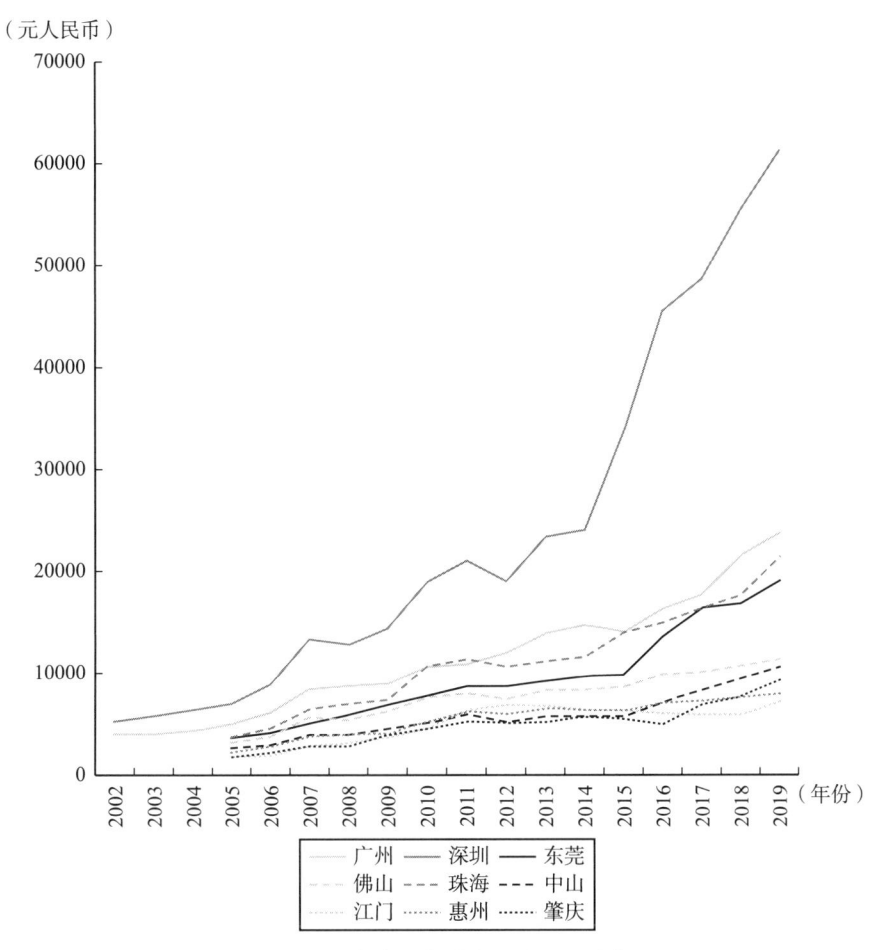

图 5-15 大湾区各城市住宅平均价格

资料来源：前瞻数据库。

段，且在一段时间内较小概率出现房地产市场大幅萎缩、泡沫破裂的情况，因此分析大湾区房地产周期的衰退过程，将参考世界不同房地产周期历史表现，提出收缩、萧条阶段的可能表现。

当粤港澳大湾区房地产泡沫达到前所未有的水平时，政府将随之出台一系列如提高贷款利率、压缩投资规模、提高按揭首付比及减少土地出让等紧缩政策，抑制炒房行为，为市场降温。当政策发挥作用之时，深圳、广州作为地区房价高地将首当其冲，因利率提高、首付比提升及财务压力加大等困难，导致两地房地产投资、交易的过程中开始出现各种违约现象，新增房地产投资数量、住房新开工面积显著下降，房地产投资热度开始出现回落。同时，房地产市场中的各类物业销售市场趋近于饱和，难以刺激需求吸引购买投资，销售难度明显增加，房地产价格开始回调。除极个别楼盘以外，房地产市场价格的总体水平已经出现下调态势，尤其是现房价格更是在降价过程中起引领拉动作用。而周边城市如东莞、佛山等地受此影响，也将经历相似的下跌过程，大湾区房地产市场整体呈现下行态势，房地产泡沫即将破裂。

此时，如果大湾区内部出现重大利空消息或突发性事件时，房地产市场受此刺激开始急转直下，房地产市场进入不断下跌的恶性循环，粤港澳大湾区房地产泡沫宣告破灭。由于先前自用购房者被挤出市场而投机炒家难以转手出售，导致市场恐慌情绪蔓延，房产持有者纷纷争先抛售房产，房地产价格开始出现暴跌。而暴跌的消极态势会加重市场恐慌情绪，阻止自用购房者和投机炒家进入房地产市场，此时房地产库存量进一步增加，大湾区市场整体价格加速下跌、范围扩大。

经历过房地产泡沫破灭的急剧痛苦过程后，大湾区房地产周期将要面临的，是漫长持久的萧条阶段。

当房地产业的泡沫成分经过持续下滑被挤出后，大湾区房地产市场在自主调节和政府干预的情况下，房地产价格水平逐渐结束急剧下跌的状态，转为波动较小的平稳阶段。此时，深圳、广州两地将再次扮演龙头角色，在企稳时期内率先止跌止损，逐步正常化。随着两地房地产市场需求及房地产开发成本的正常化，与此同时两市政府也出台相对宽松的政策，放宽对房地产投资、交易的限制，适当刺激房地产开发、购买的增长，房地产价格水平出现回升迹象。周边城市的房地产市场也将受广深两地的影响，开启房价回升通道，房地产交易逐渐复苏。至此，粤港澳大湾区结束了第一个房地产周期，将迎来第二个周期的开始。

第六章

供需钢丝：粤港澳大湾区
房地产的供求关系

在一个时期内，房地产市场的供求关系是一个地区内商品房购买热度的内在逻辑，也是地区经济发展水平的客观体现。一方面，供求关系由多方面因素决定，另一方面，它也引导着资金、土地开发等各种要素的流向。

一、粤港澳大湾区房地产市场的需求

（一）房地产需求的内涵

房地产的开发与生产从房地产需求开始，进而影响着房地产供给。房地产需求的内涵可从经济学中对需求的定义中延伸而来，即房地产需求者在特定的时间，在一定的价格水平上，愿意购买而且能够购买的房地产商品的数量。对房地产需求的理解可以从两个必要要素出发：一是购买房地产的意愿；二是购买房地产的能力。对于市场主体需要同时具备两个必要条件——有购房意愿且有购买能力，才能形成是对房地产的需求。

人们对于房地产需求的形成可以追溯至土地乃至空间的本质。由于人们的所有行为，不论是日常生活，工作办公或者休闲娱乐，都需要一定的空间支持。有了不同的空间，才能将各种活动区分开来，以提高效率。在这一基础之上，加之高速的经济发展使社会的复杂度急剧上升，人们逐渐演化出更多的需求，而不同的需求也带来了对不同空间的需求，房地产需求顺势而生，也推动着房地产的供给，一同形成了如今的房地产市场。

1. 房地产需求内涵的深入理解

（1）房地产需求的构成。

一般来说，房地产需求指的是房地产的市场需求。是指在某一市场区域内，市场主体对房地产商品的所有个别需求的总和。而房地产的个别需求，是站在经济自由人的角度解释，即指在一定时期内和某个价格水平上，单个居民、家庭或者企业对房地产商品的购买数量。作为房地产市场需求的基础，房地产的个别需求通过数量加和而得到每一价格水平下房地产商品的市场需求总量。而房地产的市场需求是分析特定地区（粤港澳大湾区）或国家房地产市场的基础。

（2）房地产的有效需求和潜在需求。

房地产的有效需求是有支付能力的房地产需求，体现投资者对房地产的现实购买力。从市场均衡论来看，房地产市场实现供求平衡的需求即为房地产的有效需求。房地产的潜在需求是指按目前社会一般生活水平计算的投资者对房地产商品应有的需求量，即过去和现在尚未转变为实际的，但在未来可能转变为实际的房地产购买力的需求。潜在需求虽然不能作为提供房地产供给的依据，但它对规划未来房地产开发规模和投资决策有重要的参考意义。

（3）房地产需求的不同类型。

按需求的性质或原因进行分类，具体可分为居住性需求、生产性需求和投资性需求。

①居住性需求。

居住性需求是为了居住而发生的购买行为，是最为本质的一类需求，也是如今房地产市场份额占比最大的部分。由于任何人都需要一定空间来进行休息与基本生活，因此这部分的房地产需求可以看作是刚性需求。当然除去最基本的要求外，居住需求还可以往更高层次延展，比如说更优质的居住空间，更完善的周边设施与环境、更加个性化的要求等。因此居住性需求是由刚性的基本居住需求与弹性的享受需求组成。在房地产市场中，可以把廉租房等政府管制的商品看作满足基本居住需求的住房，而其余的房产类型则具有一定的弹性。

②生产性需求。

生产性需求是为了生产而发生的购买行为。生产者为了生产经营，需要相应的部门场地作为硬件支持，如工厂厂房、办公大厦、购物中心等。生产性需求的一大特点是区域面积或体积相对比较大，这是由于规模效应的存在驱使生产方进行大规模的生产活动而导致的。由于需求的体量较大，因此个性化定制的成本会被摊平，房地产商按照客户要求进行开发。

③投资性需求。

投资性需求是为了财富增值而发生的购买行为。由于房地产商品作为不动产，长期来看具有很好的保值能力以及增值潜力，因此很多人会将财富贮存于房产之上，以作投资。房地产的投资属性是根植于前两类需求之上的，即房地产的居住与生产属性构成了房地产市场的基本面，当房子失去了这两项功能，所谓的投资就会沦为空中楼阁。投资性需求还会衍生出投机性需求，这类需求便是寄托于短期内的房价变动能够为自己带来收益，并且不顾其中蕴含的风险。在一个健康运行的市场中，房地产市场的投资是必要条件，由于房地产的开发周期长、商品价格高等特点，如果没有大额资本对其进行提前投资，整个市场将无法很好地运行。无论投机与否，投资行为都为人们的居住需求提供了很好的缓冲带，是房地产市场很好的润滑剂。

2. 房地产需求的特点

由于房地产的特性，相较于一般商品需求具有自身的特点，可分为区域性、层次性与连续性。

（1）区域性。空间上的差异性会带来不同的经济效益，因此每一个房地产商品从区域的角度看都提供了不一样的价值。城市面积、人口的流动性与地区的区域性特征成反比。同一城市的不同地段，即使是同样的房地产，由于地段不同，需求相应也有很大差异性，这也就很好解释了为什么一座城市的中心地带总会伴随着更高的房价，但需求仍然很旺，因为黄金区域能为人们的生产生活提供更多的价值，反过来为了享受这部分价值也需要支付更高的价格。从演化的角度看，正是不同的需求带来了商品的差异，而房地产商品的差异也会直接影响区域的差异，反过来作用于需求的演变。这种循环作用效果可能会带来产业在某一区域的集聚效应等。区域性的差异可以被其他技术手段缓解，如更加便利的交通或者更快的信息传递，但都无法从根本上消除区域性差异的存在。

（2）层次性。房地产商品在需求层次上的跨度比较明显。根据马斯洛的需求层次理论，在经济发展过程中，人们的需求会从低阶逐渐往高阶进展。对于每个人来说，房地产都是不可或缺的资源，因此在房地产市场上会分化出满足不同消费水平人群的商品。较低收入水平人群会首先要求最低的生存需求，追求房子的实用性；较高收入水平人群才会在前者基础上追求房子的舒适美观等个性化需求。具体在住房市场上的表现就是贫民窟、城中村、花园小区、海景洋房等不同价格的商品。虽然区域性也会带来不同的价格，但属于市场对于不同的区域条件所定的理性价格，而层次性带来的价格差异偏向主观性，并不一定以理性为前提。

（3）连续性。房地产商品的使用周期相对较长，人们的需求在长期是持续存在的。人们对房地产产生需求的深层次原因是跟随社会发展的需要，房地产是整个社会发展的前提，也是每一个人融入社会发展的条件。所以只要经济能够持续发展，人们有着良好的预期，房地产的需求就不会消失。但也存在一定的局限性，若社会经济发展出现重大冲击，如战争、瘟疫等各种因素，房地产需求会出现短期的间断性。

(二) 大湾区各地区房地产需求的特点

粤港澳大湾区虽然在地理位置上互相连接，经济发展也有着紧密的交流，但由于经济情况、地方政策、当地文化、地理条件等的差异，其房地产市场所表现出的需求也具有不同的特点。

1. 大湾区未来房地产需求空间巨大

随着大湾区经济的增长，人口的流入增速不断加快，这导致了住房缺口问题愈发紧张。从近三年来的数据来看，粤港澳大湾区的平均人口净增加额为150万，此外，人口流动方式上也发生了较为显著的变化：从以前的个人流动为主逐渐转变为以家庭流动为主。《中国流动人口发展报告（2015）》显示，我国的人口流动已经展现出了新的方式：在已婚新生代中的流动人口中，近九成是夫妻同时流动，其中有60%选择与配偶和子女一起流动。由于流动人口规模的不断增大，以及家庭为主体的流动人口结构，相比于单独个体对居住的高忍受度而言，家庭流动人口在居住的空间及环境上有着更高的要求。《中国流动人口发展报告（2015）》中的数据显示，在新生代流动人口中，"80后"所占比重为35.5%；其次是"90后"，占24.3%，流动人口主要是青壮年。随着经济发展的进一步深化，流动人口集聚效应的加强将进一步推动城镇化及城市群的发展，而珠三角、长三角、京津冀、长江中游和成渝城市群将是五大主要人口流入地区。从城市群流动人口的发展趋势来看，长期居留流动人口上升，意味着流动人口变常住人口增多。粤港澳大湾区作为国内经济增长的重点以及高新技术的集合地，吸引了众多不同层次的人们到大湾区寻求工作和发展机会，这也是大湾区房地产需求增加的直接原因。

大湾区在应对房地产大需求时，仍存在几点问题。首先，粤港澳大湾区的住房自有率不高，在大湾区中的十一座城市中，住房自有率高于60%的只有三座城市，其中核心城市深圳仅有23.7%。相比全国平均水平，粤港澳大湾区的住房自有率还相差甚远。其次，大湾区内的平均居住品质不高，由于土地资源的限制，房地产商品的规划有一定的难度，需要更长远的战略前瞻性。而大湾区内存在众多的"城中村"，这些住房的品质较新房有一定差距，并且对其进行改造进而扩大需求，也是大湾区内各城市关注的重点，后期大量的改善需求还有待释放。

随着城市的规模扩大，新房的供应基本处于郊区，且供应不如二手房充足和及时，市场购房需求逐步向二手房市场转移。再加上换房人群数量不断增大，二手房逐渐成为房地产交易的主要部分。目前粤港澳大湾区的二手房将成为居民解决居住问题的有效途径。预计到2025年，大湾区的二手房交易市场规模将占据全国的18%，高达2.2万亿元左右，以年均1300亿元的增速发展。

2. 大湾区的需求向核心城市集中

人口向大都市集聚是城市化发展的充要条件和必然规律。大湾区中的深圳、广州作为核心城市，人口吸引力最强。从2015年开始，广州常住人口开始大幅增长，到2019年已经连续五年每年人口增长超过40万，其中2016年的人口增量达54.24万。深圳2020年全市常住人口为1756万人，与2010年第六次全国人口普查的1042万人相比，十年共增加714万人，年平均增长率为5.35%[1]，但从人口结构来看，深圳人口中原籍为广东的低于两成，八成以上属于"新深圳人"。

从市场规模和发展潜力来看，粤港澳大湾区的房地产市场依然有充足的发展空间，住房的需求释放以核心城市为主导，因此优先缓解核心大城市的住房压力，是解决大湾区住房问题的关键。从单个城市来看，未来三年广州的新房供应量最大，广州土地储备充足，未来人口增速较大，新房市场还有较大的发展空间。深圳因土地供应减少，尽管对新房的需求较多，但未来新

---

[1] 深圳市统计局：深圳市第七次全国人口普查公报，http://www.sz.gov.cn/zfgb/2021/gb1199/content/post_8806392.html。

房发展空间不大，需求会向东莞、惠州转移，这两个城市有望受益深圳人口住房需求的外溢效应。

3. 城市群不同市场结构影响引致不同需求

大湾区中的三个核心城市——广州、深圳、香港，虽然位于同一城市群，但房价和需求特征都表现各异。从房价收入比来看，广州最低，香港次之，深圳位居最前；就房价绝对水平而言，香港处于国际领先位置，大幅高于其他两个城市，是深圳的2.7倍，而广州位居末尾；从房价上涨幅度来看，深圳涨幅最快，广州次之，香港最为稳定。

（1）广州的住房市场以房屋交易为主。

2015年广州全市拥有55%的住房自有率，以及41%的租赁人口，2018年全年房屋交易市场成交额（GMV）占比近九成。从供给端来看，住房供给结构较为均衡，近十年来一直维持着新房和二手房各占五成的市场格局。总体而言，广州的新增住房量供给较为充裕，改善性住房需求可以得到满足，此外，广州房价上行压力较小，对于首次购房人士相对友好。

（2）深圳的住房市场以二手和租赁为主。

由于深圳的住房自有率低，2015年深圳住房自有率仅24%，购房类型主要是首次置业。由于新房供应不足，二手房成交占比保持在7成左右，交易乘数较大，房价容易快速上涨。相对成熟和发达的私人租赁市场是深圳房地产市场的最大特点，深圳以73%的租房居住人口占比，超过了纽约、洛杉矶等国际都市。根据2018年的数据显示，深圳租赁GMV高于新房GMV，在整体房地产市场中占比三成。而私人租赁市场是租赁房源的主要供应方，其中较大部分来自以租金相对低和高性价比著称的城中村。从住房存量结构中可以看到，原村民以集体经济自建的房屋占比为39%，城中村贡献了65%的租赁房源。

（3）香港是以二手房和公营住房为主的市场。

与内地城市的高自有率不同，香港的住房自有率仅有49%。新房在住房交易市场中供应严重短缺，使得二手房交易占比七成以上，最高甚至可达到九成，对二手房市场的高度依赖使得房价极易受到二手交易市场的影响。与内地不同的是，政府和公营机构所提供的公营住房成为香港租赁市场的主导，2016年香港有接近45%的人居住在公营住房，近三成的居民选择生活在公共租赁住房，占比高于私人租赁住房人数，且大幅高于内地一线城市中选择公租房的居民占比。香港的私人租赁住房则明显低于内地其他城市，仅有17%的家庭居住在私人租赁住房。

通过以上分析广深港三个大湾区核心城市的房地产市场结构及其表现，可以得出大湾区房地产需求端的两个显著特点：第一是私人租赁市场越发达，购房需求在市场中的集中度越低，房价上涨压力便会缓解，反之亦然；第二是若一级市场的新房供给无法满足需求，住房需求便会转移到二手房交易市场，这便会加大整体房价上涨的压力。

（三）大湾区各地区房地产需求的影响因素

对于大湾区的各个地区而言，影响需求最根本的因素便是当地的经济基本面情况，即经济发展与城市化水平、居民收入水平与消费结构、城市人口数量与家庭结构等。以上因素构成了当地房市的基础框架，是支撑房价的坚实地基。除了基本面因素外，另外一项重要的影响因素便是当地政府的相关政策条件。政府通过自身的宏观调配力量，降低相关的市场交易成本，较之市场的缓慢调节，可以在短时间内对房市的供需结构产生重大影响。此外房地产价格本身也会对需求产生一定影响。最后还与当地社会的生活习惯与文化有关，反映不同地区人们的价值观取向差异，而带来迥异的需求情况。

1. 房地产价格

在同等条件下，房地产价格的提升会对购房者的需求产生抑制作用；反之，房地产价格下降，会促使投资者对房地产商品的需求量增加。房地产价格对房地产需求的影响是一项复杂的因素，因为房地产自身是特殊的商品，兼具多重交叉领域的属性。其中大湾区在广东的9座城市中，近年来房价均明显上涨，整体涨幅在30%左右。对比2018年的房价，2019年肇庆以40%的涨幅位居第一，其次是江门、中山、佛山和东莞，涨幅均超过30%。惠州和珠海涨幅相对较慢，仅13.96%和7.08%。大湾区的另一核心城市——澳门的经济流动量相当庞大，一旦资金的流通比较大，就会影响市场经济的发展以及房地产经济的发展，整个澳门的房地产价格都处于一个上升的状况。

湾区的发展自然会增加人口密度，使核心城市房价优势不可动摇。广州、深圳、香港、澳门，这些核心城市聚集人口，房价都远远高于周边但粤港澳大湾区未来若按照平面化发展后，产业得以优化配置，每个城市都各得其所、各具特色，发展也被拉动起来，能够平抑核心城市的房价。但房价具体的走向，和每一个城市最终的软硬件的实力、宜居的程度、吸引力等都有密切的关系。针对房价持续走高的趋势，广东各地方政府已相应采取了一系列措施来抑制打击各种炒作土地、房产等投机行为。而在粤港澳大湾区规划出台之后，湾区各级政府也在继续保持"房住不炒"的政策基调，政策的核心在于金融稳定，严格管控购房加杠杆行为，防止泡沫继续扩张。

2. 居民收入和消费结构

居民收入与房地产需求呈正向变动的关系，而居民的可支配收入是影响家庭各类需求的最重要因素之一。从住宅需求的角度看，在房价一定的前提下，居民的收入水平和支出结构对住房需求有很大的决定性作用，消费开始倾向于"住"和"行"上。

住房制度改革后福利房取消，商品房成为主导，城市住房市场化后的广州居民的居住条件有了大幅提升。广州市的城镇居民消费支出高于全国平均水平，呈波动上升的趋势，其中居住消费支出增长较快，这是房地产市场快速发展的结果。

从居民生活水平来看，近年来，深圳居民人均可支配收入呈增长趋势，2022年，深圳居民人均可支配收入72718元，比上年名义增长2.6%。从消费支出结构来看，2022年深圳居民人均消费支出44793元，居民人均居住消费支出12296元，占比为27%。① 香港已经连续五年被评为全球房价最高的城市，面对天价的房价，租房成为了大部分香港人的选择。香港是全球租金占薪资比例最高的城市之一将近一半的收入用来支付房租，这样的消费结构变化也直接影响大湾区房地产业的发展。

3. 区域经济发展水平与城市化水平

房地产需求水平与区域的经济发展水平呈现一种正相关的关系，经济发展水平高、速度快，相应地能够促使其房地产的需求水平提高以及快速增长，反之则相反。在经济发展的快速时期，一方面，房地产业需要超前发展以提供固定资产支撑，如支持企业和经济组织对工业厂房、商铺和办公用房等需求扩大。另一方面，随着社会经济的发展，居民收入和可支配收入增长加快，无论是房地产的生产性需求还是消费性需求都随之加大，这推动了房地产业的进一步发展。因此，区域的经济发展水平会直接影响到房地产的需求。

城市化是目前中国房地产业发展最大的内在动力。从改革开放后，中国城镇总人口保持着每平均两年接近1%的增速，而近几年都保持在1%上方。我国的城镇化率已逐步接近中等收入国家的平均水平。未来30年以城市群、湾区为重心的城镇化将成为中国经济的最重要动力之一，而粤港澳大湾区将成为其中的典范。粤港澳大湾区近来出现逆特大城市化现象，在城镇化率越高的地方，居住、消费和工业都会远离中心城市。另外，周末出城消费、郊区消费，全国消费郊区化的现象也已经非常普遍了，这是带动珠三角农村经济发展的重要因素之一，同时也是逆城镇化的主要表现。城市之间的竞争应该市场化，减少用等级划分的方式，集中在核心区域发展，因为土地成本会随着空间变化而变化，也会影响对房地产商品的需求。

---

① 国家统计局深圳统计队：2022年深圳居民人均可支配收入增长2.6%，http://gdzd.stats.gov.cn/szdcd/sz_tjfx/202302/t20230216_180683.html。

4. 经济政策

房地产需求还会受到相关经济政策的影响，从宏观调控角度来看，房地产政策一直是政府对房地产行业整体和结构优化方面最为有效和直接的调控手段之一。大湾区的经济发展会带来对写字楼、商业营业用房、工业厂房等生产经营性和服务性房地产需求的增加。而大湾区内相应的产业发展和规划政策直接影响着房地产行业与其相关产业的整体结构，甚至决定了房地产行业在整个区域甚至是国民经济中的地位。另外，政府在财税、金融和投资等方面的相关政策，也会较大影响到房地产行业总体的投资规模和结构。此外，也可以通过调节生产性需求的价格、税收、利率等，引导投资者和消费者的行为和态度。从根本上说，无论是投资行为还是消费决策行为，购房者都会受到真实或者潜在的需求驱动以及外部环境的影响，比如现实支付能力，此外也存在相关的货币政策的刺激，因此货币政策成为了影响生产性需求的直接杠杆。

《规划纲要》将促进大湾区产业升级转型，带动土地价值和用地需求上升。东莞、深圳的土地开发强度都在40%以上，远超国际警戒线，在高强度的土地开发下，土地的使用将更节约并向外围城市扩展。此外，佛山、广州、珠海等城市土地开发率也接近两成；而中山、江门、惠州和肇庆的行政面积大，土地开发率相对较低，比较适合扮演承接大城市产业转移的角色。而在产业转移过程中的土地和房地产价值将会获得更多的提升空间，这也促进了大湾区对房地产的潜在需求。近几年来，以深圳先行示范区为代表的大湾区各级政府，在科创发展方面给予的政策支持力度不断加大，财政拨款充裕、融资环境改善，使得2020年粤港澳大湾区房价始终坚挺，预计上涨幅度较大。为促进房地产市场健康发展，其中澳门特区政府推出新一轮房地产市场需求管理措施，包括取消出租房屋因空置而获豁免房屋税的规定，以及向取得非首个居住用途不动产者加征5%或10%的印花税。

5. 人口数量及家庭结构

粤港澳大湾区的发展，自然会使大量的人口流入，使人口密度增加，住房的需求从而也会增加。大湾区城市群中，广州的常住人口数量最多，其次是深圳，两城市的常住人口规模均超过千万；从人口增长速度来看，珠海市的常住人口增长最快，其次是深圳和广州，此外，其他各市的常住人口均呈现正增长，粤港澳大湾区城市的人口吸附力较强。从粤港澳大湾区城市用户的跨市出行指数来看，珠海市最高，即珠海用户的跨市出行活跃度最高，此外，澳门、中山和佛山用户的跨市出行活跃度也较高。从与湾区整体人口联系强度看，广州、深圳的人口联系强度最高，担当着人才流动中心的角色，与其他城市的人口联系最为紧密。广州、深圳、佛山、东莞的工作用户流动占比较高，具有较多跨市通勤用户，各市奔波通勤的用户，在这些城市的人口流动中，购置自有住房的人士有所增多，在各领域的一些职业经理人较为长期地驻外工作的情况下，也会考虑在当地购置房产，这些因素都会影响大湾区的房地产需求。

从粤港澳大湾区区域内部来看，广东省的城市中，市内人才的流动率高于跨城市流动率的城市有九个。而流入深圳、广州、佛山、珠海、东莞、惠州等城市的人才数量占全湾区的人才流动的50%以上，其中广州和深圳人口流入和留存的趋势最为显著，流入两市的人才分别为76.95%和72.02%。粤港澳大湾区的远景规划，将释放巨大的改革制度红利，支持高素质人才大量引进，为房地产市场提供了更为坚实的需求支撑。

另外，家庭人口结构的变化也深刻地影响着住房需求。随着城市化进程的加快，家庭人口结构逐渐"核心化"，即主要为父母和未婚子女构成的"核心家庭"，这样的趋势使户均人口数量下降，家庭规模小型化，家庭规模越小，人均住宅消费面积越大（公摊面积变大，效用变小）。还有一部分人，名义上属于一个家庭，实际上独立生活，独自居住一套住房。也就是说，即使人口总量没有增长，家庭结构逐渐精简小型化的趋势同样会使住宅需求增长。

6. 生活方式的变化

生活方式往往可以反映出一个人（团体）的价值观、道德观和世界观，生活方式的变化对房地产市场的影响也日益加深。首先是社会关系模式的转变增加了房地产需求，比如婚姻理念与关系以及核心家庭结构的变化等。随着经济的发展以及社会压力的增加，离婚率逐年攀升，理论上来说，离婚对家庭房子的数量上要求一般在两套或以上，有时也会出现将住房留给后代或者父母使用，夫妻离婚后各自租房或重新购房，因此在一定程度上提升了住房需求。最后，现在年轻人的婚姻理念已发生变化，结婚后通常不会选择与父母一同居住，独立住房作为结婚条件等，这些情况也增加了住房需求。其次，赡养老人等社会关系的转变也带来新的房地产需求。如今老人需要被接到年轻子女身边照顾时，在条件允许的情况下子女会考虑给老人重新购置一套房。再次，随着经济发展，跨地域公司即从业人员需要在多个地区置业，从而带来额外的房地产需求。最后，社会上也存在着非婚姻家庭，他们以"类家庭"的形式存在，他们也是房地产的使用者和影响者。比如很多情侣虽然没有结婚，但是以同居的形式生活，从住房占用的角度来说，依然是以家庭的方式存在。即使只是租房的增加，也会间接地传递影响到住房直接买卖市场的供需，进而影响投资需求，尤其是教育资源的紧张也会带来的学区房的需求上涨。尽管各类因素影响房价的方式和程度不同，但一旦影响因素被叠加在一起时，其对住房市场的影响程度或许比城市化水平更大。

二、粤港澳大湾区房地产市场的供给

（一）房地产供给的内涵

市场对于房地产的需求会催生房地产供给，根据经济学对于供给的定义，可以将房地产供给定义为：房地产商品生产者在特定的时间内，在一定价格条件下，房地产商品生产方愿意且能够提供的房地产商品数量。

1. 房地产供给内涵的深入理解

（1）房地产供给的构成。

通常，从房地产市场的角度对房地产进行供给分析，房地产的市场供给是以房地产的个别供给为基础，经过数量加总而得到的每一价格水平下房地产商品的市场供给总量。房地产的个别供给是在一定时期和价格水平上，单个房地产商品生产者对房地产商品的供给数量。房地产的市场供给是分析特定区域和国家房地产市场的基础。

（2）房地产的有效供给和潜在供给。

从微观角度讲，房地产市场中能够满足投资者需求、目前或者不久后会进行交换的房地产供给量。现实中，供给量有部分房地产或因地段偏僻交通不便，或因房型设计不合理，或因售价太高，而难以实现销售，进而不能归为有效供给。因此，现实中的房地产供给不一定是有效供给。宏观上来说，当房地产市场供应与需求达到均衡的时候的总供给为有效供给。此时的供给不仅适应需求，而且结构有效，因此形成了有效的总量。房地产的潜在供给是指在一定制度条件下，利用现有资源可能开发出的最大房地产供应量，即最大开发能力限制下的供应量。潜在供给是房地产供给的来源，但由于现实中，总有一部分潜在供给会因为各种原因形成滞存，而不可能使其全部转化为房地产的有效供给。

2. 房地产供给的形成进程

房地产商品的供给需要经过三个生产阶段，相应地可以分为三级市场，包含了将生地、毛地开发成熟地的一级市场；在熟地上进行房地产项目开发与销售的二级市场；对已售出的商品进行出租、抵押等二手交易的三级市场。

一级市场是所有房地产商品供给的必要基础，它需要将未经开发且无房产建设条件的生地或毛地开发成熟地，即"三通一平""五通一平""七通一平"的土地。只有在经过土地平整以及配套基础设施搭建的过程后，土地才能够投入到下一阶段的房产开发中。在我国，除了少部分农村集体所有土地外，大部分的土地均归国有。因此一级市场中，一方交易主体就是政府，由国家向有资质的土地开发企业有偿出让土地的使用权，所有权仍然归属国家。由于国家依法享有土地所有权，所以一级市场可以被称为国家力量垄断和主导的市场。

二级市场指房地产开发企业取得土地开发权后，在其上进行房地产项目开发建设以及其后的销售服务环节。在三个阶段中，这是牵扯范围最广、协调难度最大的部分。首先需要向各级政府部门进行报批审核；其次需要与多方产业合作开发，如金融业、建筑业、广告业等；最后需要将项目内部的各种力量协调管理，才能保质保量地完成整个房地产项目开发。在经过漫长繁杂的开发阶段后，房地产商品才可以进入市场流通。

三级市场是房地产市场自发形成的填补需求缺口的现象，主要表现为租赁市场与二手房市场等。三级市场行为通过在时空维度上拆分商品价值，很大程度地缓解了房地产市场供不应求的局面。

3. 房地产供给的特点

与一般商品不同，房地产商品是国民经济中最为重要，体量也是最庞大的一类特殊商品。因此房地产供给也与一般的商品供给市场有显著差别，主要表现为垄断性、土地刚性与投资风险性。

（1）垄断性。

由于我国实行土地公有制，除了少部分农村集体所有地外，城市土地的所有权属国家所有，由各级政府具体行使使用权转让，并成为房地产项目开发所需要的土地资源的唯一供给者，垄断一级市场的土地供给。通过把控房地产供给的源头，政府对房地产市场的调控力量比其他市场要更显著。同时，二级市场由于规模壁垒等原因，每个城市的房地产商的数量也是有限的，具有较高的垄断性。

（2）土地供给刚性。

自然供给和经济供给共同组成了土地供给。其中自然供给也叫作土地实质供给或土地物理供给，即人类可以从大自然中利用的土地资源总量，不管是对于单一区域还是全球而言，这些数量都是固定不变的。土地的经济供给是指经过人类投入劳动进行开发后，成为人类可以直接用于生产、生活等的土地供给，即在有限的自然供给上对其进行人为的劳动，而释放出更多的资源供人们使用。经济供给是有弹性、可变化的，随着社会经济的蓬勃发展，人类对土地的需求量很可能会越来越大，土地的供给缺口便会越放越大，但同时，人类对土地利用的知识积累和技能也随之提高，可利用的土地范围扩广，增加土地的利用率，进而使土地的经济供给增加。由于土地资源始终是有限的，因此在考虑房地产的供给问题时，要不断提高土地集约利用的水平。

（3）投资风险性。

由于房地产作为一种特殊的商品，其本身的大体量、开发周期长等特点增加了投资的不确定性。一般房地产项目的开发前后都需要投入大量的资金，且项目从构思到销售阶段期间耗时往往在1年甚至数年以上。高额资本投入加上滞后的价值实现，将房地产供给的风险一起放大，使得房地产市场容易产生供给结构性短缺。

（二）大湾区各地区房地产供给的特点

1. 核心城市的住房存在供应结构失衡的问题

外来流动人口以及年轻人住房难、住房贵，是大湾区主要城市的住房核心问题。其主要表现为住房价格难以支付、居住品质低两个方面。大湾区内日益增长的房价使得投资者和消费者都面临严峻的不可支付问题，影响房地产的潜在供给。另外，由于土地资源有限以及城市规划等问题，大湾区内仍存在高龄房屋，使得居住品质不高。比如从深圳的住宅结构来看，城中村数量约510万套，占比接近50%，居住人口约为1500万，占深圳总人口的75%，对于城中村的居住环境而言，具有很大的改善空间。具体原因如下：首先，地理空间有限。截至2021年12月31日，深圳市的土地开发率已经达到100%[①]，土地供应已非常有限。其次，住房的供应主体方过于单一：土地供应全部来自政府，商品房供应全部来自供应商，商品房用地全部来自招拍挂。最后，房屋存量利用效率有待提高。在深圳的存量住房中，产权不清晰的住房占比较高，仅四分之一的存量住房可以进入市场流通，致使存量住房流通率低。由于房价上涨速度过快，提升了拆迁成本和难度，因此传统上以推倒重建、提升容积率为主的供应量增加方式也难以为继。

2. 制度协同待完善，供给流通不足

粤港澳大湾区内跨境协作相关机制的探索发展力度不大，区域之间的融合政策机制探索力度小，区域融合政策供给不足，这都对三地的营商环境、法律法规、市场标准、行业监管、职业资格认证以及社会管理等方面有所阻碍，同时也减少了大湾区内的要素以自由、合理、有序的方式流动。

另外，在资金流动上存在多重管制。我国在对资金跨境流动的管制之下，内地企业和居民进行跨境贸易和投资需要经过香港的银行和金融机构，而这也面临了诸多限制，使得内地与港澳之间的贸易受到了一定程度的阻碍。其中也包含对房地产市场的投资，在一定程度上抑制了对港房地产的供给，使大湾区未能高效利用香港国际金融中心的优势。

---

① 广东省自然资源厅：广东省自然资源厅关于2022年度广东省开发区土地集约利用监测统计结果的通报，http://nr.gd.gov.cn/zwgknew/tzgg/gg/content/post_4122485.html。

(三) 大湾区各地区房地产供给的影响因素

1. 房地产价格

房地产供给量与房地产价格之间存在正相关的关系，即房地产供给量随着房地产价格的上升而增加，随房地产价格的降低而减少。作为影响房地产供给的主要因素，在成本不变的情况下，房地产开发企业的盈亏情况和盈利程度由房地产价格决定。所以，在某个特有价格水平之下，房地产的供给会受到抑制，而在这个价格水平之上时，房地产供给才会得到提升。

2. 房地产开发成本

房地产的开发成本对最后的利润起决定性作用。在开发期间，大量资金、劳动力、技术等各种生产要素将会被投入，而这些生产要素的价格直接决定了开发成本。当要素价格提高时，对应的开发成本随之提升，在其他因素不变的情况下，开发商的整体利润将被压低，这便导致在下一轮生产周期中，房地产供给将受到抑制；另外，比如设计能力和建筑技术水平的提高会促使房地产开发成本下降，在房价等其他因素不变时提高房地产开发率，促使房地产供给量在下一轮生产周期中提升。

随着我国人口红利的递减，劳动力的成本逐渐增加，虽然增加了大量企业的用工压力，但劳动力成本上升对资本密集型和小规模企业也具有创新促进作用。粤港澳大湾区人口总规模占全国约5%，创造了超过12%的全国GDP总量，人口集聚的经济效益十分显著，人力资源丰富，人口年龄较轻，劳动力人口比重高，更有发展活力和后劲。但粤港澳大湾区的劳动力主要靠外省输入，近几年来，用工荒频频出现，即使工资和福利待遇不断提高，招工难的问题依然未得到缓解。此外，由于不断爬升的城市房价，大湾区对人才的吸引力被一定程度削弱。而面对生产要素成本居高不下的情况下，低端产业逐渐向外扩散转移，而创新能力欠缺又导致高端产业发展不足，容易出现产业空心化问题。这些因素对大湾区的房地产的有效供给和潜在供给都存在直接的影响。

3. 城市土地的供给数量

房地产商品的特性在很大程度上是由于土地的特殊性导致的，有地可用是受制于房地产商品供给的天然上限。大湾区内各个区域的房地产市场活力与土地使用情况的不同，各地的供给水平除了在现阶段表现不同外，在未来可能也会有不一样的预期。在粤港澳大湾区快速发展的背景下，一面是湾区不断提升的居住需求，而另一面却是不断缩小的可供建设用地。在过去的三十年里，大湾区的建设用地扩张了近五倍，而土地开发强度也接近半成，土地供应问题愈发严峻。因此，在粤港澳大湾区，以旧改为主的城市更新成为房企布局的主要手段。未来，大湾区土地市场竞争激烈，房企布局方式也会趋向多元化，以此降低风险；准入门槛相对较低的热点城市外围区域，成为外来房企优选首选布点；大湾区本土房企则加快其他城市布局，以城市更新模式获得项目。

4. 房地产开发资金的利率

由于房地产的价值量大，因此房地产的开发建设需要投入大量资金，其中包括自有资金、贷款、利用外资以及其他资金等。房地产开发贷款的利率也会对房地产供给带来重大影响，若银行贷款利率提高，会增加利息成本，在销售价格不变的情况下会减少利润，从而影响开发企业供给房地产商品的积极性，反之则相反。因此，银行的信贷政策是调节房地产供给的重要工具。

5. 相关政策

房地产的供给受到土地供应计划、财政金融等政府政策的影响。在土地供应规划中，土地供应量的扩大会使得低价降低，从而减少房地产的开发成本，进而刺激房地产的供给增加。此外，税收、财政补贴、政府投资等财政政策也是政府调节房地产供应的手段。提高房地产业的税率，可以减少开发商的利润，降低房地产的供给，反之则相反。财政补贴与税收起到的作用刚好相反，某种程度来看，它是负税收的另一种表达方式。另一个能够对房地产市场产生重大影响的是金融政策。房地产作为资本密集型行业，房地产商需要大量资金来支持运转，在本身资金有限的情况下，对外部资金依赖性较大，大部分的资金主要通过金融市场来获得，国家或者区域政府通过对贷款的数量、投向、贷款利率等手段影响开发商的融资成本，进而影响房地产的供给。

6. 房地产开发商的理性预期

房地产开发商的理性预期包括对国民经济发展形势、通货膨胀率、房地产价格、房地产需求、信贷政策、税收政策、产业政策等方面的预判，其核心问题是房地产开发商对盈利水平，即投资回报率的预期。房地产开发商对未来盈利水平具有良好预期，对房地产的投资回报率抱乐观态度，便会加大房地产开发力度，增加房地产的供给。相反，如果房地产商对未来盈利预期较为悲观，判断房地产的投资回报率会下跌，就会减少房地产的供给。

根据相关从业人士透露，各大开发商对房地产市场表现出较为乐观的态度。近五年，粤港澳大湾区的房地产投资额呈明显的增长趋势，在大湾区发展中受益最多的行业中排名第四。相对而言，粤港澳大湾区的人口密度增长还有较大空间，未来随着大湾区的建设和快速发展，会有更多人才涌入大湾区，在各地政府下有关居住福利等相关政策的推动下，未来大湾区房地产市场的发展将迎来重大机遇。

珠三角地区一直都是房地产企业的重仓区域，从粤港澳大湾区方案提出以来，各大房企在粤港澳大湾区的布局有所加快。截至 2018 年底，碧桂园在大湾区一共积累的土地储备超过 5600 万平方米，可出售的货量高达近 4300 万平方米，对应价值约 5800 亿元。而万科、恒大、保利等大型房地产企业在大湾区的土地储备同样巨大，虽然难以独立统计具体数量，但也基本完成了湾区主要城市的项目布局。除此之外，一些总部位于粤港澳大湾区的本土中小型房企在当地也有积极的土地储备，如佳兆业、龙光、华润置地、富力等房地产企业。

三、粤港澳大湾区房地产市场的供需均衡

（一）大湾区房地产市场的供需均衡状态

当房地产作为商品的供给价格和需求价格达到一致，同时供给数量和需求数量达到一致时，此时的房地产市场供求与需求的状态称为房地产市场供需均衡，房地产市场的供需均衡状态如图6-1所示。

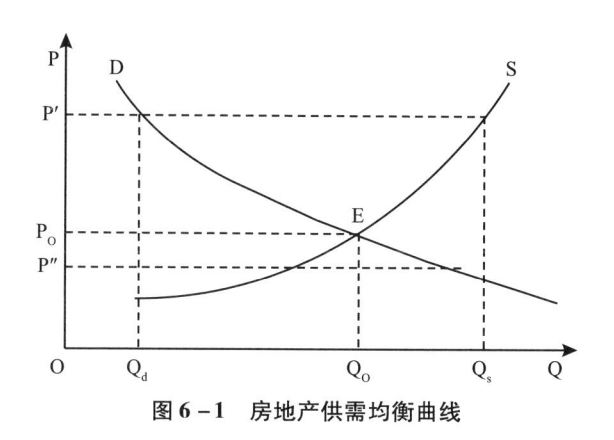

图6-1　房地产供需均衡曲线

均衡状态的形成主要由供给和需求相互作用决定，当二者的任何一方发生变化，都会导致市场均衡状态发生变化。因此房地产市场的均衡也符合一般商品市场均衡的暂时性特点，它是不断变化的。

目前，粤港澳大湾区的供需常态是不均衡的，无论是从经济发展还是市

场发展的角度，都存在较大的供需矛盾。从经济发展的角度，粤港澳大湾区的价值更多是基于区域经济的均衡发展，而非房地产"一业独大"；从市场发展的角度，如果"供需矛盾"持续，则未来价值成长空间亦将被快速透支，不利于行业健康成长。2016年后实施的新一轮宏观调控中，政策出发点在于：在资源局限情况下，疏导"供需结构"调整，缓解供需矛盾，引导资金均衡。由此可见，相关政策同时也是为了实现资金流动的"区域性均衡"，即引导购地/购房资金分流至"仍需去库存的城市"。此外，近几年被快速推进的"供给侧改革"是政府调控的核心着力点，这与"需求侧调控"共同组成"新常态"下完整的政策逻辑。然而，"需求侧调控"对即时购买需求会有所抑制，而"供给侧改革"更加注重中长期健康的供需均衡，进而从根本上缓解供需不平衡所带来的矛盾。

（二）改善大湾区房地产市场供需均衡的路径

1. 粤港澳大湾区寻求供需均衡的总体方针

要延续"房住不炒"的政策方针，核心在于金融政策的稳定，控制购房中的金融杠杆属性，抑制住房商品泡沫化，保持需求端的稳定。而在供给端方面，避免供给方过于单一，如何丰富供给主体则是主要方向。对于具体的核心城市而言，广州要大力发展私人租赁市场，增加租赁住房供应，引进现代住房租赁产业，而深圳需要优化住房供给结构，保障各类人群的住房需求，除商品房之外，加大对人才房、保障房、租赁房等各类住房的合理配置，维护住房市场稳定，避免过度市场化。保障的渠道除了增量市场也可以在存量市场、周边城市寻找供应。市场与保障的再平衡，是未来大湾区住房市场发展与破局的核心课题，关键是政府如何引导市场增加有效供给来优化市场结构，改善结构失衡状态。

在相应的政策引导下，未来大湾区的住房市场将呈现健康发展趋势：健全完善的住房租赁市场满足低收入人群的需求，充足的新房和二手商品房供应满足中等收入群体的需求，而中高收入群体也能获得更好的住房品质体验。在全面完善的住房供应结构下，社会各收入层级人士住房需求都能获得满足，投机性购房行为将获得大幅抑制，房地产市场在周期性运行中也会更加稳定。

2. 打造更精细化、长期化的房地产运作模式

得益于巨大的需求和政策倾斜，粤港澳大湾区的房地产市场一直是房企的兵家必争之地。但是随着房地产市场的周期化演进，以往高杠杆、高周转的运作模式不再符合未来的发展需要，而精细化、长期化的发展模式才是大势所趋。

未来粤港澳大湾区的房地产机会将集中在以下三个方面：第一，大量改善型住房需求，尤其在绿色、环保和节能领域的发展空间大；第二，城市有机更新和住房改造空间依然巨大，尤其是以广州、深圳等老城区为代表的主要需求地区；第三，租赁运营的专业化和社区化是未来发展的方向，具有较大的需求。

3. 以"城市更新"突破土地局限，优化存量效能

目前各地政府普遍加快"城市更新"进度，广州、深圳、珠海已设立城市更新局专项跟进；"广/深/珠/佛/莞/中"城市更新规模巨大，6个城市已出台进一步明确的政策措施、进程不断加快。伴随"存量空间"逐步释放，区域"城市功能"将进一步提升，并带来更多投资与发展机会。对于企业而言，应对近年公开市场土地获取难度加大的问题，"城市更新"成为获取土地储备的关键出口，将推动"房地产资本"与"城市运营"两者结合。而房地产企业在城市运营中的角色由相对单纯的"开发销售"向"城市运营服务商"转变。

4. 降低交易税费等摩擦成本，刺激存量供应

在中国的二手房交易市场中，税收名目众多，同时有极低的持有成本，这使得房屋的流通成本提高，进而导致更多闲置房屋无法被充分利用，尤其是在商品化率不高的整体环境下，非商品房将面临更多的税收束缚和政策压力。另外，由于一部分城市的住房供应相对有限，降低二手房交易成本以减少摩擦成本成为更加迫切的需求，因此需要增加流通率、发挥二手房在供应韧性方面的优势，以实现用更少的新增成本提升更高质量的居住环境，为中高收入家庭提供置业选择。

5. 扩大保障范围，优化保障方式，优先使用货币化补贴的手段

在住房保障方面，面向的对象应当考虑到所有城市居民的收入水平，而非以户籍作为主要参考标准，此外对于非户籍流动人口以及低收入人群的保障也应加强，对于毕业大学生的住房支持可以更加优化。由于我国在公租房的建设方面相对缺乏积极性的经验，建议考虑优先使用货币化的方式，如对租金收入比在30%以上的人群以发放租房券等方式给予支持。

6. 打破城市边界，寻找核心城市的"外部供应"

在城际交通方面，粤港澳大湾区已经相对成熟和完善，尤其在核心城市周边的城市的轨道发展，使得"同城化"趋势逐渐明显。然而在购房资格方面，以本地户籍为参考标准的政策可以更加灵活化，"外部供应"对于核心城市而言是很重要的，特别是港澳户籍人士来湾区置业生活，对于促进港澳融合具有重要意义。值得一提的是，深圳房地产市场作为中国房地产改革的"排头兵"，其发展路径具有非常重要的参考意义，体现了整个国家房地产市场的风向标。深圳作为社会主义先行示范区以及湾区的核心引擎，可以在落实中央"两多一并"的住房制度上进一步探索深圳模式。

第七章

政策解读：粤港澳大湾区的房地产政策

一、广东"9"城市的房地产政策

（一）土地政策

近十几年来，节约集约利用土地，充分挖掘现有建设用地的潜力，提高用地效益已然成为广东省土地利用规划的主要原则，对珠三角9个城市来说，更是如此。通过对土地的规划，确定适应城市发展的空间布局，如工业用地的区域分布，中心城区的商住用地供应规模等，都会对经济产生一定的影响。先进的土地利用规划，有利于转变经济增长方式，促进经济的持续健康发展。而土地政策通过对建设用地的供应价格、数量等进行调节，同样能对房地产市场产生一定的影响。

1. 广州市

在住宅用地供应方面，为了加强住房及用地供应管理，促进房地产市场平稳健康发展，广州市规划和自然资源局制定了《广州市2021~2023年住宅用地供应三年滚动规划》，计划2021~2023年期间，全市供应住宅用地1910公顷，普通商品住宅用地1441公顷，约占75.4%，租赁住房用地供应469公顷，约占24.6%。[①] 在优先安排保障性住房、租赁住房用地的同时，普通商品住房用地也在扩大供应，合理引导住房消费。

在地价方面，自2021年6月1日起，广州市开始实施基准日为2021年1月1日的国有建设用地使用权基准地价，广州市全市十一区的平均地价水平分别为商业15611元/平方米、办公5688元/平方米、住宅12894元/平方米。地价水平在粤港澳大湾区的广东九市中，仅次于深圳市。[②]

2. 深圳市

相较于其他八市，深圳市的土地面积较小，人口密度相对较大，土地的规划管理更具难度，所以深圳市在土地管理和利用方面更重视市场和金融的作用，提高土地规划建设的效率。《深圳市国土空间总体规划（2020~2035年）》提出，对新增的建设用地要严格管理，提高供地标准，强化市场在土地资源配置方面的作用。按照相关规定实行招拍挂的出让方式，同时提出利用金融、税收政策来促进土地集约利用，推进土地资产资本管理，如改革土地使用权转让增值收益分配办法、创新土地金融工具等。此外，深圳市更注重土地的二次开发，充分利用已规划的土地。

---

① 广州市人民政府：广州公布住宅用地供应三年滚动计划，https://www.gz.gov.cn/xw/jrgz/content/post_7208022.html。

② 广州市规划和自然资源局：广州市规划和自然资源局关于公布广州市2021年国有建设用地使用权基准地价更新成果的通告，http://ghzyj.gz.gov.cn/ywpd/tdgl/djxx/gsdj/jzdj/jsydjzdj/content/post_8313605.html。

为集中力量补齐民生短板,深圳市建设用地供应较大部分用于民生设施用地,但同时承诺加大居住用地供应力度。2020 年,深圳市计划供应商品住房用地 125 公顷、保障性安居工程用地 50 公顷;2021 年,计划供应居住用地 149.3 公顷;2022 年,计划供应居住用地 215 公顷。

3. 珠海市

珠海市的建设用地供应规模较大,从珠海市 2016 年至 2019 年的国有建设用地供应计划可看出,珠海市每年的住宅用地供应规模较为稳定地控制在 300 公顷左右,而商服用地的规划供应面积呈波动下降趋势,起伏较大。珠海市 2016~2019 年的住宅用地供应计划和商服用地供应计划的详细数据信息如图 7-1、图 7-2 所示。

地价方面,珠海市一级商业用地价格为 8000 元/平方米,二级商业用地为 5700 元/平方米,一级住宅用地 10030 元/平方米,二级住宅用地 7800 元/平方米。

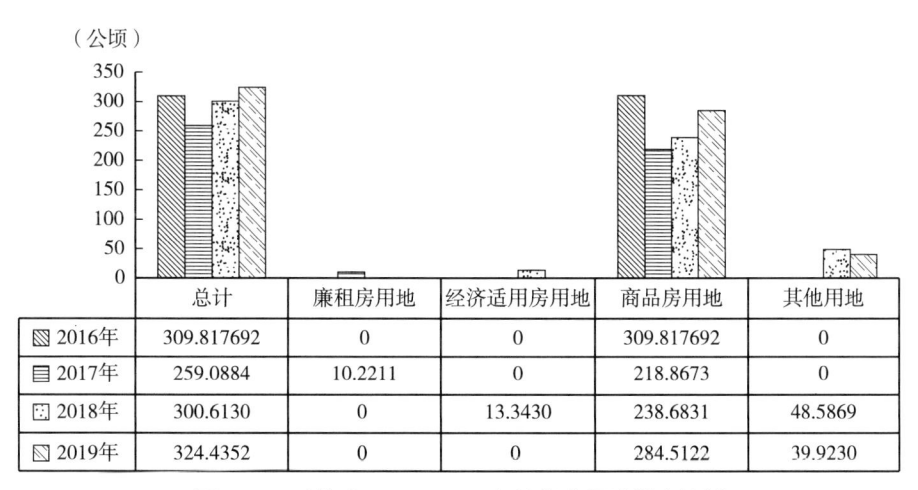

	总计	廉租房用地	经济适用房用地	商品房用地	其他用地
2016年	309.817692	0	0	309.817692	0
2017年	259.0884	10.2211	0	218.8673	0
2018年	300.6130	0	13.3430	238.6831	48.5869
2019年	324.4352	0	0	284.5122	39.9230

图 7-1 珠海市 2016~2019 年的住宅用地供应计划

资料来源:珠海市自然资源局网站。

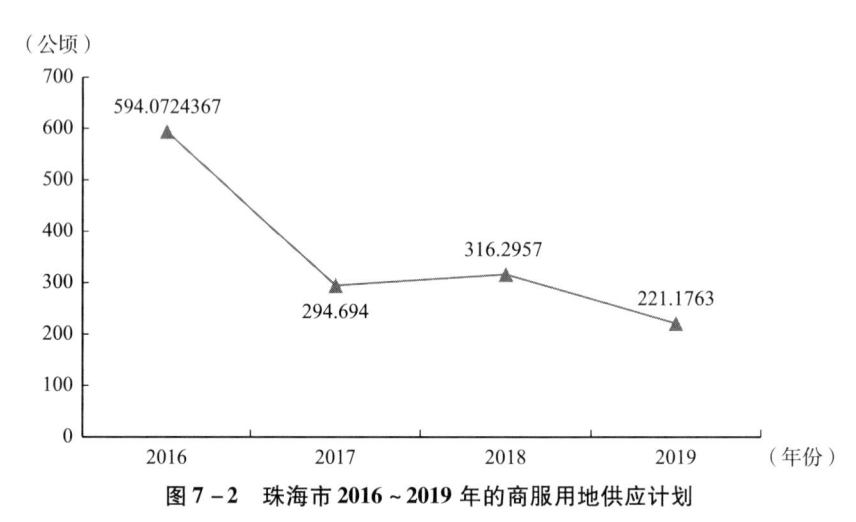

图 7-2　珠海市 2016～2019 年的商服用地供应计划

资料来源：珠海市自然资源局网站。

4. 佛山市

近年来，佛山市进一步盘活集体建设用地，推动集体建设用地入市，利用集体建设用地建设租赁住房，同时完善建设用地使用权转让二级市场，进一步提高二级市场活力。

在建设用地供应方面，每年各类用地供应规模变化较大，住宅用地供应量较大。2016 年到 2019 年的建设用地供应计划中，2016 年住宅用地 310 公顷，其中公租房用地共 1 公顷，商品房用地为 309 公顷；2019 年住宅用地为 400 公顷，其中公租房用地 1.6 公顷，其余均为商品房用地。

土地价格方面，佛山市的基准地价由各区分别标定。根据《佛山市城市地价动态监测项目 2019 年第四季度成果公布稿》，各区 2019 年第四季度的平均地价如图 7-3 所示。

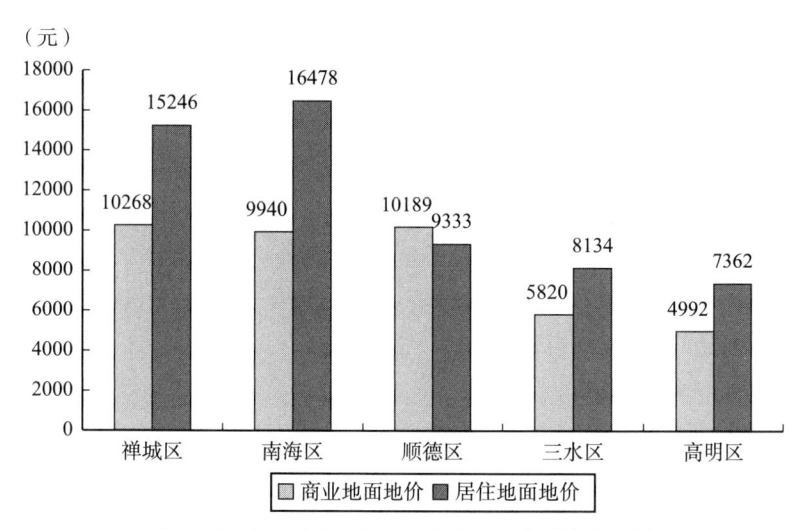

图 7-3　佛山市各区 2019 年第四季度地价水平值

资料来源：佛山市自然资源局。

5. 惠州市

惠州市致力于构建"多中心、网络化、组团式、集约型"的空间格局，引导用地向重点发展区域和工业园区集聚。近年来，盘活闲置土地，加强土地精准供给，提高土地利用效率，为经济发展服务，是惠州市土地工作中重要的一环。未来，惠州市将继续优化国土空间开发格局，大力实施支持实体经济发展的用地政策。

在房地产方面，稳地价稳房价稳预期是工作的目标，为促进房地产的健康发展，惠州市的住宅用地供应基本稳定，住宅用地供应计划如表 7-1 所示。

住宅用地供应中，仍以商品住房用地为主，保障性安居工程用地供应量较少，棚户区改造用地的二次利用小有成效。惠州市的土地价格相对适中，以惠城区 2019 年第 4 季度城市地价为例，商业用地价格为 5544 元/平方米，住宅用地价格为 5632 元/平方米。

表 7–1　　　　　　2016~2018 年惠州市住宅用地供应计划　　　　　单位：公顷

年份	保障性安居工程用地			商品住房用地	总量
	保障性住房用地	各类棚户区改造用地	公共租赁房		
2016	2.6	14.2		288.22	305.02
2017		6.15	2	492.615	500.7654
2018		26.0984		401.265	427.3634

资料来源：惠州市自然资源局。

6. 东莞市

东莞市的土地规划紧扣"湾区都市，品质东莞"的发展战略，为进一步扩大发展空间，强化土地收储整备，提高土地利用效益，促进土地二次开发，推动土地资本运营。

由于东莞市目前土地资源紧缺，年度用地指标较少，东莞市的商服用地和住宅用地供应均呈下降趋势。在东莞市的国有建设用地供应计划中，2023 年度拟供应建设用地总量为 1152.30 公顷，其中，计划供应住宅用地 143.6 公顷，全市租赁住房用地 2.27 公顷，商服用地 10.79 公顷，公共管理与公共服务用地 179.25 公顷。[①]

7. 中山市

以中心城区为核心，与火炬开发区、小榄镇和三乡镇三个副中心组成的"一核三副"和翠亨新区所共同形成的现代城市新格局是中山市的城市总体发展格局。

土地供应方面，中山市的住宅用地供应在国有建设用地供应指标中占比较小。住宅用地在五年内的供应计划为 988 公顷，其中几乎均为商品住房用地，仅规划 4.3 公顷的公共租赁房用地。2023 年的计划供地总量为 832.021

---

① 东莞市自然资源局：东莞市 2023 年度国有建设用地供应计划，http://nr.dg.gov.cn/zfxxgkml/ghjh/zxgh/ndtdgyjh/content/post_3985363.html。

公顷。为了更好助推粤港澳大湾区的建设，2022年中山市决定将有限的土地资源更多地投向实体经济。在《中山市2022年度国有建设用地供应计划》中，工矿仓储用地计划供应482.7959公顷，而住宅用地仅为213.4857公顷。①

地价方面，2022年，中山市商服用途平均地价为8771元/平方米（首层商业楼面地价），住宅用途平均地价为4997元/平方米②。

8. 江门市

江门市行政面积较大，包括蓬江区、江海区、新会区三个区及台山市、开平市、鹤山市、恩平市四个县级市。由蓬江区、江海区、新会区组成的中心城区是江门市的重点经济发展区域，根据《江门市土地利用总体规划（2006~2020年）》，中心城区的土地利用主导方向为提高土地集约程度、完善基础设施建设和助力第二、三产业发展。

为促进房地产市场平稳健康发展，江门市住房用地的供应计划以市场需求指导，集约节约利用土地。2017年，江门市中心城区的房地产开发用地供应为102.95公顷，2018年中心城区的商住用地供应计划为139.933公顷，2019年为173.27公顷，2020年为110.6公顷，根据江门市区住宅用地三年（2023~2025年）滚动计划，2023年市区商住用地的规划供应量为1469亩。③

地价方面，江门市2020年一级商服用地地面地价为6613元/平方米，二级为5325元/平方米；一级住宅用地地面地价为4042元/平方米，二级为

---

① 中华人民共和国自然资源部，http://landchina.mnr.gov.cn/gdjh/202203/t20220330_8245355.htm。
② 中山市自然资源局：中山市2022年标定地价更新成果发布，http://www.zs.gov.cn/zrzyj/zwdt/content/post_2155897.html。
③ 江门市自然资源局：关于江门市市区2023年度国有建设用地供应计划及住宅用地三年（2023~2025年）滚动计划的公告，http://www.jiangmen.gov.cn/jmzrj/gkmlpt/content/2/2816/post_2816023.html#187。

2955元/平方米。①

9. 肇庆市

根据《肇庆市城市总体规划（2015~2035年)》（草案），为保障可持续发展，肇庆市规划的居住用地的规模会受到一定的控制，计划总规模为8622公顷，占城市建设用地的25.80%，同时肇庆市规划在2015~2035年期间，将81.87公顷建设用地用于保障房建设。

为了合理调控住宅用地供应节奏，促进房地产市场合理发展，肇庆市国土资源局编订了《肇庆市住宅用地供应五年（2018~2022年）规划》，以加强对房地产市场的调控。2018~2022年肇庆市各区县的住宅用地供应计划如表7-2所示，住宅用地的供应量会有所增加，但逐年计划增加量呈递减趋势。

表7-2　肇庆市各县（市、区）住宅用地供应（2018~2022年）五年规划分解

单位：公顷

县（市、区）	2018年	2019年	2020年	2021年	2022年	总计
端州区	44.2864	41.702	29.9567	28	27	170.9451
鼎湖区	43.5936	33.959	36.84	16.1953	15.5618	146.1497
新区	49.59	48.6665	50.2056	54.1316	55.148	257.7417
高新区	69.6659	72.3442	69.902	44.4401	53.2663	309.6185
高要区	91.9354	52.4	51.188	49.1836	49.8025	294.5095
四会市	40.8526	46.6236	50.5334	64.5047	70	272.5143
封开县	37.4837	44.9506	34.267	33.333	28.267	178.3013
德庆县	8.7903	6.0112	6.3093	5.7425	5.1573	32.0106

---

① 江门市自然资源局：江门市市区国有建设用地基准地价更新解读，http://www.jiangmen.gov.cn/bmpd/jmszrzyj/zcwj/zcjd/content/post_2491385.html。

续表

县（市、区）	2018 年	2019 年	2020 年	2021 年	2022 年	总计
广宁县	35	25	20	11.113	10.8009	101.9139
怀集县	84.1002	80.3498	70.4282	29.7423	28.6406	293.2611
总计	505.2981	452.0069	419.6302	336.3861	343.6444	2056.9657

资料来源：肇庆市自然资源局。

（二）住房保障制度

《广东省城镇住房保障办法》规定，在本地无住房或住房面积低于规定标准，并且收入和财产也低于规定标准的住房困难家庭或个人，可以申请租住保障性住房或者领取住房保障租赁补贴，以此满足基本的居住需求。具体的标准由各市、县的住房保障管理部门根据实际情况制定。

1. 广州市

完善住房保障政策体系是近年来广州市住建部门工作的重点，并取得了一定的成绩。2017 年，广州市成为全国住房租赁试点城市和集体建设用地建设租赁住房试点城市。2019 年，广州市被纳入住建部完善住房保障体系工作试点城市。

广州市目前的保障性住房以公共租赁住房为主，此外还有人才公寓和共有产权房等。公共租赁住房保障方式分为配租公共租赁房和发放租赁补贴两种。2016 年，广州市出台了《广州市公共租赁住房保障办法》，保障具有广州市城镇户籍，在广州市工作或居住的住房困难家庭或个人的居住需求。符合保障性住房申请条件的家庭在广州市没有自有产权住房或者住房人均面积低于 15 平方米，如果申请家庭的自有产权住房的人均面积超过了 9 平方米，只能申请住房租赁补贴，且补贴期限只有 5 年。

《广州市公共租赁住房保障办法》切实考虑了人民的实际需要，在公共租赁住房租金方面，按照家庭收入状况，实行差别化租金；在住房租赁补贴方面，补贴的相关标准会根据保障对象的收入和市场租金水平等相关因素进行调整，实行动态化管理，例如在2018年的《广州市人民政府办公厅关于进一步加强户籍家庭住房保障工作的通知》中，住房保障收入线准入标准从2015年的29434元/年调整到2018年的35660元/年。

而针对非广州户籍的来穗务工人员，2017年的《来穗务工人员申请承租市本级公共租赁住房实施细则》规定，持有《广东省居住证》3年以上并在广州地区购买社保满2年、就业稳定的来穗务工人员，经审核后符合资格的，可以采取积分和摇珠相结合的方式参与公共租赁住房配租。

为了贯彻落实人才强市战略，广州市相继出台了《广州市人才公寓管理办法》和《广州市新就业无房职工公共租赁住房保障办法》。2019年出台的《广州市人才公寓管理办法》是为了向高层次以及中高层次人才提供过渡性住房支持，面向中高层次人才的人才公寓单套建筑面积以90平方米为主。人才公寓的建设和筹集以政府为主，鼓励政府与社会资本合作，鼓励用人单位以资本方式参与人才公寓建设、筹集、运营和管理。

2020年出台的《广州市新就业无房职工公共租赁住房保障办法》是为新就业无房职工在就业初始阶段提供过渡性、周转性住房支持，采取实物配租方式，租赁合同有效期为5年，到期不能续租。申请人需要具有广州市户籍且年龄在18～35岁内，或者持有广州市人才绿卡。同年，广州市还出台了《广州市共有产权住房管理办法》（以下简称《办法》），该《办法》面向的是符合条件的城镇户籍市民和非户籍的人才市民，住房售价一般不低于市场评估价的50%，不高于设定的最高限价，住房的产权由政府和承购人共有，但承购人的产权份额需要大于50%。

2. 深圳市

近年来，深圳市的房价一直居高不下，居民的收入增幅显著低于房价的涨幅，加大住房保障力度，满足居民基本居住需求，已成为深圳市住房保障工作的重中之重。

根据2011年公布的《深圳市保障性住房条例》，深圳市住房保障采取出租、出售保障性住房以及货币补贴等方式，保障对象为具有本市户籍的住房困难家庭和单身居民，对各类人才和非本市户籍的常住人员，也可根据实际情况逐步纳入住房保障范围。

2011年6月1日起实行的《深圳市安居型商品房建设和管理暂行办法》，规定购买安居型商品房一般以家庭为单位进行申请，年满35岁的单身居民可自己申请。申请人在深圳市不能拥有且5年内没有转让过自有住房，此外还需要在深圳市累计购买医保满5年，被认定为人才的申请人可只满3年。申请人在签订买卖合同10年后可申请取得安居型商品房完全产权。根据2017年出台的《深圳市安居型商品房定价实施细则》，安居型商品房（毛坯）的最高销售价格在评估确定的毛坯房最高基准销售价格基础上进行调整，但不得超过市场估价的70%。

2015年《深圳市人才安居办法》出台，规定人才安居采取实物配置和货币补贴两种方式。《深圳市人才安居办法》对杰出人才、领军人才和新引进人才的具体优惠和补贴标准做出了详细规定，同时制定了申请准入的详细要求。2016年，深圳市继续完善人才住房保障工作，制定了《关于完善人才住房制度的若干措施》，对"人才"的具体要求进一步细化，保障范围进一步扩大，提出人才安居实行以租为主、租售补相结合的原则。

2018年深圳市提出要构建"1+3+N"的住房新政体系，加快制定人才住房、安居型商品房、公共租赁住房建设管理的相关法规。同年出台的《深圳市人民政府关于深化住房制度改革加快建立多主体供给多渠道保障租购并举的住房供应与保障体系的意见》中，对实物供应和货币补贴做出具体的设置。实物供应方面，规定人才住房可租可售，面积应小于90平方米，价格应为市价的60%；安居型商品房主要面向符合条件的户籍居民出售，建筑面积小于70平方米，价格为市价的50%；公共租赁住房主要面向符合条件的中低收入户籍居民、提供基本公共服务的相关人员、先进制造业职工等群体供应，租金为市价的30%，低保家庭可只支付市价的10%。此三类保障性住房的供应量各占住房供应总量的20%。该文件还提及，到2035年，深圳市要新增建设筹集各类住房共170万套，其中人才住房、安居型商品房和公共租赁住房的总量不少于100万套。

3. 珠海市

珠海市的保障住房供应也是以公共租赁住房和人才住房为主。2013年出台的《珠海市公共租赁住房管理办法》，提出公共租赁住房是面向珠海市低收入住房困难家庭、新就业职工、专业人才和异地务工人员等对象出租的保障性住房，其分配实行分类轮候和公开配租制度，租赁合同期限为3年。《珠海市公共租赁住房管理办法》对申请资格做出相关规定：低收入住房困难家庭申请人需要具有珠海市户籍且居住满3年，人均居住面积须小于13平方米，无机动车辆，家庭人均资产不超10万元或15万元。新就业职工和专业人才的公共租赁住房需要由所在用人单位统一申请，申请的新就业职工需具有珠海市户籍，而符合条件的专业人才可不具有珠海市户籍。对异地务工人员则没有作出明确的要求。

2016年珠海市继续出台《公共租赁住房管理办法实施细则》，在原有基础上细化条例。符合条件的低收入住房困难家庭类申请人可选择实物配租或领取租赁补贴的保障方式，但人均住房面积不足15平方米的家庭，只能领取租赁补贴；符合条件的新就业职工、专业人才、住房困难家庭以及异地务工人员，只能接受实物配租的保障方式。《公共租赁住房管理办法实施细则》明确了异地务工人员的申请条件，对学历和工作年限做出要求。同时确定了租赁补贴发放和租金收取的标准：租赁补贴按市场平均租金水平的一定比例分类发放，可根据实际情况进行调整；公共租赁住房的租金也按市场租金水平的一定比例收取，低收入住房困难家庭需支付10%左右，新就业职工、专业人才需支付70%左右，住房困难家庭和异地务工人员则按照80%左右支付。

2018年珠海市进一步规范公共租赁房和人才住房的管理。根据《珠海市配建公共租赁住房和人才住房实施办法（试行）》规定，公共租赁住房只可出租且单套面积不超过60平方米，人才住房可通过出租或共有产权出售等形式提供给各类人才，单套面积不超过100平方米。

4. 佛山市

佛山市的住房保障方式主要以公租房配租和发放租赁补贴为主,近年来还积极进行共有产权房和人才公寓的建设。

2018年,佛山市人民政府印发了《佛山市保障性公共租赁住房管理办法》,对佛山市公共租赁住房的类型进行了划分,主要分为面向住房困难家庭或个人出租的政府投资建设的公租房,由政府返租后面向住房困难家庭或个人出租的社会力量投资建设的公租住房,以及面向企业职工出租的产业园区内配建的公租房。

2019年,佛山市草拟了《佛山市住房发展规划（2018~2022年）》,在其征求意见稿中,提出要逐步完善住房保障体系,增加公共租赁房供给,加大租金补贴力度,扩大住房保障覆盖范围,但在其具体的保障措施中,以发放租赁补贴为主。根据其住房建设年度计划,截至2022年,佛山市要新增保障性住房22911套,具体为新推出公共租赁住房675套,人才住房3370套,共有产权住房1235套,以及发放租赁补贴17631户,发放租赁补贴的占比较大。

2020年,佛山市起草了《关于推进共有产权住房政策探索试点工作的实施意见》,探索共有产权住房管理建设的方法,助力住房保障工作。共有产权住房的申请条件比较宽松,佛山市户籍居民和购买社保满5年新市民均可申请配售。共有产权住房的建筑面积在90平方米以下,价格由政府制定,以满足基本居住需要为主。

5. 惠州市

惠州市近年来的住房工作重点是完善住房保障体系,分为发展住房租赁市场,推动住房保障货币化改革以及提升人才安居工程等几个方面,主要的住房保障方式仍是公共租赁房和人才安居住房的实物分配和货币补贴,住房保障的准入要求较低。

公共租赁住房方面,2016年出台的《惠州市公共租赁住房建设和管理办法》对公租房的建设、配租、管理及监督等方面做出了详细规定,其中对申请条件做出的规定有:拥有惠州市城镇居民户籍的申请人,其自有产权住房面积需要低于40平方米;拥有城镇居住证的非惠州市城镇居民户籍的申请人,需要在惠州市同一用工单位签订劳动合同满一年,且单位为其缴纳社保须满3个月。

人才安居住房方面,惠州市政府的保障力度较大。2017年出台的《惠州市人才安居暂行办法》提出,人才安居通过赠与住房和减免租金等方式保障实施。顶尖、杰出人才可以免租入住,在惠州市工作生活满5年就可以申请免费获取所租住房屋的产权;高层次人才和其他优秀人才可以申请低租金入住,租金为2.5元/平方米,但租住期限不能超过3年。

根据《惠州市住房发展规划(2023~2025年)》,构建与社会发展相适应的住房供应体系,加快建立多主体供给、多渠道保障、租购并举住房制度是2023~2025年规划期间的住房发展策略,提升住房保障能力,兜牢保障底线,解决好重点群体住房困难问题是发展目标[1]。惠州市在《规划》中还制定了到2025年,筹集建设公共租赁住房、保障性租赁住房、新增发放租赁补贴共22000套。人均建筑面积15平方米以下低收入家庭住房保障覆盖率达到100%。改造城镇老旧小区641个,惠及9.58万户。继续推进农村危房改造,完成2311户(538处)农村削坡建房整治,引导农村风貌提升改造。到2025年,力争实现装配式建筑占新建建筑面积的比例达到35%以上,政府投资工程装配式建筑面积占比达到70%以上,城镇民用建筑新建成绿色建筑面积占新建成建筑总面积比例达到100%以上,累计取得的高星级绿色建筑项目个数达到80个。[2]

---

[1] 惠州市住房和城乡建设局:2023年惠州市住房和城乡建设工作要点,http://zjj.huizhou.gov.cn/zwgk/glgk/content/post_4914678.html。

[2] 南方日报:东莞权威访谈|谢卫东:保障人民安居宜居,助力建设现代化都市,http://static.nfapp.southcn.com/content/202110/26/c5873743.html?group_id=1。

6. 东莞市

东莞市的保障性住房以公共租赁住房为主，近年来，在加快探索建立人才安居制度，并深入推进公租房货币化改革。

在2017年发布的《东莞市住房建设规划（2017~2020年）》中，东莞市住房和城乡建设局初步制定了人才住房建设规划，将人才住房分为两大类，一类是配租配售给特色人才和高层次人才的高层次人才住房，另一类是配租给基础型人才的公共租赁住房；同时，通过人才入户方式入户到东莞市未满3年的新入户人才，最长可领取3年6000元的住房补贴。另外，要建立以"货币补贴为主、实物保障为辅"的住房保障方式，规划到2020年，全部采取货币保障的方式来保障新增的3.4万套保障性住房。

2018年，东莞市编制并发布了《东莞市人才安居办法（试行）（征求意见稿）》。人才安居的保障方式依然采用实物配置和货币补贴两种形式，同时新增了保障新就业人才安居的举措，符合住房保障条件的新就业人才可以申请入住公共租赁住房，或者享受最长3年、每年3000元的租金优惠。此外，具有东莞市户籍并在东莞市全职工作满5年的，符合其他保障条件的人才可以申请人才住房的配售。

2019年东莞市印发了《东莞市公共租赁住房管理办法》，加强了对新入户人员的保障，希望鼓励更多人才入户；同时进一步扩大了住房保障的范围，切实改善民生。自有住房人均面积低于18平方米的东莞市户籍的中等偏下收入家庭、新参加工作未满5年的新就业职工、社保缴费累计满5年的外来务工人员以及具有本科及以上学历的入户未满3年的新入户人员，都可申请公共租赁住房，但新入户人员的租赁合同期为3年且不能续租。

7. 中山市

近年来，中山市在住房工作方面，除了稳步推进房地产去库存工作，加快完善租赁市场外，还积极完成广东省下达的住房保障工作任务，其中住房保障工作的重点有完善实物供给和货币补贴相结合的保障方式，推动住房保障货币化和放宽住房保障准入条件，扩大保障范围等。

2017年12月27日，《中山市政府投资公共租赁住房租金收缴方式调整方案》和《调整中心城区本市户籍住房困难家庭保障性住房租赁补贴发放的工作方案》同日出台。《中山市政府投资公共租赁住房租金收缴方式调整方案》中提出，对公租房申请人不再发放租赁补贴，而是实行差别化租金，采用直接减免的方式分档缴纳。《调整中心城区本市户籍住房困难家庭保障性住房租赁补贴发放的工作方案》进一步加大对中山市中心城区城镇户籍中等偏下收入住房困难群体的保障力度，租补标准从2012年的12元每平方米提高到18元每平方米，人均住房保障面积从15平方米提高到18平方米。

2019年9月1日发布的《关于统筹全市住房租赁补贴发放工作的通知》将租赁补贴发放的范围进一步扩大，从中山市中心城区扩大到中山市各镇区，加大保障力度和范围。2019年《中山市住房保障管理暂行办法》（修订稿）发布，对公租房的管理进一步加强。公租房可分为政府所有和社会力量投资建设两种，拥有中山市户籍的申请人可以申请其中任一种公租房；而非中山市户籍的人员，只有属于中山市产业园区的务工人员才能申请公租房，且只能申请由社会力量投资建设的公租房。此外，申请人可以申请租赁一套房，也可以直接选择申请租赁补贴。

8. 江门市

江门市的住房保障工作包括保障房配租，租赁补贴发放以及安居工程建设等。江门市的住房保障的力度与范围较大，申请准入门槛较低。根据2019年12月1日起施行的《江门市公共租赁住房管理实施细则》规定，公共租赁住房的保障对象主要是城镇中等偏低收入住房困难家庭、新就业职工、符合保障条件的外来务工人员以及从事社会公益服务性特殊行业人员。在江门市无住房或者住房面积低于规定标准且收入、财产低于规定标准的保障对象都可申请公租房配租，在公租房房源不足时，可以申请租赁补贴。而具体的申请人资格标准由公共租赁住房所在地的住房保障主管部门制定，各年标准的具体条件根据实际情况会有所不同。

以江门市区2019年公布的年度公共租赁住房保障范围为例，具有江门市区城镇户籍的住房困难家庭，或者持有江门市区城镇居住证的外来务工人员，想申请公租房，需要满足家庭人均住房面积在15平方米以下，家庭月人均可支配收入在2660元以下，以及家庭人均财产净值在10.2万元以下等条件。具有市区城镇户籍或持有市区城镇居住证的青年医生、青年教师、环卫工人、公交司机，或者具有江门市区城镇户籍的新就业无房职工个人，申请公租房，需满足家庭或个人月人均可支配收入在4256元以下。与2018年的保障范围相比，2019年本市户籍的住房困难家庭和外来务工人员的月人均可支配收入要求由2018年的2436元以下提高到了2660元以下；特殊行业人员和新就业无房职工个人的月人均可支配收入要求由2018年的3654元以下提高到了4256元以下，保障的范围进一步扩大。

9. 肇庆市

2012年发布的《印发肇庆市住房保障制度改革创新实施方案的通知》（以下简称《通知》）中提出建立以公租房为主体的新型住房保障制度，将廉租房、直管公房和公共租赁住房归并为公共租赁住房保障。《通知》确定，公租房的保障对象主要为城镇低收入住房困难家庭、新就业无房职工和外来务工人员，并且确定将户籍人口与非户籍常住人口通过不同的保障方式分开保障。对肇庆市城镇户籍的低收入住房困难家庭，政府实行以实物配租为主、租赁补贴为辅的保障方式；对新就业无房职工和外来务工人员等，则以配租由非政府组织建设的公租房为主要保障方式。而公共租赁住房申请准入条件中的年人均收入线标准则按照上年度城镇居民人均可支配收入的65%以下确定，不同年度的申请准入条件中的收入标准各不相同，而住房困难标准则统一确定为家庭人均住房建筑面积低于13平方米。

(三) 住房金融政策

1. 广州市

2010 年，为贯彻落实《国务院关于坚决遏制部分城市房价过快上涨的通知》，促进房地产市场的持续健康发展，广州市印发《关于贯彻住建部等部委宏观调控政策促进我市房地产市场持续健康发展的意见》，提出除实行住房限购政策外，还要严格执行国家差别化的住房信贷政策，即限贷政策。政策内容主要有：禁止向购买第三套及以上住房的居民家庭发放住房贷款；禁止向不能提供超过 1 年的广州市纳税证明或社会保险缴纳证明的非广州市居民发放住房贷款；购买首套自住房且住房建筑面积在 90 平方米以上的家庭，首付款比例须超过 30%；贷款购买第二套住房的家庭，首付款比例不得低于 50%、贷款利率不得低于基准利率 1.1 倍。此外还有禁止消费性贷款用于购买住房、禁止各商业银行发放贷款额度随房产评估价值浮动、不指明用途的住房抵押贷款等规定。

2016 年，广州市房地产市场十分活跃，房价和成交量都较 2015 年有明显上升，购房需求远远大于住房供给。2016 年 10 月 4 日，《广州市人民政府办公厅关于进一步促进我市房地产市场平稳健康发展的意见》出台，提出继续严格执行现有差别化住房信贷政策，对贷款购买第二套住房的家庭的首付款比例做出调整。已结清第一套住房购房贷款的家庭，贷款购买第二套住房的最低首付款比例下降为 30%；未结清第一套住房的购房贷款的家庭，第二套房的最低首付款比例上升为 70%。

步入 2017 年，广州房地产市场继续升温，住房存量进一步减少，为了抑制房地产市场过热，2017 年 3 月 17 日，《广州市人民政府办公厅关于进一步完善我市房地产市场平稳健康发展政策的通知》印发，提出进一步完善差别化住房信贷政策，加大了限购限贷力度。新的政策内容有：在广州市无住房且无住房贷款的居民家庭，购房的最低首付款比例为 30%；无住房但有住房贷款的，或拥有1套住房的居民家庭，购买非普通商品住房的最低首付款比例为70%；拥有1套住房且无住房贷款记录的，或者贷款已结清的居民家庭，购买普通商品住房的最低首付款比例50%；拥有1套住房且贷款未还清的居民家庭，购买普通商品住房的最低首付款比例为70%。此外，《广州市人民政府办公厅关于进一步完善我市房地产市场平稳健康发展政策的通知》还提出了要严厉打击对购房首付款发放贷款的违规行为。同时期，广州住房公积金管理中心发出《贯彻落实广州市人民政府办公厅关于进一步加强房地产市场调控的通知》，宣布广州市户籍职工要连续足额缴存1年以上，才能申请个人住房公积金贷款，而非广州市户籍的职工则须连续足额缴存2年以上。

在2018年，广州住房公积金管理中心修订印发了《广州市住房公积金缴存管理办法》和《广州市住房公积金提取管理办法》，进一步完善广州市的住房公积金制度。目前广州市现行的一些重要规定有：住房公积金缴存基数为职工上一年度的月平均工资，且不得低于广州市最低工资标准2100元，不得高于上一年度广州市在岗职工月平均工资的3倍；公积金的月缴存额为缴存基数乘以职工的缴存比例；具体的缴存比例可自行决定但应在5%至12%之间；公积金缴存人及配偶在广州市无自有产权住房的，在佛山、清远、中山、东莞、惠州、韶关6个城市购买自住住房时可以提取住房公积金。

2. 深圳市

为了推动深圳住房供给侧结构性改革，加强房地产市场的调控，进一步促进深圳市房地产市场平稳健康发展，深圳市贯彻落实国家号召，多管齐下，其中包括出台一系列住房金融政策，来抑制楼市过热、楼价高居不下的现象。

2016年3月25日，深圳市政府办公厅出台了《关于完善住房保障体系促进房地产市场平稳健康发展的意见》，其中有关实行差别化住房信贷政策的内容：若在深圳市无房且近2年内无住房贷款记录的家庭购房，其最低首付款比例为30%；若名下无房但近2年内有住房贷款记录的家庭，或已有一套住房但已结清住房贷款的家庭，其最低首付款比例为40%。

而在2016年10月4日发布的《关于进一步促进我市房地产市场平稳健康发展的若干措施》中，政策要求调整为：在深圳市无房且无住房贷款记录的家庭，购房的最低首付款比例为30%；无房但有住房贷款记录的家庭购房，其最低首付款比例为50%；拥有一套住房的家庭，其购房最低首付款比例为70%。

市政府为了抑制离婚炒房的现象，2018年7月30日，出台了《关于进一步加强房地产调控促进房地产市场平稳健康发展的通知》，进一步完善限贷政策。《通知》规定，离婚未满2年的购房人申请住房贷款，其首付款比例不低于70%；但若购房人能提供离婚前家庭仅有1套住房的证明，其最低首付款比例可以为50%，若购房人能提供离婚前家庭无住房的证明，且没有住房贷款记录，其购房最低首付款比例为30%。

为了抑制房地产市场过热，2020年7月，深圳市出台《关于进一步促进我市房地产市场平稳健康发展的通知》，规定购买非普通住房时，在深圳市无房但住房贷款记录的家庭的购房最低首付款比例为60%；拥有一套住房的家庭，其购房最低首付款比例为80%。

深圳市的住房公积金的贷款也遵循限购政策的要求。2016年11月15日，深圳市住房公积金管理委员会出台的《关于调整住房公积金贷款首付款比例有关事项的通知》也遵循《关于进一步促进我市房地产市场平稳健康发展的若干措施》中的政策规定，住房公积金缴存职工家庭在深圳市无住房，使用公积金贷款购买首套住房的，首付款比例最低为30%；拥有1套住房的职工家庭，使用公积金贷款再次购房的，首付款比例不低于70%。

在住房公积金缴存方面，2019年5月14日，深圳市住房和建设局公布了修订后的《住房公积金管理条例》，其中有关缴存方面的条例如下：职工住房公积金的月缴存额为职工上一年度月平均工资乘以职工住房公积金缴存比例或职工单位的住房公积金缴存比例；职工和单位住房公积金的缴存比例不得低于职工上一年度月平均工资的5%。为更好进行该年度的公积金缴存工作，2022年6月11日，《深圳市住房公积金管理中心关于做好2022年住房公积金缴存基数和缴存比例调整工作的通知》发布，对公积金的缴存基数和比例进行具体规定。2022年7月1日后的公积金缴存基数调整为2021年职工个人月平均工资，且调整后的最高基数不得超过38892元，即为2021年度深圳市在岗职工月平均工资12964元的3倍，最低不得低于2360元。缴存比例继续在10%至24%之间由缴存人自行选择[①]。

3. 珠海市

2016年10月6日，珠海市印发《关于进一步促进我市房地产市场平稳健康发展的若干意见》，其中相关的差别化住房信贷政策有：首次购买普通住房的居民家庭，最低首付款比例为30%；没有住房但有购房贷款记录的居民家庭、有一套住房但无购房贷款记录的或相应购房贷款已结清的居民家庭，申请商业性个人住房贷款购买普通住房的最低首付款比例为30%；拥有一套住房且购房贷款未结清的居民家庭，再次申请商业性个人住房贷款购买普通住房的，最低首付款比例为40%；暂停向拥有两套及以上住房的居民家庭，发放商业性个人住房贷款。2016年12月12日发布的《关于调整住房公积金贷款首付比例有关事项的通知》，根据上述的政策对住房公积金贷款首付比例做出了调整。

2017年，为进一步加强房地产市场调控力度，坚持"房子是用来住的，不是用来炒的"的定位，珠海市人民政府办公室印发了《关于进一步做好珠海市房地产市场调控工作的通知》。《通知》中有关差别化住房信贷政策的内容如下：在珠海市无住房且无房贷记录的居民家庭，购房首付款比例继续为30%；无住房但有已结清的住房贷款记录的居民家庭，或拥有1套住房但相应贷款已结清的居民家庭，其申请商业性个人住房贷款购买普通住房首付款的比例提高为40%，购买非普通住房的最低首付款比例不得低于

---

① 深圳市住房和建设局：深圳市住房公积金管理中心关于做好2022年住房公积金缴存基数和缴存比例调整工作的通知，http://zjj.sz.gov.cn/ztfw/zfgjj/tzgg/content/post_9908929.html。

60%；拥有1套住房且相应购房贷款未结清的居民家庭，再次申请商业性个人住房贷款购买普通住房的，其首付款比例不得低于50%，购买非普通住房的最低首付款比例不得低于70%；继续暂停向拥有两套及以上住房的居民家庭，发放商业性个人住房贷款。

2022年，为了贯彻落实党的十九大精神，充分发挥住房公积金的民生保障功能，珠海市住房公积金管理中心出台了《中国人民银行关于下调首套个人住房公积金贷款利率的通知》，重点支持公积金缴存职工家庭首次使用个人购房贷款购买首套住房。自2022年10月1日起，下调首套个人住房公积金贷款利率0.15个百分点，即5年以下（含5年）和5年以上利率分别调整为2.6%和3.1%。第二套个人住房公积金贷款利率政策保持不变，即5年以下（含5年）和5年以上利率分别不低于3.025%和3.575%。2022年10月1日前已发放的首套个人住房公积金贷款，自2023年1月1日起执行新的个人住房公积金贷款利率。2022年10月1日前已申请但未发放的首套个人住房公积金贷款，贷款发放时执行新的个人住房公积金贷款利率。[①]

4. 佛山市

在实施差别化住房信贷政策方面，2016年，佛山市人民政府办公室印发《关于进一步促进我市房地产市场平稳健康发展的通知》，宣布开始在禅城区全区，南海区的桂城街道、大沥镇和里水镇，顺德区的大良街道、陈村镇、北滘镇和乐从镇等区域实行限购政策的同时，实行也实行限贷政策。在上述限购区域内，首次购买普通住房的居民家庭、无住房但有购房贷款记录的居民家庭和有1套住房但没有购房贷款记录的或相应购房贷款已结清的居民家庭，申请商业性个人住房贷款的最低首付款比例为30%；拥有1套住房但相应购房贷款未结清的居民家庭，再次申请商业性个人住房贷款购买住

---

① 中国房地产协会：关于调整首套个人住房公积金贷款利率的通知，http：//www.fangchan.com/news/6/2022－10－21/6989115101488156777.html。

房的最低首付款比例不低于40%；暂停向拥有两套及以上住房的居民家庭发放商业性个人住房贷款。

2020年4月15日，为了加强抵押贷款管理，以及更好发挥公积金支持购买自住房屋、改善居住条件的作用，调整后的《佛山市住房公积金住房抵押贷款办法》印发，其中调整的内容为：住房公积金缴存职工个人可申请两次贷款；首次贷款没有还清前，不得再次申请；不得向已有两次贷款使用记录的职工发放贷款。

5. 惠州市

2011年，惠州市出台的《关于进一步做好房地产市场调控工作的实施意见》中，关于差别化住房信贷政策的内容有：贷款购买第二套住房的家庭，其首付款比例不得低于60%，贷款利率不得低于基准利率的1.1倍。

在住房公积金方面，2012年，惠州市住房公积金管理中心发布了《关于严格执行差别化住房公积金贷款政策的通知》，将差别化住房公积金贷款政策通知如下：购买首套自住房的家庭，购买的房屋建筑面积在90平方米以下的，最低首付款比例为20%，建筑面积在90平方米以上的，最低首付款比例为30%；购买第二套自住房的家庭，贷款首付款比例不得低于50%，若房屋建筑面积在144平方米及以下的，贷款利率为住房公积金贷款基准利率的1.1倍，建筑面积在144平方米以上的，贷款利率为1.15倍；同时停止向购买第三套住房的家庭发放住房公积金贷款。

2015年，为了支持职工改善住房条件的需要，惠州市住房公积金管理中心发布了《关于降低购买改善型自住住房住房公积金贷款首付比例的通知》，规定拥有1套住房并且已结清相应购房贷款的家庭，为改善居住条件而申请住房公积金贷款购买第二套住房的，新建商品房的最低首付款比例降为30%，二手房的最低首付款比例降为40%。

2017年12月27日惠州市住房公积金管理中心印发了《关于提高住房公积金贷款额度的通告》，宣布自2018年1月1日起，惠州市住房公积金贷款购买首套商品房的个人最高额度，由原来的30万元提高到40万元，夫妻双方的额度由 50 万元提高到 60 万元；购买第二套商品房的个人最高额度，由原来的 20 万元提高到 30 万元，夫妻双方的额度由 40 万元提高到 50 万元。

6. 东莞市

为了进一步推进利率市场化改革，在 2015 年这一年中，东莞市对个人住房公积金的存贷款利率进行了多次调整。第一次，东莞市将上年结转的个人住房公积金存款利率由 2.35% 调整为 2.1%，当年归集的个人住房公积金存款利率保持 0.35% 不变；五年期及以下的贷款利率由 3.75% 调整为 3.5%，五年期以上的贷款利率由 4.25% 调整为 4%。第二次，将 2.1% 的上年结转的个人住房公积金存款利率调整为 1.85%，3.5% 的五年期及以下的贷款利率调整为 3.25%，4% 的五年期以上的贷款利率调整为 3.75%。第三次，将上年结转的个人住房公积金存款利率调整为 1.35%，3% 的五年期及以下的贷款利率调整为 2.75%，3.5% 的五年期以上的贷款利率调整为 3.25%。第四次，又将 1.35% 的上年结转的个人住房公积金存款利率调整为 1.1%，其余利率的保持不变。

2022 年，东莞市住建局等 11 个部门联合下发《关于进一步促进我市房地产市场平稳健康发展的通知》。相关规定有：试点建设"三限房"，在房价较高的热点区域选取符合两规、条件成熟、配套完善的地块，建设"限地价、限房价、限购买人群"的住房项目。非本市户籍居民家庭在本市购买第一套商品住房的（新建商品住房或二手商品住房），须提供 2 年内逐月连续缴纳 1 年以上社会保险证明；购买第二套商品住房的，须提供 3 年内在本市逐月连续缴纳 2 年以上社会保险证明。购买的商品住房，须取得不动产权证满 3 年后方可交易转让。

7. 中山市

2017 年，中山市人民政府办公室发布了《关于进一步促进我市房地产市场平稳健康发展的通知》，提出实行差别化住房信贷政策，相关内容如下：首次购买普通住房的居民家庭，或无住房但有购房贷款记录的居民家庭，申请商业性个人住房贷款的最低首付款比例为30%；非中山市户籍的居民家庭不得申请第二套及以上住房的商业性个人住房贷款；拥有1套住房但无购房贷款记录的或购房贷款已结清的中山市户籍居民家庭，申请商业性个人住房贷款时最低首付款比例为30%；拥有1套住房但相应购房贷款未结清的中山市户籍居民家庭，申请商业性个人住房贷款时最低首付款比例不得低于40%；中山市户籍的居民家庭不得申请第三套及以上住房的商业性个人住房贷款。

在2018年印发的《中山市住房公积金个人住房贷款实施细则》中提出，公积金缴存职工家庭使用公积金贷款购买自住住房的最低首付比例为20%，购买第二套住房的贷款利率不得低于首套房的公积金贷款利率的1.1倍；购买第三套及以上住房的职工家庭不予发放公积金贷款。

8. 江门市

2017年，江门市人民政府办公室发布《关于进一步促进我市房地产市场平稳健康发展的通知》，宣布在江门市蓬江区全区、江海区全区以及新会区会城街道实行限购政策，同时在以上区域执行差别化住房信贷政策。在江门市无住房且无住房贷款记录的居民家庭、无住房但有住房贷款记录的居民家庭，或者拥有一套住房但相应贷款已结清的居民家庭，在限购区域购买住房时，其申请商业性个人住房贷款的最低首付款比例不得低于30%。有一套住房且相应贷款未结清的居民家庭，在限购区域买房的最低首付款比例不低于40%。在江门市已有两套及以上住房的居民家庭，不得申请商业性个人住房贷款。

在住房公积金方面，2016年，江门市住房公积金管理中心出台《关于切实提高住房公积金使用效率有关问题的通知》，希望能提高住房公积金使用效率，具体内容有：连续正常缴存住房公积金6个月的职工，在江门市购买首套和第二套住房都可以申请住房公积金贷款；降低职工家庭购买第二套房的首付款比例，最低首付款比例下降为20%。

2020年，江门市住房公积金管理中心发布了《关于提高我市住房公积金个人住房贷款最高额度的通知》，将个人首套房住房公积金贷款的最高额度提高为30万元，两人或以上申请的最高额度提高到60万元；将个人第二套房住房公积金贷款的最高额度提高到25万元，两人或以上申请的最高额度提高到50万元。

2020年4月1日起施行的修订后《江门市住房公积金管理委员会关于江门市住房公积金个人住房贷款管理办法》，也对有关最高贷款额度进行了修改，将最高贷款额度的计算方法，由原来的按规定公式计算，修改为借款申请人可享受的住房贷款额度为借款申请人公积金账户缴存余额的一定倍数，但不得高于江门市最高贷款额度。

9. 肇庆市

2015年，肇庆市住房公积金管理委员会印发了《关于放宽我市住房公积金个人住房贷款政策有关问题的通知》，决定适当放宽肇庆市住房公积金个人住房贷款政策。《通知》宣布开放二次住房公积金贷款，结清了第一套住房的公积金贷款的职工家庭，在购买普通住房时，可以申请第二套住房的公积金贷款，但最低首付款比例不得低于30%。同时《通知》还宣布降低首套住房的公积金贷款的首付比例，购买建筑面积在144平方米以内的普通住房的最低首付比例为20%，购买建筑面积在144平方米以上的非普通住房的最低首付比例为30%。此外还宣布了贷款利率执行差别化信贷政策，购买首套住房的按公积金贷款的基准利率执行，购买第二套住房的贷款利率在基准利率基础上上浮10%。购买第三套及以上住房的职工家庭不予发放贷款。

（四）购房行政政策

为了抑制部分地区房价上涨过快，促进房地产市场平稳健康发展，2010年4月17日国务院了发布《国务院关于坚决遏制部分城市房价过快上涨的通知》，此后各地的住房限购政策相继出台。珠三角九市中的大部分城市也出台了住房限购政策，并随着近年来的实施情况不断优化完善。但惠州市仅规定，新购买的商品住房需要取得不动产权证 3 年后方可转让，并没有出台相关限购政策。而肇庆市目前的房地产市场属于供大于求状态，暂未出台限购政策。

1. 广州市

2010 年，广州市出台了《关于贯彻住建部等部委宏观调控政策促进我市房地产市场持续健康发展的意见》，提出实行限定居民家庭购买商品住房套数的政策，其中商品住房包括新建商品住房和二手住房。广州市户籍居民家庭和能提供在广州市 1 年以上纳税证明或社会保险缴纳证明的非广州市户籍居民家庭，限购商品住房一套。不能提供相关证明的非广州市户籍居民家庭不得在广州市内购买商品住房。

2016 年出台的《广州市人民政府办公厅关于进一步促进我市房地产市场平稳健康发展的意见》则提出要进一步严格执行限购政策。广州市户籍居民家庭限购 2 套住房。能提供 5 年内在广州市连续缴纳 3 年以上个人所得税缴纳证明或社会保险缴纳证明的非本市户籍居民家庭，限购 1 套住房。

2021 年 4 月 22 日起执行的《广州市人民政府办公厅关于完善我市房地产市场平稳健康发展政策的通知》，则在原有限购政策基础上进一步完善。享受市辖区人才政策的家庭和单身（含离异）人士，购买商品住房（包括新建商品住房和二手住房）时，须提供购房之日前 12 个月在人才认定所在区连续缴纳个人所得税或社会保险缴纳证明；不得通过补缴个人所得税或社会保险购买商品住房。[①]

2. 深圳市

深圳市在 2016 年 3 月和 10 月先后发布了《关于完善住房保障体系促进

---

① 澎湃新闻：广州市人民政府办公厅关于完善我市房地产市场平稳健康发展政策的通知，https://www.thepaper.cn/newsDetail_forward_12314818。

房地产市场平稳健康发展的意见》和《关于进一步促进我市房地产市场平稳健康发展的若干措施》两份文件。10月发布的《措施》对3月发布的限购政策进一步完善，增加了深圳市户籍成年单身人员在深圳市限购1套住房这一条规定，将在深圳市连续缴纳个人所得税或社会保险证明满3年这一条件修改为满五年。具体的限购政策是：深圳市户籍居民家庭限购2套住房；深圳市户籍成年单身人士在本市限购1套住房；能提供5年及以上在深圳市连续缴纳个人所得税或社会保险证明的非本市户籍居民家庭，限购1套住房。

2018年，深圳市继续出台《关于进一步加强房地产调控促进房地产市场平稳健康发展的通知》，进一步抑制投资投机。在个人方面，居民家庭取得新购买的商品住房的不动产权利证书后，3年内禁止转让房屋。在法人单位方面，禁止企事业单位、社会组织等法人单位在深圳市购买商品住房。

2020年7月15日，受深圳房地产市场过热影响，深圳市迅速出台了《关于进一步促进我市房地产市场平稳健康发展的通知》，要求购房者须落户深圳满三年，在深圳连续缴纳个人所得税和社保也须在3年以上，离异个人的房产数按离异前家庭房产总数计算。

3. 珠海市

根据珠海市2016年印发的《关于进一步促进我市房地产市场平稳健康发展若干意见的通知》，住房限购的政策为：拥有3套及以上住房的珠海市户籍居民家庭、拥有1套及以上住房或无法提供在珠海市连续缴纳1年以上个人所得税或社会保险证明的非本市户籍居民家庭，不得购买珠海市范围内建筑面积144平方米及以下的普通住房。

2018年，珠海市人民政府办公室印发了《关于进一步做好我市房地产市场调控工作的通知》，对限购政策作进一步完善。《通知》要求，全市范围内的所有户型住房，全部纳入限购范围。无法提供购房之日前在本市连续缴纳5年及以上个人所得税证明或社会保险证明的非本市户籍居民，暂停在全市范围内向其销售住房。此外，通过赠与方式转让住房后，须满3年之后方可以再次购买住房；接受赠与的，必须符合本市的现行限购政策。居民家庭和企事业单位、社会组织等法人单位新购买（本通知发布之日起购买，下同）的住房，须在取得不动产权证满 3 年之后才能上市交易（转让）。[①]

4. 佛山市

佛山市对部分地区实行限购政策，包括的地区有：禅城区全区，南海区的桂城街道、大沥镇和里水镇，顺德区的大良街道、陈村镇、北滘镇和乐从镇。自 2016 年 10 月以来，佛山市连续发布了三次对房地产市场的调控措施文件，针对实施过程中出现的问题，逐步加大限购政策的力度。

2016 年 10 月，佛山市人民政府发布了《关于进一步促进我市房地产市场平稳健康发展的通知》，提出要实行部分地区限购政策，主要内容有：佛山市户籍居民家庭在佛山市内拥有 2 套及以上住房的，不得购买限购地区内的商品住房；非佛山市户籍居民家庭在佛山市没有住房的，可以在限购地区购买 1 套新建商品住房；拥有 1 套住房的非佛山市户籍居民家庭，需要提供 2 年内在佛山市累计缴纳 1 年以上的个人所得税缴纳证明或社会保险缴纳证明，才能在限购地区购买第二套新建商品住房；拥有 2 套及以上住房的非佛山市户籍居民家庭，不得购买限购地区的新建商品住房。

2017 年 3 月印发的《佛山市人民政府办公室关于进一步完善我市新建商品住房限购政策的通知》，在原有基础上，对非佛山市户籍居民家庭购房做出进一步限制，非佛山市户籍居民家庭在佛山市没有住房的，需要提供 2 年内在佛山市累计缴纳 1 年以上的个人所得税缴纳证明或社会保险缴纳证明，才可以在限购地区购买 1 套新建商品住房；在佛山市拥有 1 套及以上住房的非本市户籍居民家庭，禁止购买限购地区的新建商品住房。

但在新政实施后，限购地区的二手房市场迅速升温。于是佛山市人民政府办公室又制定了《关于进一步加强房地产市场调控的通知》，继续进一步

[①] 珠海市房地产交易监管平台：珠海出台房地产调控新政全市所有户型住房均"限购"非本市居民购房需 5 年个税或社保　新购房 3 年内禁止交易！https://fdcjy.zhszjj.com/policyView?keywords = policy&id = dda165b070e642bb85036ae84b6940c8。

加大限购力度，将限购的新建商品住房扩大为包括新建住房和二手房在内的所有商品住房，在 2017 年 6 月 1 日起实施。

5. 东莞市

东莞市在 2022 年出台了《关于加强分类指导优化住房限购政策的通知》，其限购政策内容有：东莞市住房限购区域调整为莞城街道、东城街道、南城街道、万江街道、松山湖高新技术产业开发区（以下简称限购区域）。东莞市户籍居民家庭在限购区域内拥有 2 套及以上住房的，暂停向其销售限购区域内的新建商品住房，非本市户籍居民家庭在限购区域内拥有 2 套及以上住房的，暂停向其销售限购区域内的商品住房（含新建商品住房和二手住房）。除上述调整外，居民家庭购买限购区域内的商品住房，购房资格核验按原政策标准执行。此外，《通知》还规定，东莞将继续实行住房限售政策，在通知施行之后网签的商品住房，无论位于限购区域还是非限购区域，均须取得不动产权证满 2 年后方可进行交易转让。①

6. 中山市

2022 年 4 月 30 日中山市住房和城乡建设局、市自然资源局、市金融工作局、中国人民银行中山市中心支行、中国银行保险监督管理委员会中山监管分局、市住房公积金管理中心联合发布《关于促进房地产市场平稳健康发展的通知》，宣布中山市实行限购政策。政策实施后，坚持中心城区限购政策，我市商品住房限购区域为东区街道、石岐街道，其中岐江新城规划范围不列入限购区域。本市户籍居民家庭在限购区域内拥有 3 套及以上住房的，非本市户籍居民家庭在限购区域内拥有 2 套及以上住房的，暂停在限购区域内购买新建商品住房。②

---

① 新浪新闻：广东东莞调整住房限购范围：除特定区域外暂停住房限购政策，https://news.sina.com.cn/o/2022-07-04/doc-imizirav1800027.shtml。
② 财经头条：中山出台促进房地产市场平稳健康发展政策！优化商品房预售资金监管，公积金支持力度等，https://cj.sina.com.cn/articles/view/3057540037/b63e5bc502001g2x7。

7. 江门市

江门市人民政府办公室在 2020 年 3 月发布的《关于促进我市房地产市场平稳健康发展的若干措施》规定，2020 年 12 月 31 日前，商品房预售监管款留存比例由 5% 调减至 3%。同时为有效防范风险，企业提取的预售监管款除购置材料设备款、工程款、土地成本和税费支出外，其余支出金额须提交等额的银行履约保函。[①]

二、澳门的房地产政策

（一）澳门的土地政策

根据《澳门特别行政区土地法》，澳门特别行政区境内的土地，分为国有土地和在澳门特别行政区成立前已依法确认的私有土地两种。其中国有土地又分为公产和私产两种。公产土地是指根据《澳门特别行政区民法典》的第一百九十三条法规划定的属于公产范围的土地。私产土地则是指不属于公产或私有土地的土地。

私产土地中未在物业登记上登记的、未作出批给或未拨作任何公共或私人用途的土地，称为可处置的土地。可处置的土地可以用来建设公共房屋或公共部门的设施等。一般情况下，具有特殊用途的可处置的土地可设立为保留地，如为建设公共房屋、设立绿化区以及建造港口、机场及道路等而设立保留地。可处置的土地按其用途可分为两种，都市性土地或具有都市利益的土地和农用土地。都市性土地或具有都市利益的土地的使用和利用条件须按

---

① 江门市人民政府：江门市人民政府办公室印发《关于促进房地产市场平稳健康发展的若干措施》的通知，http://www.jiangmen.gov.cn/newzwgk/zfgb/zfgb2020nd3q/szfbgsyfwjxd/content/mpost_2128097.html。

照城市规划所制定的条例；农用土地须按其使用效能及性能加以使用和利用。

依据法律，土地的处置方式分为租赁批给、专用批给、临时占用和公共利益用途的占用。但是各种方式进行处置的土地也有面积限额，向每次以租赁方式批给的土地面积每次最多不得超过两万平方米，专用批给的土地面积每次最多不得超过五千平方米，用以临时占用的土地，同一自然人或法人一次获得许可的面积不得超过五千平方米。以租赁方式批给的土地，可收取租金，租金按年计算，金额的确定需考虑土地所在区域的经济情况，以及用途和土地的利用情况。

对土地的分类和性质进行合理划分有利于城市规划，根据《城市规划法》，澳门的城市规划包括总体规划和详细规划。在城市规划中，土地分类主要划分为都市性地区及不可都市化地区。划分为都市型地区的土地，需要确保土地的可持续性、价值及充分利用，继续发挥其经济效益。划分为不可都市化地区，需要保护其稀缺且不可再生的自然资源。而土地用途的划分则分为居住区、商业区、工业区、旅游娱乐区、公用设施区、生态保护区、绿地或公共开放空间区以及公共基础设施区。

澳门的土地利用规划，从提出、制定到最终确定需要经历较长的公众意见收集阶段，具体的规划草图会上传至城市规划咨询网进行公示。

(二) 澳门的住房保障制度

澳门特别行政区的保障性住房，以社会房屋和经济房屋为主。社会房屋是指属于澳门房屋局所有或由其管理、并以租赁方式分配的，仅用作居住用途的住房。经济房屋是指由政府出资建设的，符合澳门居民实际购买力的，帮助特定收入水平的澳门居民解决住房问题的，仅用作居住用途的住房。

1. 社会房屋

根据《澳门特别行政区社会房屋法律制度》和《社会房屋的分配、租赁及管理》两份法律文件，澳门社会房屋的申请承租条件、承租人义务以及租金等相关规定有以下内容：

经济状况薄弱的澳门特别行政区居民家庭或个人，可申请租赁社会房屋。家庭的承租申请，需由一名年满18周岁、为澳门特别行政区永久性居民且在澳门居住满7年的家庭成员提出。而个人承租申请人，也需要是澳门特别行政区的永久性居民且在澳门居住满7年，年龄须满23周岁，若为孤儿则可只满18周岁。社会房屋的承租申请家庭或个人其名下不得拥有任何形式的住房产权。

社会房屋的申请可在任何时候提交，申请资料和承租资格核实后可等待社会房屋分配。分配社会房屋时考虑的因素主要有现住房屋状况、家庭人均收入水平、在澳门居留的时间、申请家庭中澳门特别行政区永久性居民的比例、轮候时间、是否有长者以及是否有残疾人士等。相应地，承租社会房屋后，需要承担相应的承租人义务，比如要在规定的地点及日期支付租金；不得将房屋用作居住外的其他用途；居住期间不得有超过因正常使用而导致的损坏；以及家庭每月总收入或总资产超过规定的上限，要及时告知房屋局等。

在制定社会房屋租金金额时，需要考虑社会房屋的类型和实用面积、承租人的收入情况以及房屋租金的市场价格。社会房屋的应付租金分为了四个级别，各个级别的计算公式各不相同，主要涉及因素包括家庭人数、家庭每月总收入以及维持家庭生计的开支。为了适应租金的计算公式，对应家庭维持生计每月的开支金额界定有：1人家庭为每月4230澳门元（约人民币3747元）；2人家庭为每月7770澳门元（约人民币6883元）；3人家庭为每月10710澳门元（约人民币9488元）；4人家庭为每月13020澳门元（约人民币11534元）；5人家庭为每月14700澳门元（约人民币13023元）；6人家庭为每月16380澳门元（约人民币14511元）；7人及以上家庭为每月18060澳门元（约人民币15999元）。

2. 经济房屋

经济房屋是由澳门特别行政区政府负责建造，对私人房屋市场和社会房屋政策起一个补充作用，是为帮助澳门居民解决居住问题以及促进供应的保障性房屋。经济房屋与社会房屋一样，仅用于居住用途。

经济房屋的单位类型主要分为一房一厅、二房一厅及三房一厅共三种类型，每个单位都应设有一个厨房、一个卫生间、一个厅，以及一个露台。在单位类型的选择上，1人家庭只能选择一房一厅的房屋类型，2人家庭可选择一房一厅或两房一厅的房屋类型，3人或以上的家庭可自由选择房屋类型。符合规定收入及资产限额要求的，年满18周岁的澳门特别行政区永久性居民可作为家庭代表或个人代表进行申请购买经济房屋。

经济房屋单位售价的制定需要考虑申请人的购买力、楼宇的位置地点和建成年份以及房屋单位的朝向位置和面积类型。不同区域的经济房屋的价格不同，具体的售价由行政长官批示法规制定。申请人签订了合同取得经济房屋所有权后，在十六年内不得将所有权进行转让。

（三）澳门的住房金融政策

在住房贷款政策方面，由于房地产价格的快速上升以及相关贷款业务的快速增长，为了住宅按揭业务的长远发展，需要对贷款与估值设定限制，因此，澳门金融管理局于2010年制定《楼宇按揭业务指引》（以下简称《指引》），宣布相应的贷款政策，其内容包括贷款总规模、楼按对楼宇价值的比率限额（LTV限额）、最高偿债比率、最长还款期以及估价方法。

在贷款总规模方面，《指引》提出由于住宅按揭贷款流动性相对不高，房地产市场易受各方面的影响，波动较大。为了规避房地产金融风险，发放贷款的金融机构应对其住宅按揭贷款的总规模设置限额。根据机构自身的经营规模、财务状况等，贷款总规模的上限可设置为具体的金额数值，或住宅按揭贷款与总贷款的比率。

在 LTV 限额方面，LTV 比率（loan to value ratio）是指批核贷款时，贷款金额与按揭物业价值的比值。LTV 比率越低，相关违约的风险越低。因此，根据澳门房地产市场的基本情况，发放贷款的金融机构将 LTV 比率的上限设为 70% 较为合理。此外，《指引》建议，针对澳门居民购买价值等于或低于 330 万澳门元的房产时，发放贷款的金融机构可为适当提高 LTV 比率上限，但不得高于 90%，且贷款金额不应超过 330 万澳门元（约人民币 292.35 万元）的 70%。

在最高偿债比率方面，澳门金融管理局要求发放贷款的金融机构采用 50% 的偿债比率最高偿债比率，这是审慎偿债比率的市场标准。此外，发放贷款的金融机构还应当设置住宅按揭贷款的最长还款期。一般为了提高竞争力，金融机构会将还款期延长到 20 年或 30 年，但其实这在一定的程度上会增加机构的经营风险。因此，澳门金融管理局建议金融机构设定的楼宇按揭贷款还款期限不得超过借款人的退休年龄。

2017 年，为了进一步抑制澳门房地产市场过热的情况，澳门特区政府对澳门居民首次置业以外的住宅物业及楼花按揭成数进行调整。根据澳门金融管理局发布的《进一步收紧住宅楼宇按揭成数》，澳门居民首次置业按揭成数与原来没有变化，而非首次置业的澳门居民和非澳门居民贷款按揭成数都在原有基础上有所收缩，除澳门居民所购物业价值在澳门元 330 万（约人民币 292.35 万元）或以下的非首次置业按揭成数在原有基础上收缩 20% 外，其余的按揭成数都是在原有基础上收缩 20%。

澳门居民和非澳门居民的楼宇按揭贷款成数调整后分别为：所购物业价值在 330 万澳门元（约人民币 292.35 万元）或以下的，澳门居民首次置业按揭成数为 90%，非首次置业按揭成数为 70%，非澳门居民按揭成数为 60%；所购物业价值在 330 万至 600 万澳门元（约人民币 531.39 万元）的，澳门居民首次置业按揭成数为 70%，非首次置业按揭成数为 60%，非澳门居民按揭成数为 50%；所购物业价值在 600 万至 800 万澳门元（约人民币 708.53 万元）的，澳门居民首次置业按揭成数为 60%，非首次置业按揭成数为50%，非澳门居民按揭成数为40%；所购物业价值在800万澳门元以上，澳门居民首次置业按揭成数为50%，非首次置业按揭成数为40%，非澳门居民按揭成数为30%。

（四）澳门的住房行政政策

针对澳门房地产市场过热的情况，为抑制房地产的投资需求，促进房地产市场健康平稳发展，2018年澳门特别行政区推出了三项"组合拳"措施，审议通过《修改市区房屋税规章》、审议通过《取得非首个居住用途不动产的印花税》以及发布"合资格青年首次置业的按揭成数"。

《修改市区房屋税规章》这一法律文件的出台，取消了出租房屋的房屋税空置豁免。《取得非首个居住用途不动产的印花税》这一法律文件规定，若不动产为所有人的第二套房产，印花税率为规定的可课税金额的5%；若不动产为所有人的第三套房产及以上，印花税率为规定的可课税金额的10%。这两项措施的出台通过增加税收的方式，减少炒房人士的收益，可以在一定程度上抑制房地产过热现象。

根据澳门金融管理局发布的《合资格青年首次置业的按揭成数》，21至44岁的"合资格"澳门青年，所购住宅物业价值在330万澳门元（约人民币292.35万元）及以下，非楼花贷款的最高按揭成数为90%，贷款金额上限为264万澳门元（约人民币233.81万元）；所购住宅物业价值在330万澳门元至800万澳门元（约人民币708.53万元）之间的，非楼花贷款的最高按揭成数为80%；所购住宅物业价值800万澳门元及以下的，楼花贷款的最高按揭成数为80%。这一举措放宽了"合资格青年"的按揭成数上限，帮助真正有购房需求和有一定经济能力的澳门青年满足其基本居住需要。

三、香港的房地产政策

（一）香港的土地政策

香港的土地制度和内地大同小异。香港实行土地公有制，根据《香港特别行政区基本法》，香港特区政府拥有自主管理、开发、使用、出让等权利，香港地政公署负责土地批租工作的执行和记录，通过拍卖、招标、协议三种方式出让土地，拍卖和招标出让的土地使用权可以转让，协议划拨的土地使用权转让则有严格限制。香港回归前，土地租约期限的计算方式比较复杂，回归后，除特殊用途用地外租期一律50年，期满后不再续约，无条件回收。

在此背景下，香港和内地的一二线城市一样，土地供应不足一直是其房价上升过快的重要原因。另外，香港土地利用率极低，归因于香港的地理环境因素，香港多山多丘陵，其中76.3%的土地由于历史或政治的因素被保护，可开发利用的面积不大，现存的大量房地产用地靠填海获得。目前香港填海造地工程趋于饱和，1985~2000年，填海造地3000公顷，但2001~2015年，只有690公顷，大幅下跌。面对着不断加剧的住房紧缺问题以及港内可开发土地严重不足的双重压力，香港特区政府从2016年开始把目光集中于更改土地规划。香港《长远房屋策略》2016年进度报告推算，2017~2026年度为期十年的长远房屋需求供应目标约为46万个单位，符合更改土地规划的土地满足长远房屋需求的60%左右，计划公私屋新供应量按六比四的数额分配，到2019年，《长远房屋策略》进度报告则公布2020~2029年的房屋供应目标定为43万个单位，计划公私屋新供应量按七比三的数额分配。这期间房屋供应目标的调整主要是由于住户净数目增加，稍微缓解住房紧缺的压力，也证明了更改土地规划是解决土地供应不足行之有效的方法，但是公私屋新供应比例拉大则意味着公屋供求缺口仍然很大，调整的结果是挤占更多私人住宅用地，这并非最优的长期选择，会对市场产生负面影响，因此政府需要加大觅地力度，充分考虑公私屋短、中、长期土地供应措施的平衡。

纵观这段时期，香港一直面临着土地供应量增长与常住人口数量增长或适龄购房人群数量增长（20~50岁）不协调的问题，房屋新开工量长期不足，粤港澳大湾区内部放开落户限制或者鼓励香港人士到内地置业也许能帮助解决这个问题。

（二）香港的住房保障制度

香港实行政府公营和市场私营的双轨制住房供应体系，居民想要获得住宅，一是选择市场购买或租住私人住宅，二是选择依靠政府的公营住房政策，以低于市场租金、房价的价格租住或购买政府的公共保障住房，特殊人士可免费居住在政府的公屋。

溯及历史战争以及移民潮等原因，20世纪下半叶的香港有很多居民无支付房屋支出能力或是不完全能够支付房屋支出，住房问题紧张。由于香港实行高度自由经济政策，政府并未采取任何有效干预。直到1973年香港房屋委员会成立，房屋署为其执行机关，开始了十年建屋计划，大规模修建公营住房，香港的住房保障制度才由此成型。成型后，住房保障水平不断提高，坚持贯彻"居者有其屋"的政策方针，主要保障对象也从住房刚需的租屋人群转移到自置居所的购房人群。虽然受1997年亚洲金融危机影响后，2003~2011年政府收紧了保障性住房供应，但总体上公营住房建设呈可持续发展趋势。

现行的香港住房保障制度将保障性住房按租住、购买和临时过渡等居住预期划分为对应的公屋、自置居所和中转房屋，公屋和自置居所占绝大比例，覆盖的人群范围非常广，20世纪90年代初到现在，公营住房结构指数稳定在45%左右，近半数的香港居民受惠于政府公营住房，居民满意度呈上升趋势。

1. 公屋

公屋的保障对象主要是一般家庭、高龄单身人士、共享颐年计划和天伦乐计划对象，其中后三项优先配屋，公屋租金一般为市场租金的 1/5～1/4。表 7-3 是公屋申请和配置的详细内容。

表 7-3 香港优先配屋计划申请及对应优惠

项目名称	申请资格		优惠政策	
			配屋	选屋
高龄单身人士优先配屋计划	申请人年满 58 岁，配屋时年满 60 岁		比一般家庭申请较早处理	可选择包括市区在内的任何区域
共享颐年优先配屋计划	两位及以上高龄人士同意共住一个公屋单位，非亲属关系须在申请表内一同签署盖章（年龄限制同上）			
天伦乐优先配屋计划	与长者同住	满足一般家庭申请	最少 2 名成员，包括一名年满 60 岁及一名年满 18 岁	比一般家庭申请提早 6 个月处理
	分别入住邻近单位		申请家庭必须为核心家庭，最少一名成员年满 60 岁	除市区外同一地区两个单位

资料来源：代懋、李若冲：《中国香港住房保障体系的综述及评估》，载于《北京航空航天大学学报（社会科学版）》2016 年第 4 期。

2. 自置居所

针对自置居所需求者的住房保障，香港特区政府主要施行新"居者有其屋计划"，"夹心阶层住房计划"，"置安心资助房屋计划"以及保障性补贴政策。

（1）新"居者有其屋计划"面向私营住房住户和购买了"租置计划"房屋超过 10 年的人士（白表申请人）以及现住公屋住户、接受租金津贴的长者和受政府拆迁计划影响的人士（绿表申请人），绿表申请人优先选屋配屋。申请人享有政策保护的高达房价90%和95%的贷款额度（白表申请人首付10%，绿表申请人首付5%）并且由房委会作担保，贷款期限长达25年，还贷款压力较小。

（2）"夹心阶层住房计划"以不能申请公屋的白表申请人为主要对象，他们大多是中等入息阶层（受薪阶层），刚好超过申请公屋的入息上限，又在高攀的楼价面前表现出相当的脆弱性，房租在他们日常支出中占绝大部分。香港特区政府给予这类人特殊的房屋售价优惠——根据其负担能力和家庭实时状况确定合理的售价。

（3）"置安心资助房屋计划"实际是对"夹心阶层住房计划"对象的一个补充优惠政策，政府向符合条件的申请人提供中小型的经济住房，收取市场租金，租期5年，5年内不改变租金，租期满2年后的2年内可以市价购买租住的住房，政府提供首付优惠。

（4）保障性补贴政策有两种方式："贴人头"和"贴砖头"。"贴人头"就是政府提供政策优惠和贷款支持等方面的补贴；"贴砖头"指政府参与房屋建设，建成后分配。现在实行的补贴政策基本上都是两种方式兼用。

需要注意的是，政府公营住房始终以中低收入阶层为对象，当住户收入水平提高，资产状况改善，经房委会认证达到规定上限，可撤销住户公屋申请资格，要求住户缴纳市场租金，并在一年期限内从公屋迁出，已经购买公营住房的住户事前权益不受影响。另外，香港的公营住房租金非常低，但房屋署的财务状况却是盈余的，原因是香港特区政府公屋实现以商养房为主的运行模式，房屋署根据小区内的具体情况设定好铺位，通过向社会招标竞价出租，向承租者收取租金和管理费，不仅改善公屋小区附近的公共环境，提高公屋住户的生活质量，还可以从中获得收益，减轻政府自身的财政负担，对整个住房保障体系发展意义重大。

（三）香港的住房金融政策

香港经济高度自由，是全球住房金融政策最宽松最先进的地区之一。低按揭贷款利率、高按揭成数、政府以及私人机构积极的信贷支持，是香港住房金融政策的显著特点；同时，香港也是全球税种最少、税率最低的地区之一，对于房地产市场的经济行为，政府征收的税负比内地甚至国外许多发达国家都低。

1. 低按揭贷款利率

香港的按揭贷款利率分为固定利率和浮动利率，目前浮动利率是主流，分为最优惠利率按揭（又称P按）和银行同业拆息利率按揭（又称H按）。

（1）P按是用银行最优惠利率加上或减去固定加点所得的最终利率作为按揭利率，其中固定加点不会改变，但最优惠利率会随时间改变。目前香港银行的最优惠利率主要采用大P（最优惠利率为5.25%）或小P（最优惠利率为5%），截至2020年6月，P按利率为最优惠利率减去2.5%，即为2.75%或2.5%，相比于前两年上升了约25个基点。由于最优惠利率少有调整，P按利率比较稳定，但香港银行的最优惠利率视美国利率变动，主动性较低，并且没有封顶限制，因此P按利率的波动与美国的经济环境息息相关，例如2019年9月美联储降息，紧跟着香港最优惠利率差不多同幅度降低。

（2）H按是以一个月银行同业拆息为基准，加上固定加点所得的最终利率作为按揭利率，其中固定加点同样不会改变，一个月银行同业拆息利率会改变，部分银行以每个月第一天的银行同业拆息利率作为标准。另一部分，银行则以承造按揭当天的银行同业拆息利率作为标准。目前H按利率的固定加点为1.5%，加上银行同业拆息利率后与P按利率差别不大，但H按利率有封顶利率。由于银行间按揭业务竞争激烈，很多时候H按的封顶利率以同期P按利率看齐。此外，因为银行同业拆息利率受资金流的影响，其走势波动频繁，所以H按利率会比较波动，存在一定的利差风险成本，但主动性和可预测性较高，与香港当地的经济环境更有关联性。

2. 高按揭成数

香港首次置业按揭成数最高七成（若以家庭单位按揭贷款且目标楼宇不超过90平方米，可以获得楼宇评估价格的80%的贷款），二次置业按揭成数最高六成。外地人在港申请按揭贷款，按揭成数要在所适用的标准上至少降一成，如果收入主要来源不在香港且不能提供1年及以上当地纳税证明或社会保险缴纳证明，申请会被限制，因为银行的贷款风险相对较高，银行很难确定申请人的收入和负债水平。另外，一旦申请人逾期还款，银行很难对身处外地的申请人采取追收行为。

3. 政府以及私人机构的信贷支持

（1）如果按揭公司愿为按揭申请人作担保，申请人可获得楼宇评估价格最高95%的贷款。

（2）楼宇发展商或其他机构（如财务公司）也可能会为楼宇购买者提供第二按揭。在这种情况下，综合按揭成数会超过七成，交易时，银行贷款房价的七成，而发展商贷出余下三成的全部或部分作为第二按揭贷款。虽然这种情况按揭人以非常低的价格支付首付，但借贷数额增加，风险也随之增加。因此要求按揭人征信记录良好，有稳定收入且有充分的还贷款能力，体现了发展商对按揭人的高度信任。在这种情况下，银行实际上承担的风险不会超过按揭七成时的拖欠风险，而且银行和发展商双方都会对按揭人的信用程度进行调查，对其还贷行为进行监督；同时也让更多有置业意愿的人申请高达楼宇价格95%的按揭贷款，激励了社会的首次置业需求，缩短了置业时间，是一种双赢的按揭模式。

（3）楼宇发展商也可能通过其附属的财政公司单独为买家提供贷款。

（4）针对负资产的按揭人士，香港有专门的负资产按揭保险计划。在申请按揭时，相关政府机构可为银行提供楼宇价格90%~140%的按揭保险。负资产按揭人士可在计划下节省利息支出，或者延长还贷款期限来减少月供。对银行而言，通过保险可将负资产贷款变成正资产贷款，银行仍以七成按揭贷款,不会承担额外风险,并且有效地降低了拖欠贷款风险。

(5)香港银行有用于储蓄住房存款的专门账户,开户人可用每日的存款余额抵扣贷款本金,以减少利息支出,实际上不仅减轻了借款人的负担,也有效地控制了违约风险。

4. 少税种、低税率

香港房地产税以虚拟租金为税基(指以房地产名义租金或预期租金为基础进行评估),征收单一比例税率税收,包括了房地产取得、保有和流转环节,在取得环节开征印花税,在保有环节开征了差饷、物业税,在流转环节开征利得税。其中印花税税率较低,利得税针对的是房地产市场的投机行为,正常情况下这两项税收较少。而差饷、物业税等保有环节的税负相对更繁重一些,对土地、房屋的闲置和低效利用有一定抑制作用,也能为政府提供充足的税收收入和灵活调节的空间。目前国内学者对香港保有环节征收的税负对房价的作用效果意见不一,但这种税收政策确确实实对市场有着优化配置的作用。

5. 香港的 REITs(H-REITs)

REITs 的特别之处在于其长期投资回报率较高并且与股票市场相关性较低,主要受益于租金回报水平的持续上升,因为其与股票市场相关性较低,投资者可以灵活地配置多元化资产。表7-4展示了2006~2019年香港REITs 的收益情况和波动情况,可以看到 REITs 的月平均收益率一直都比股票市场高些,而波动率要更小;近年来股票市场收益率降低时,REITs 的收益反而大幅提高了,股票市场波动率下降20%时,REITs 的波动率下降了50%。因此也证明了香港 REITs 发展良好,在房地产融资市场上发挥了重要作用。

表7-4　　　　2006~2019年H-REITs和股票市场月度市场表现

	时间	月平均收益率	波动率	月平均收益率/波动率
恒生REIT指数	2006年1月~2015年1月	0.46	6.55	0.069
	2015年1月~2019年6月	0.66	3.40	0.195
	2006年1月~2019年6月	0.49	5.69	0.086
恒生指数	2006年1月~2015年1月	0.41	6.60	0.062
	2015年1月~2019年6月	0.35	5.16	0.068
	2006年1月~2019年6月	0.37	6.15	0.060

资料来源：杨龙：《H-REITs的现状、运作模式及对内地的启示》，载于《海南金融》2019年第11期。

另外，香港的REITs拥有规范的运行模式，如香港《房地产投资信托基金准则》中规定：

（1）香港的REITs资产负债率不得高于45%，因此REITs的安全性非常高，行业可持续发展能力强，投资者信心比较高。

（2）香港的REITs至少将税后净收入的90%分配给投资者，对于投资者获得的分红实行免税政策。

（3）香港的REITs只能投资办公、工业、公寓、酒店、仓储、零售和医疗健康机构等物业，禁止从事或参与房地产的开发活动。

以上三点为香港REITs的可持续发展提供了政策保障，这与其他REITs发达的国家或地区相似，足以看出香港REITs向国际化发展的目标。

REITs是金融市场的一大创新，香港是中国REITs发展最早最好的地区，给市场的投资者扩宽了投资渠道，增加了收入来源，特别给中小投资者降低了"皮鞋成本"（持有货币的成本），内地发展REITs可以向香港借鉴经验。

（四）香港的购房行政政策

为了抑制房地产市场的投机行为，香港一贯坚持落实"房住不炒"的政策方针，主要从监管、规范、课税三个方面打击市场上的投机行为。

1. 严格监管房地产开发商和政府内部的行为

（1）香港特区政府严格把控新房屋的预售、一般销售等环节的透明度，旨在防范开发商暗地操纵房屋售价和房屋供应，制造不正常的供不应求氛围，从而抑制市场信息不对称导致哄抬房价的现象。若开发商存在捂盘、虚报存量或成交量、虚报房屋真实信息（产权、面积、相关法律文件等）等情况，根据《香港房地产法》等法律或指引，对涉事房地产开发商从重处罚。这类规定既是维护了市场公平，又是对炒房行为的一记重拳。

（2）香港特区政府对房地产审批及交易登记工作有严格的监管，防止房地产市场上出现"勾结"的腐败现象，并且在政府有关部门内建立房地产开发企业信用等级评价体系，及时、公正地披露不诚信企业和不诚信行为信息，交由相关部门予以惩戒。

（3）监管部门之上更有监管部门（如香港廉政公署），最大限度地防止政府内部因素影响到房地产市场秩序，这是香港规范房地产市场秩序的优点所在。

2. 规范房地产经纪人的执业标准

（1）香港房地产经纪人一般由专业律师担任，且规定律师必须持有有效的代理牌照，否则将视为刑事犯罪。这种做法可以达到规范房地产经纪人执业资格标准的效果，防止行业内人员鱼龙混杂，服务良莠不齐，在一定程度上保障了房地产代理业务能够高效低错、合理合法进行。

(2) 专业律师担任房地产经纪人一般全程代理房地产交易、房地产登记等事务，政府给予委托人特定的政策优惠，说明政府鼓励购房者选择专业律师代理房地产购置过程中的事务，促进房地产购置事务流程规范化向更高层次发展，打击想要从中利用信息不对称获利的投机行为。

3. 针对投机风险行为课税

（1）香港征收"额外印花税"：物业超过 12 个月但在 36 个月以内转售，征收转售成交金额的 10%；超过 6 个月但在 12 个月以内，征收 15%；6 个月及以内，征收 20%，相比于必须缴纳的最高 4.25% 的从价印花税高了几倍。此番征税，极大地打击了"以房买房"这类炒房行为，很好地响应了"房住不炒"的政策方针。

（2）房地产市场普遍存在物业空置的情况，物业空置一定意义上也是土地资源空置。香港特区政府针对物业空置问题"向空置的一手私人住宅征收额外差饷税"（差饷税是香港对不动产保有环节征收的一种税），这个规定的目标单位是获得占用许可证 12 个月或以上的一手私人住宅单位，这些单位的发展商必须每年向差饷物业估价署申报单位在过去 12 个月内的状况。如果目标单位在 12 个月申报期限的最后一天仍未售出，发展商则需要缴纳额外差饷税，为目标单位应课差饷租值的 200%（若目标单位在申报期限内，根据已加盖印花税的租赁协议，以市场租金或以上租出不少于 183 天，则无须缴纳额外差饷税）。"向空置的一手私人住宅征收额外差饷税"加速了新房屋入市，打击开发商"捂盘惜售"的行为。

依照国际通行惯例，私人住宅空置率在 5%~10% 为合理区，应对市场供求关系有充分的调节空间，利于经济的健康发展；空置率在 10%~20% 为空置危险区，应该及时调整；空置率在 20% 以上为严重积压区。图 7-4 显示香港近年来私人住宅空置率在 3.5%~4.5%，虽有上升的趋势，但房屋积压的风险非常低，重点在于控制其波动幅度。

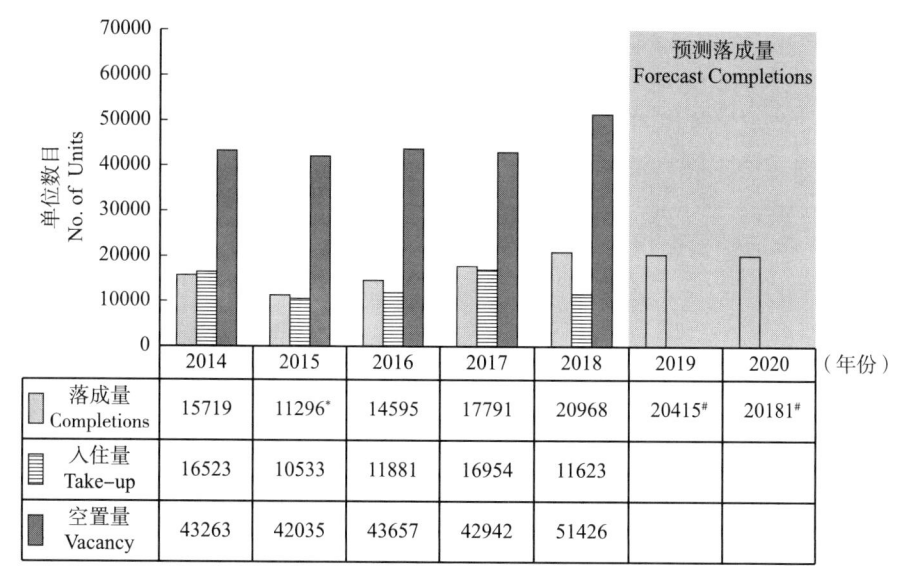

第七章 政策解读：粤港澳大湾区的房地产政策

	2014	2015	2016	2017	2018	2019	2020
落成量 Completions	15719	11296*	14595	17791	20968	20415#	20181#
入住量 Take-up	16523	10533	11881	16954	11623		
空置量 Vacancy	43263	42035	43657	42942	51426		

图7-4 香港私人住宅总体状况

资料来源：香港差饷物业估价署香港物业报告。

四、粤港澳大湾区房地产政策的影响机制

（一）各地区间房地产存量供需调剂机制

珠三角各城市房地产市场的供求关系：广州、深圳、佛山、东莞供不应求，珠海、中山基本供求平衡，惠州、江门、肇庆需求相对不足。港澳地区的城市可开发利用土地面积都比较少，香港甚至只有不到25%的可开发利用土地，尽管政府尽量提高建设用地比例，仍然不能根本解决土地供求关系紧张的问题。珠三角城市土地开发程度如表7-5所示。

表 7-5　　　　　　　　　　珠三角城市土地开发程度

(2020 年城市建设用地控制规模与行政面积比例)　　　　单位: %

城市	深圳	东莞	佛山	珠海	中山	广州	江门	惠州	肇庆
开发强度	49	48	35	33	30	26	12	11	10

资料来源：王韶：《粤港澳大湾区为房地产业发展带来持续动力》，载于《中国房地产》2018 年第 23 期。

粤港澳大湾区各地区房地产存量差异性明显，存量的差异与各地区市场供求关系呈极大正相关。解决地区房地产存量供不应求的传统方法是扩大增量规模、加速增量入市，在一定地理范围内有限的土地资源只能在短期内填补市场供求缺口，因此增量模式不是市场运行的"永动机"，市场的长远发展不能单依赖封闭区域内有限的土地资源。同时，封闭独立的市场关系容易导致一边"野蛮式"开发，一边资源大量浪费。为了大湾区房地产市场的良好发展，传统的房地产发展模式要转变到各城市相互配合、最大化优化资源配置、最优化释放资源效能的新型发展模式上来，打造一个集居住、服务、金融等功能平衡的组团向好型房地产市场。

事实上，粤港澳大湾区拥有优越的条件服务于各地区间房地产存量供需调剂这项机制。发达的城际轨道交通使"甲城置业，乙城就业"成为现实，港珠澳大桥造就了"一小时都市圈"，泛区域化的企业布局（许多具有规模经济效应或者是范围经济效应的企业把分公司、供应链终端、研发中心等建立在邻近城市）是住房需求外溢的重要导向。总之，各地区间紧密的交通联系和经贸往来是促成供需调剂机制的前提。

粤港澳大湾区房地产存量供需调剂机制对于房地产市场的影响主要是供求结构优化和经济效益最大化。

一是供求结构优化：粤港澳大湾区重点城市（广州、深圳、香港、澳门）的一级土地供应相对不足导致一手市场增量不足，进而导致购买力被动转向二手市场，二手市场库存不断减少，要素价格上涨使得房地产成本上升，市场供求关系进一步恶化，需求侧调控（限购、限售、限贷）对这些城市的供求关系只能起到短期的缓解作用，长期采取这类调控会缩小市场交易规模，透支了市场的成长性。周边正快速发展的城市（东莞、珠海、佛山、中山）要素价格相对实惠，房地产成本被接受性更强，还有很大的增量空间，市场也有可预期的成长空间，可吸收重点城市外溢的房地产需求，主动地扩大市场影响力，稳步促进市场价格在预期内健康上涨，这样的市场泡沫程度会比较低，市场能够发挥充分的调节功能应对外部环境带来的冲击。另外，外溢的需求会携带人才、就业职位、生活质量需求、新的发展理念等，对周边城市的城市更新起到重要的推波助澜的作用。两翼的窗口城市（惠州、江门、肇庆）是粤港澳大湾区对外辐射的窗口，目前这些城市需求不足，存量也稀少，甚至部分地区吸纳了投资却不能有效带动相关需求增加，导致供给过剩，房产闲置，投资者信心减弱。但是这些城市既有丰富的土地资源，又是重要的窗口城市，未来房地产市场价值空间庞大，需要政策层面的调控来促进房地产行业及连带行业升级，带动有竞争力的市场供给，也需要发掘当地的投资价值和发展机会来吸引需求。企业在政策红利下，在窗口城市带动产业发展、输送土地需求；开发商在政府引导下，建造高质量宜居环境，两者综合作用加速城市化进程，便能使得窗口城市房地产市场更好地融合到整个粤港澳大湾区的房地产大市场中。

二是经济效益最大化：重点城市的房地产市场资金周转普遍较快，收益也高，吸引了绝大部分的资金，但造成了地区房地产市场发展严重不平衡。同时，重点城市的房地产存量效能被不断加剧的供求关系压缩，投入资金的经济效率是在递减的，盲目的增加投入只会降低资金效用，甚至让市场变成"吞噬"无效资金的"黑洞"。周边城市是转移资金流向、释放重点城市房地产存量效能的出口，流入周边城市的资金是高效的，因为市场存量效能高且还有增长空间，同时高度对接重点城市市场的资金流（资金从重点城市转移到周边城市的转移成本低）。窗口城市的房地产存量效能目前还处于发展的初级水平，短期投资回报普遍较低，但庞大的潜能优势是客观存在的，无论是企业想获得价格较低的土地资源储备，或是企业想争先在未来市场注入资本，这些城市都是企业可靠的选择，特别是那些存在闲置资本的企业。

(二) 统筹的信贷政策

我国央行在2018年2月5~6日召开的年度工作会议上，明确将加强房地产金融宏观审慎管理作为打好防范化解重大金融风险攻坚战的重点工作之一。基于这一国家宏观政策，结合粤港澳大湾区融合发展的目标，粤港澳大湾区有必要统筹信贷政策，通过宏观的统筹审慎管理和微观的差异性特色施政，增强各地区房地产信贷政策的规范性和协调性，从而增强整个粤港澳大湾区防范化解房地产金融风险的能力，为房地产市场创造一个趋向长期稳定的金融环境。

粤港澳大湾区房地产信贷政策导向在空间和时间上不尽相同：从以往的经历中发现，当广深政策收紧时，东莞和珠海却放宽政策；当市场经过周期性衰退后，佛山率先放开政策，而广深则滞后了很久；当中心城市政策变化频繁时，江门、肇庆却风平浪静。另外，这种政策差异常常扰乱房地产商对粤港澳大湾区房地产市场的预期，导致作出错误的决策，同时在政策差异的背景下也难以完全从以个体信贷机构为单位的微观审慎管理转变为整个湾区的宏观审慎管理。因此，粤港澳大湾区统筹信贷政策可以通过由中心城市领导，各城市协商这样的做法来统一意见共同作出决策，进而让市场参与者清晰明确地了解信贷政策的目标，市场会自发地促进有规律有秩序的市场活动，逐渐地市场内每个人的预期都更贴合实际，每一项资金的流动都更规范、高效，最终让这种市场环境成为粤港澳大湾区房地产市场融合的"助推器"。

(三) 互补的产城融合模式

过去30年，我国在不断累积规模效应的基础上，城镇化发展迅速，现阶段城镇化率已经超过60%（不含港澳台），但也逐渐暴露出一些问题：

第一，城市化快于产业化：尚未形成支柱产业支撑却急于城市化，表现为城市"空心化",盲目开发房地产,与真实房地产需求不匹配。

第二,城市化慢于产业化:过度偏重产业建设,挤占了居住性和生活性房地产的土地资源,造成了产业"空转"的现象。

第三,产城不协调:地区间产业异质性不高,产业结构相似,缺乏明细的协作分工,在行政区域间,要素的流动和资源的共享受到影响。房地产投资、开发过度集中在高回报地区,开发建造的房地产普适性高而特色性低,且以住房开发为主,功能单一,与其他产业联系不足,没有发挥在城市化和产业化发展上的重要作用。

粤港澳大湾区融合发展面临的主要问题是产城不协调,以前相对独立的地方性发展规划,导致现在城与城之间产业重叠程度较高,虽然现在劳动力等基本生产要素自由流动,但金融工具、科技成果等仍受到地域限制,缺乏深度的协作分工,空间发展不平衡。这些问题基本上也反映到了粤港澳大湾区房地产的现状上:由于房地产的产业聚集太过依赖资本市场,房地产与其他产业缺乏联系,主要的市场都集中在香港、深圳等高回报城市,又因为房地产商都以住房开发为主要业务,导致房地产的发展不仅没有反哺其他产业,还成为了与其他产业竞争土地、资金、人才的主要对手,因此,房地产与其他产业发展十分不协调。

近年来,为了解决这一大问题,粤港澳大湾区大力发展产城融合,以"生产+生活+生态"协调发展为主基调,合理按城市功能布局产业结构。在此背景下,各地的房地产政策都导向发展房地产的产城融合模式,房地产企业面临着转型升级的考验——从单一的住房开发到综合的产业地产开发,从传统开发商角色升级为城市运营商。以往的房地产开发是简单住房及其附加配套的制造商,在产城融合的浪潮中,房地产的功能开始丰富,争当满足居民对美好生活要求的服务商才是未来企业的优势。城市在发展"宜居宜业宜游"的同时给予了房地产很好的发展机会,如何去契合城市产业的发展并从中创造价值是未来房地产企业的重要课题。

1. 香港房地产与产城融合

香港的产业高度服务化，专业服务产业水平高，使得香港产业普遍增值性高，但却存在产业结构、社会结构失衡，导致经济增长内部结构失衡，影响经济发展。因此，香港迫切需要实现港内高增值服务业与内地高技术制造业的产业整合。

设立于深圳前海的深港现代服务业合作区（以下简称前海新区）是香港与内地发展产城融合的重要桥梁，旨在加强香港与内地的经济联系，加快构建现代产业体系，其产业结构以金融、现代物流、专业服务、科技服务、信息服务、文化创意等六大产业为主，恰好是深圳优势产业和香港优势产业的并集。对于香港而言，一方面利用自身金融业和贸易及物流业的优势，扩大产业影响力和辐射范围，提升产业链价值，促进深圳乃至整个粤港澳大湾区的金融、现代物流向更高层次发展；另一方面吸取深圳的高端技术型制造业和智能产业的外溢效果，改善自身产业结构和社会结构，帮助培育适应现代发展的新兴产业。

在这样的发展模式下，香港房地产要充分配合产业整合，才能在竞争中取得优势。首先，香港的房地产金融发展相对更成熟，房地产证券市场领先内地。伴随着香港金融业向内地发展，房地产金融企业也要适当扩大业务辐射范围，积极探寻大湾区内的优质房地产资金，带头鼓励融资，用行动和成果提高业界对湾区房地产证券市场信心，从而促进整个湾区房地产证券化发展，创造更多融资供给和需求，最终会从规模效应中获得更高经济效益。其次，香港和深圳作为我国国际商务物流最重要的两个港口，强强联合，一起合作设立前海新区后以来，两地的物流经济出现了新一轮的高速增长，因此也创造了很多投资机会，物流地产和配套基础设施一直是两地房地产的投资热点。最后，香港引进内地的高技术制造业的同时，与之相匹配的生产厂房、仓库等需求也会增加，而高技术制造业内部生产模式多元化，每个项目的厂房、仓库等需求要根据生产的特性而精确设计，房地产要做好提供个性化服务的准备。此外，高技术制造业补足能够减去港内房地产供应链前端的许多中间环节，从而减少成本，缩短周期，因此那些能够与其建立紧密联系的房地产企业，会获得供应链上的竞争优势。

2. 澳门房地产与产城融合

澳门是世界著名的旅游休闲中心，有着"东方拉斯维加斯"之称。在产城融合的发展中，澳门参与度很高，与珠三角城市在珠海横琴岛共同建设了粤澳合作产业园，近年来还大力发展了会展业。

基于澳门的旅游休闲功能和粤澳合作产业园文化创意、商务旅游的优势，澳门房地产可以探索旅游地产和文化地产的开发，酒店、餐饮、商业购物城、休闲娱乐场所等旅游基础设施和主题公园、文化广场、电影城、博物馆等特色文化设施是热点项目。相比于一般住房开发，这些项目开发成本高、运行难度大、回报周期长、土地需求大，如何提升土地投资强度是重点，房地产若打算投入这些项目，必须提升自身管理能力和改变传统的经营模式，要实时响应不断变化的需求，做好长远的规划，才能充分利用有限的土地创造最大价值。除此之外，旅游业、会展业等会带动包括交通服务、商务服务、旅游服务在内的高端服务业发展，有很大就业需求，房地产可以适当地提高面向高端服务业从业人员的住房和休憩区开发的地位，将此打造成澳门特色的城市品牌，有很大的发展价值。

3. 深圳房地产与产城融合

在发展产城融合的态势下，深圳的主要问题不在于内部的产业结构和外延的产业分工。深圳的城市化发展历史较短，产业结构原本是在比较科学的系统规划下布局，产业特色也较为突出，与其他城市的产业重叠度较低，但城市内的职住平衡问题一直是阻碍深圳产城融合发展的重要因素（"职住平衡"是指在一定的空间范围内，居民中劳动人口数量和就业人口数量大致相等，使得大部分居民可以通过非机动化实现通勤需求）。

表7-6展示了深圳市产业园区内3种功能单元的职住平衡要求及现状，可以了解到，深圳的科技园区和商务园区职住平衡比例有待提高，虽然对应

的就业人口通勤能力强,但目前深圳通勤时段的交通压力非常大,围绕产业园区调节住宅供给结构十分重要。从房地产市场的角度来看,市内片区间房价水平差距过大是导致职住失衡的一个重要原因:相比于科技园区和商务园区周边高水平的房价,稍远些的平价住宅对普通购房者更具吸引力,反过来不同消费或投资水平的人集中在不同的片区又会进一步拉大房价差距。这是一个重重叠加的正循环,不利于深圳产城融合的发展。

表7-6　　　　　深圳产业园区内各功能单元职住平衡比例引导

片区	就业人员通勤能力	现居住模式及职住平衡比例	规划的职住平衡目标
科技园区	通勤能力较强	以公寓、租赁住宅和自购房为主,比例在15%~30%	引导至30%以上
商务园区	通勤能力较强	以公寓、租赁住宅和自购房为主,比例在15%~30%	引导至30%以上
工业园区	通勤能力有限	以分散的厂区宿舍为主,比例在60%以上	引导至60%以上

资料来源:中国知网《产城融合目标下的产业园区规划编制方法探讨——以深圳市为例》贺传皎、王旭、李江。

因此深圳房地产需要深入了解城市产业发展的空间规划,掌握住宅需求者关于住宅位置和功能愿景的准确信息,在此基础上合理预测就业人口空间分布差异,从而针对性地开发适用的住宅单位,而非盲目追求高消费、高投资水平的住户。这样可以降低住宅错配的可能性,提高住宅的适销性,给房地产商带来收益的同时也对城市的产业发展起到了良好的影响。

4. 以广州为核心的其他城市房地产业与产业融合

以广州为核心的其他城市的特色产业主要是高端制造业,在高端制造业上,这些城市有绝对的技术优势和生产要素优势。在产城融合的浪潮中,整个粤港澳大湾区的制造业进行了大规模产业整合和精细化分工,以广州为主的城市聚集技术密集型的制造产业,其他有生产要素成本优势的城市聚集劳动力密集型制造产业。

以广州为主的城市集聚的制造产业以制造汽车、高端电子产品、电气机械等技术要求高的产品为主,其需要大量综合产业配套设施,如产研基地、科创平台、实验室等。这些城市的房地产商可以充分调查了解不同产业对产业配套设施的要求,为要求相近的产业开发建设集产研、科创、实验等功能于一体的特色园区。

而其他有生产要素成本优势的城市,拥有庞大的产业技工队伍,对住房有独特的需求,他们大多需要公寓、宿舍等住所,对空间的要求比较低,房地产企业可以抓住这一特点,为他们专门建造经济适用型住所。

(四) 其他影响机制

粤港澳大湾区房地产政策致力于稳健、高效地推动房地产物业市场和金融市场的协同发展,不断发掘问题然后解决问题,有信心在可预期的未来内发展成一个成熟的国际化房地产市场。

围绕价格、风险、效率、公平、可持续性的问题需要多角度的政策搭配来解决,每种政策会从不同的层面影响房地产市场,其可行性、有效性需要时间考证。因此除了本节所述的内容外,还有其他很多房地产政策影响机制需要关注,了解政策的影响机制,才能更好地把握房地产市场发展方向。

第八章

政府钱袋：土地财政及粤港澳大湾区房地产投资

一、粤港澳大湾区的房价分析

（一）粤港澳大湾区的房价构成分析

1. 地价

土地之于房屋相当于面粉之于面包，面粉贵了，面包的价格自然也会水涨船高。广深港澳，被定位为粤港澳大湾区的中心城市，吸引了众多投资者的目光，形成供不应求的市场格局，因而时常有某些热门地块出现"面粉贵过面包"的现象。一般情况下，当城市的房价水平越高，地价在房价构成中所占比重相应越高。

中国地价水平监测平台发布的数据表明：2018年粤港澳大湾区内城市地价总体水平为8170元/平方米，其中商服、住宅、工业地价分别为每平方米22895元、15873元、1482元。而2008年粤港澳大湾区内城市地价总体水平为3161元/平方米，其中商服、住宅、工业地价分别为每平方米8402元、5133元和669元。相比十年前，大湾区住宅地价上涨幅度最大，达到309%（见图8-1）。

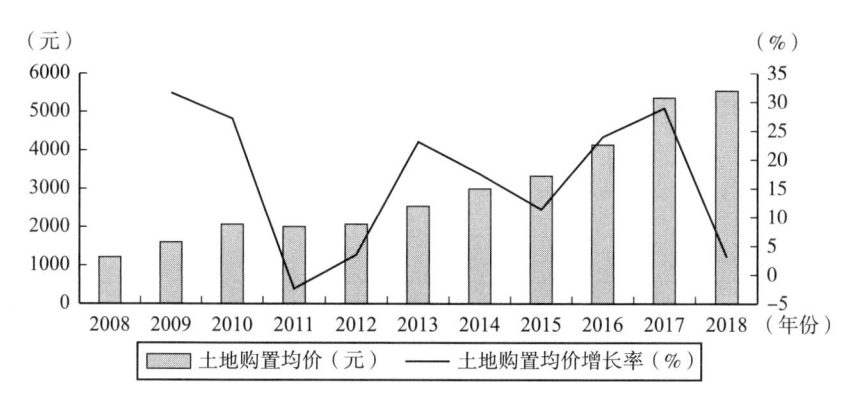

图8-1　2008年来全国房地产开发企业土地购置均价及增长率

资料来源：国家统计局。

依据国家统计局数据，2018年全国开发企业购地均价为5525元/平方米，相比2008年的1228元/平方米，大涨349%。而2018年全国商品房均价为8737元/平方米，相比2008年的3800元/平方米，上涨129%。另外，全国开发企业购地均价占房价的比重，2008年为32%，而2018年已大增至63%。显而易见，过去十年，地价涨幅大于房价涨幅，导致地价在房价构成中的占比越来越重，占据六成以上（见表8-1）。

表8-1　2019年大湾区九城涉宅用地楼面均价及一手房成交均价情况

城市/区域	楼面均价（元/平方米）	一手房成交均价（元/平方米）	楼面均价/一手房成交均价（%）
广州	12809	28707	45
佛山	7434	14161	52
肇庆	2185	6949	31

续表

城市/区域	楼面均价 （元/平方米）	一手房成交均价 （元/平方米）	楼面均价/一手房成交均价 （%）
深圳	29748	57091	52
东莞	9582	20026	48
惠州	3710	10862	34
珠海	8426	22790	37
中山	9274	13500	69
江门	3622	8060	45
大湾区	8159	17420	47

资料来源：各城市公共资源交易中心网站，中原地产。

2019年大湾区内城市地价占房价的比重在平均水平上达到47%。根据大湾区各城市公共资源交易中心数据显示，2019年大湾区内的楼面均价与一手房成交均价的比值达47%，这意味着每单位平方米建筑面积中，地价对房价贡献了47%。大湾区九市中该比值最高的是中山，达到69%，由于2019年上半年中山市没有向市场供应住宅用地，造成需求积压，因而下半年的集中供应抬高了中山市住宅用地价格。其次是佛山和深圳，均为52%。广州位于东莞之后，分别为45%和48%。

深圳和广州作为大湾区的中心城市，楼面均价和一手房成交均价都分别位列第一、二名。其他城市的楼面均价都不足10000元/平方米，而广深分别为12809元/平方米和29748元/平方米，与其他城市差距甚大，同时地价的高昂成本也直接反映在住宅的销售价格中。深圳房价持续高涨，也给当地企业带来了压力，拉高了企业固定资产投入以及人力成本。面对过高的地价和房价压力，不少深圳企业与人才选择外流。从长远来说，高涨的房价将会削弱城市整体竞争力。

大湾区另一核心城市广州房价相较深圳来说涨势较为平稳，与"北上深"差距逐渐拉开。一方面广州土地供应相对深圳来说较为充足，另一方面广佛都市圈规划也减轻了广州房价上涨压力。此外，近年来广州存在产业结构转型升级的压力，人口吸纳能力减弱，人才需求缺口较大。未来，广州房地产市场的发展取决于产业升级转型与人口增长所带来的需求增长。而作为湾区制造中心的东莞和佛山，在湾区规划中的地位将逐步提升，深圳、广州两个中心城市所带来的城市群辐射作用也将会给两地房地产市场带来利好与机遇。

其次还有一个明显的现象是，珠海的一手房成交均价在逼近广州。从政策上看，珠海的购房政策环境收紧，其次居民购买能力强，再加上住宅用地供给有限，所以珠海的房价也在逐步推高。但珠海房价高企的深层次原因还在于其城市发展前景以及其在大湾区规划中的战略定位。珠海横琴开发区与广州南沙、深圳前海一起被列入国家级自贸区，新兴产业的发展前景将持续吸引资金、人才流入。毗邻港澳的地理位置优势也使得珠海成为粤港澳大湾区区域整合的重点地区。另外，港珠澳大桥的开通将激发珠海经济活力，从而进一步推高城市房地产价格。

2. 建安成本

建安成本指房屋建筑成本和房屋设施设备安装成本，两者都包括材料成本和人工成本。国家统计局数据表明，全国房地产开发企业房屋建造价，由2008年的1795元/平方米，持续增长至2018年的3196元/平方米。

关于商品房销售均价，2008年和2018年全国分别为每平方米3800元和8736元，房屋造价占房屋售价的比重，全国由2008年的47.2%降至2018年的36.6%。一般而言，越是发达地区，房屋造价所占比重越低，而地价占比越高。当然，有些地方政府土地出让不规范，存在返还土地款的现象，地价占比可能略被高估。

2018年广东省的全国房地产开发企业房屋建造价为3967元/平方米，商品房销售均价为18742元/平方米，占比21.2%。在大湾区的不同城市中，主要由于人工成本和住宅档次有别，建安成本存在差异，比如2018年一线城市高层住宅多数超过5000元/平方米。如果是装修房，则建安成本还会增加每平方米几百至几千元不等，一二线城市中高档精装修房，成本可达 6000~8000 元/平方米。

3. 房地产税费

房地产行业的税费种类比较多，与房地产业相关的税种主要有七个：契税、土地增值税、房产税、耕地占用税、城镇土地使用税、营业税、所得税。其中前五个税种纯属房地产税种。2018 年，前五类房地产税税收总额达 2231 亿元，占地方财政收入的比重约为两成（见图 8-2）。

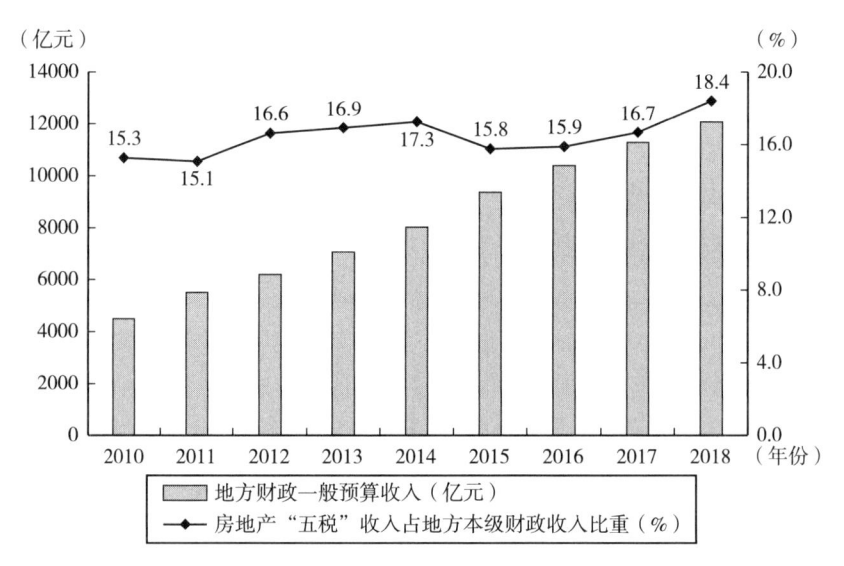

图 8-2 2010~2018 年广东省房地产"五税"收入占地方本级财政收入比重

资料来源：国家统计局。

2018 年，广东省新建商品房销售总额为 1.87 万亿元，房地产"七税"税收额占全省新房销售额的 42.4%。从实际税率看，土地出让的契税为 3%，购房契税实际为 2% 左右，企业营业税为 5.5%，企业所得税为 25%，土地增值税（按规定为四级累计税率，实际为房屋销售总金额的 2%~5%），这几个是与新房有关的主要税种。事实上，实际税收占比没有

42.4%这么高,因为在七种税中还包括了二手房交易税,比如营业税、契税和个人所得税。考虑到当前我国楼市仍以新房交易为主,综合而计,税收及各种费(费远小于税)大概能占到房价构成的15%~20%。

4. 开发商融资成本

房地产行业属于资金密集型产业,而借贷资金有时间成本,开发商通过借贷融资,就会产生利息支出。多年来,一个楼盘开发过程中,开发商自有资金比例多为二三成,其他七八成都需要借助于外部融资。

自2010年以来,随着国家不断加强房地产调控,不仅限制个人购房,而且对待开发商更加严苛,在融资方面设定很多门槛,比如要求商业银行实行"黑白名单",只有对"白名单"上的开发商才能放贷,大部分贷款流向全国房地产50强企业。2018年,在"房住不炒"的大背景下,融资环境趋紧,房企融资规模整体保持高位,融资成本上涨。传统融资渠道结构性进一步收紧,资产证券化规模加速上涨,供应链金融占比提升。随着销售增速下滑和偿债高峰的来临,房企加快融资步伐,融资成本继续结构性分化,"优质"房企受到鼓励,融资边际改善,中小房企被迫放缓拿地速度,市场分化进一步加剧。

5. 开发商利润

2018年,Top100上市房企营业收入总额为4.39万亿元,合计净利润为0.46万亿元,净利润率为10.6%。其中广东省房企营业收入达1.45万亿元,营业利润0.35万亿元,净利润率为24.3%。国家统计局数据显示,广东省房地产开发企业的营业利润率由2010年的16.2%,于2012年和2014年在20%的关口经历两次下跌,自2015年后从15.5%持续攀升至24.3%,房企在开发过程中的利润呈稳步上升的趋势(见图8-3)。

营业利润范畴大于净利润,前者没有减去企业所得税(税率为25%),因此,10%的营业利润率相当于7.5%的净利润率,即2018年广东省房企的净利润率已经上升至18.2%左右。

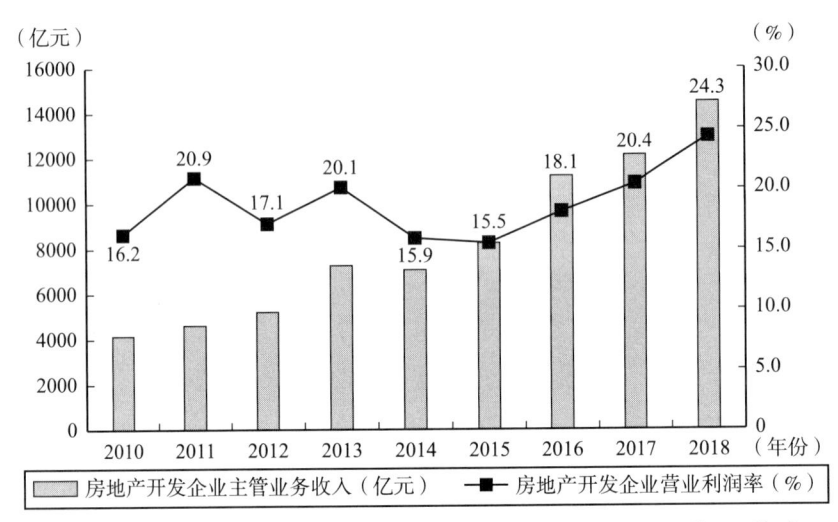

图8-3 2010~2018年广东省房地产开发企业主营业务收入及营业利润率

资料来源：国家统计局。

根据数据和估算，现阶段大湾区房价的构成大概为：地价约占45%，建安成本约占20%，税费约占15%，融资成本约占8%，开发商利润约占12%。在多数发达国家，由于房地产市场进入成熟平稳阶段，建安成本一般占房价的六七成，地价、税费、企业利润等仅占房价的三四成。相比较而言，大湾区的房地产业仍处在蓬勃发展时期，地价与税费占比偏高。

（二）粤港澳大湾区各区域的房价特点

纵观近年来大湾区粤九城房地产市场变化，存在以下共同特征：

（1）广东九城房地产市场对政策调控敏感度高、受其影响大。2016年3月深圳率先升级限购，2017年3月广州跟进升级限购，随后广深两市房地产市场明显降温，投资性需求逐渐减少。而从市场走势来看，深圳、广州成交量分别于2015年、2016年创历史新高，随后成交量均从高位回落。近年来，深圳、广州成交量仍在下跌，但同比跌幅明显收窄，2018年深圳、广州成交量同比分别微降0.4%和4.8%。另外，2016年国庆期间东莞、珠海和佛山重启限购令，核心城市投资性需求被迫离场，成交量皆高位回落。相较而言，珠海市场对政策敏感性颇高，因政策严厉打压，珠海市场步入调整期，成交量连续两年低位运行。鉴于粤港澳大湾区规划释放巨大改革红利，加之2019年市场普遍预期调控政策将有所松绑，广州九城房地产市场将显著受益，市场前景可参看一线（见图8-4）。

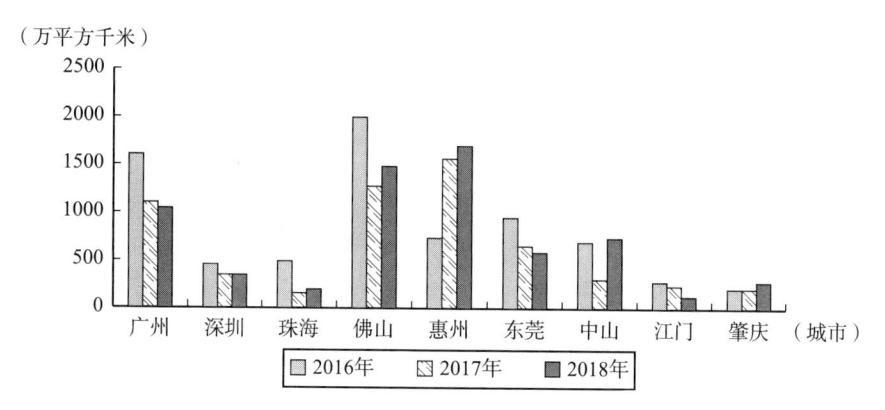

图8-4 2016~2018年粤九城商品住宅成交面积

资料来源：CRIC中国房地产决策咨询系统。

（2）粤九城房地产市场规模呈现不同的城市梯队。具体而言：受制于调控政策持续高压，核心城市成交量连续两年低位运行，广州略超1000万平方米，深圳则不足350万平方米。2018年惠州、佛山双双跻身成交面积Top10城市，市场热度可见一斑。东莞、中山，2016~2018年成交量皆不足惠州、东莞的一半。江门、肇庆房地产市场相较封闭，成交主力皆为本地居民自住以及改善性需求，核心城市外溢置业需求成交占比寥寥，市场规模暂居末位，多数年份成交量均在200万~300万平方米区间范围窄幅波动。

（3）因地理位置临近深圳，长期以来东莞承接大量深圳外溢置业需求，市场高热阶段成交异常活跃，全年成交量接近1000万平方米。而在东莞限购后，深圳外溢客群由东莞分流至惠州，市场热度持续提升，2016~2018年惠州成交量迭创新高，2018年升至1700万平方米高位，仅次于重庆，位列城市成交面积榜第二名。佛山限购后，市场虽有降温特征，但成交量依旧维持在较高水平。中山、江门、肇庆等对佛山的分流作用并不明显，成交量整体提升幅度有限。一方面，广佛同城化建设成效显著，现已在基建交通、产业体系、公共服务等领域深度融合。因此，广州外溢客群更为青睐佛山，优先级明显高于中山、江门、肇庆等城市。另一方面，深圳供地长期受限，房价持续高位运行，很大程度挤压大量刚需客群外溢至周边城市，东莞、惠州显著受益，已然成为深圳刚需客群的第一居所。

（4）核心城市与三四线城市市场轮动特征明显。广州、深圳房地产市场分别于2016年、2017年开始调整，市场调整周期相较漫长，现已基本调整到位。相较而言，湾区三四线城市市场调整周期较短，2018年下半年以来，湾区三四线城市房地产市场明显降温，市场观望情绪再起，新开盘项目去化率均有不同程度的回落。主要原因在于房价现已升至阶段性高点，市场购买力难免透支，成交明显减速也属正常现象。与此同时，湾区三四线城市房地产库存小幅回升，但库存风险整体可控，截至2018年12月中山、东莞、佛山等市消化周期皆在12个月以内。2018年底中山、佛山集中网签备案，去化周期明显回落，环比跌幅都在10%以上（见图8-5）。

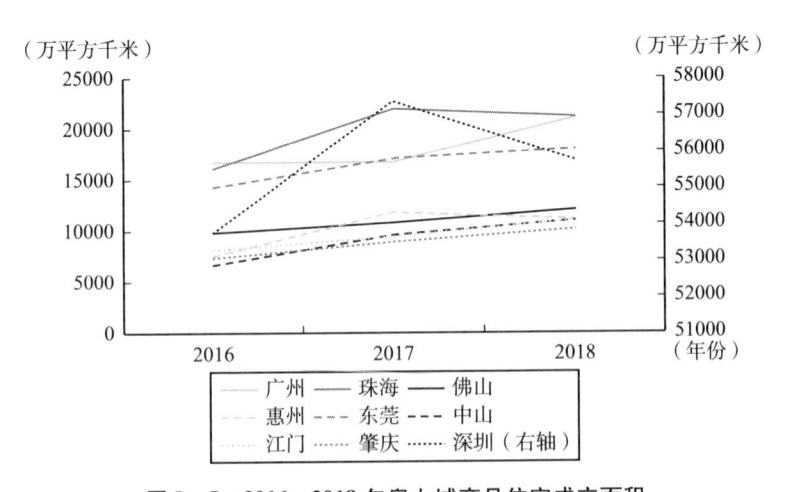

图8-5 2016~2018年粤九城商品住宅成交面积

资料来源：CRIC中国房地产决策咨询系统。

二、粤港澳大湾区的土地区位

(一) 粤港澳大湾区与区位理论

区位理论是关于人类活动空间和空间组织优化的理论。选择适宜的人类活动空间有利于提高对生产要素的运输和使用效率，可促使经济利润的增长。粤港澳大湾区在建设中合理利用区位理论进行规划和综合管理，能有效地推动大湾区的发展。区域内的经济增长并非同步，而是有先后快慢之分，对于粤港澳大湾区内部，广深港处于第一梯队；莞佛珠澳处于第二梯队；惠中处于第三梯队、江肇处于第四梯队。细分之后，粤港澳大湾区由四个小经济区域构成，分别是：广佛肇、深莞惠、珠中江及港澳。而在这四个小区域中，广州、深圳、珠海、香港分别可视为区域经济的增长极。未来粤港澳大湾区的建设，也应该围绕这四个核心区域的核心城市来进行规划和布局，使其优势互补，同步推进，共同带动区域经济发展。粤港澳大湾区的建设是一个系统工程，结合区位理论，灵活指导经济建设的实践，并且根据实践的反馈不断进行完善和修正，使其更加适应中国区域经济发展的实际需求，以更好地解决实际问题。

(二) 粤港澳大湾区各区的土地利用结构

土地利用结构是土地利用的结果表现，是经济结构、社会结构、生态结构在一定地域范围内的映像。城市土地利用结构是指不同用地类型在一定地域范围内数量结构的表现，其含义主要包括两个方面：一是不同用地类型即要素体系；二是各要素的数量构成。通过研究粤港澳大湾区的土地利用结构，对大湾区内各城市空间结构演化机制和内在运行规律进行探索，以取得城市土地资源利用最佳经济效益、社会效益、生态效益，对于保障城市可持续发展意义重大，同时也可为大湾区内的房产投资提供决策依据。

1. 洛伦兹曲线

1905 年美国经济学家洛伦兹在分析国民收入分配不平等时，提出利用频率累计数绘制成的曲线来反映其不平等（集中或分散）程度，该曲线被称为洛伦兹曲线。洛伦兹曲线最先被应用于研究收入、土地、财富的不平等，因其直观、准确等特点逐渐被应用于土地利用结构的空间分布特征研究。运用洛伦兹曲线评价粤港澳大湾区城市群的城市土地利用结构，分别计算 2015 年和 2017 年粤港澳大湾区城市群 10 个评价城市的各建设地类的区位熵。区位熵是用来衡量某一区域要素空间分布情况的关键指标，某地类的区位熵是指某一地区该土地利用类型面积占该区域土地类型总面积的比值与该地区土地总面积占区域土地总面积之比。具体的计算公式为：

$$Q_{ij} = \frac{q_{ij}/q_j}{q_i/q}$$

式中，Q_{ij} 是 j 城市的 i 类土地的区位熵，q_{ij} 是 j 城市的 i 类建设用地的面积，q_j 是 j 城市的建设用地总面积，q_i 是全区 i 类建设用地的面积，q 是全区建设用地总面积。

按区位熵大小对城市从低到高进行排序，并计算出城市各类建设用地面积占该类建设用地面积的累积百分比和各城市建设用地面积占全区建设用地总面积的累积百分比。最后，以城市各类建设用地面积累积百分比为纵坐标，以城市建设用面积累积百分比为横坐标，绘出洛伦兹曲线，得到的曲线至绝对均匀线的离差就是该地类实际分布与其在全区均匀分布的差异测度。曲线越接近绝对均匀线，离差越小，表明该地类在全区分布越均匀；反之，曲线离绝对均匀线越远，离差越大，表明该地类在全区中的分布差异越大，即分布相对分散（见图 8 – 6、图 8 – 7）。

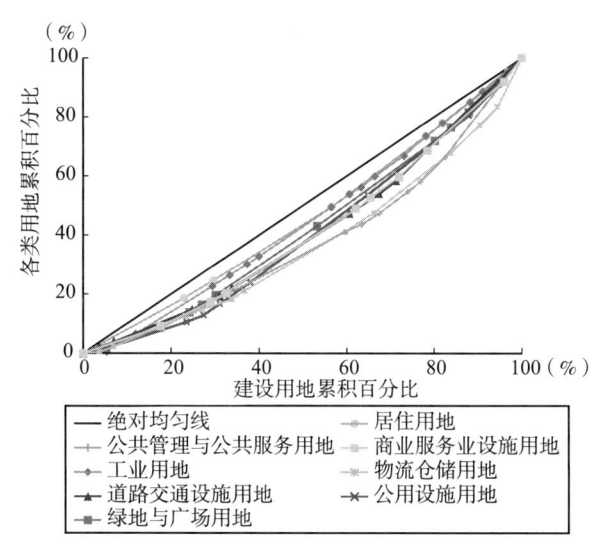

第八章 政府钱袋：土地财政及粤港澳大湾区房地产投资 | 219

图 8-6 2015 年粤港澳大湾区城市群土地利用类型洛伦兹曲线

资料来源：2015 年广东省统计年鉴。

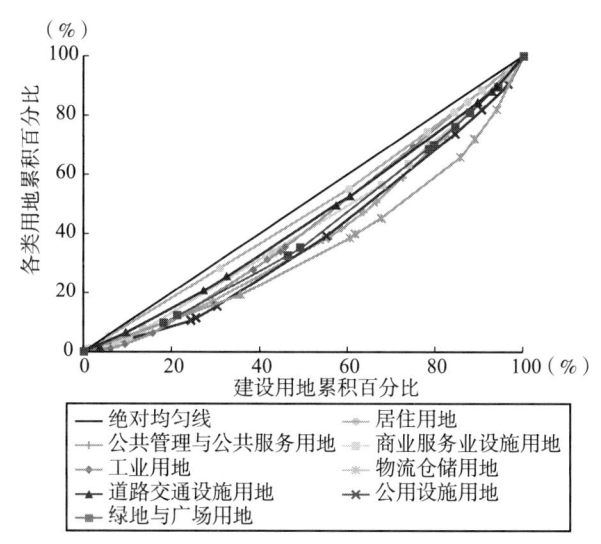

图 8-7 2017 年粤港澳大湾区城市群土地利用类型洛伦兹曲线

资料来源：2017 年广东省统计年鉴。

2. 基尼系数

在洛伦兹曲线直观显示某种土地利用类型的空间差异基础上，基尼系数可以进一步定量描述某种土地类型在区内的差异程度。基尼系数又称为洛伦兹系数，是根据洛伦兹曲线计算出来的判断收入差距的指标，后被广泛应用于测度区域要素的不平等程度。基尼系数的计算公式为：

$$G = \sum_{i=1}^{n-1}(M_i Q_{i+1} - M_{i+1} Q_i)$$

G——基尼系数、Q_i——某市县某地类面积累计百分比、M_i——某市县土地在研究区土面积的累计百分比。讨论10个评价单元，故 i 的取值范围是 0~11 的整数。

在几何意义上，基尼系数是曲线与绝对均匀线之间的面积和绝对均匀线以上三角形面积的比值。一般认为，基尼系数0.2以下表示绝对平均，0.2~0.3表示比较平均，0.3~0.4表示相对合理，0.4~0.5表示分布差异较大，0.6以上表示分布差异悬殊。

通过计算粤港澳大湾区城市群2015年和2017年城市各类用地的基尼系数可以发现，各类用地在区内分布的均衡程度基本保持在同一水平，即各城市的土地利用类型分布差异在降低。根据基尼系数的划分标准，2015年粤港澳大湾区城市群内的居住用地、商业服务业设施用地、工业用地、道路交通设施用地、绿地与广场用地分布绝对平均，公共管理与公共服务用地、物流仓储用地、公用设施用地分布比较平均。2017年除公用设施用地由比较平均变为绝对平均外，其他土地类型分布保持不变，说明大湾区内的土地利用结构已趋于稳定（见表8-2）。

3. 土地利用结构分析

由2015年和2017年土地利用类型洛伦兹曲线可以看出，粤港澳大湾区城市群内各城市的土地利用类型有一定差异。2015年，粤港澳大湾区城市

表 8-2　粤港澳大湾区城市群 2015 年和 2017 年城市各类用地的基尼系数

年份	居住用地	公共管理与公共服务用地	商业服务业设施用地	工业用地	物流仓储用地	道路交通设施用地	公用设施用地	绿地与广场用地
2015	0.054	0.204	0.146	0.139	0.292	0.112	0.229	0.181
2017	0.086	0.249	0.176	0.107	0.262	0.180	0.193	0.156

资料来源：利用 2015 年和 2017 年统计年鉴各用地数据计算得出。

群内分布最不均衡的是物流仓储用地，物流仓储用地面积排名前三名的城市（广州、深圳和东莞）占物流仓储用地总面积的 56.3%；其次是公用设施用地，东莞的公用设施用地面积最广，占公用设施总面积的 34.6%，是同类型用地面积最少的江门的 60 倍；最后是公共管理与公共服务用地，广州和深圳的公共管理与公共服务用地的面积最广，占大湾区公共管理与公共服务用地总面积的 47.9%，而公共管理与公共服务用地最少的江门和中山，仅占大湾区公共管理与公共服务用地总面积的 4%；区内分布最均衡是居住用地，属于绝对平均，其中广州和深圳的居住用地面积合计约占全区居住面积的 42.5%。

相比 2015 年，2017 年建设用地总面积增加了 13.1%。其中道路交通设施用地面积增长最大，达到 30.6%；公用设施用地增长仅 2.4%，增速最慢。从基尼系数来看，物流仓储用地依然是粤港澳大湾区城市群内分布最不均的土地类型，仍属于分布比较平均。分布最均衡的仍然是居住用地，均衡程度虽比 2015 年略有下降，但仍属于绝对平均。公用设施用地由比较平均变为绝对平均，其他土地利用类型分布保持不变。

(三) 粤港澳大湾区各城市的功能定位

从土地区位的角度，粤港澳大湾区城市群可划分为广佛肇都市群、港深莞惠都市群和珠澳中江都市群，其各自的功能定位分别为：

1. 广佛肇都市群

广佛肇都市群以广州为中心城市，佛山与广州在地理位置上天然接壤，而且在经历了行政与经济改革之后，实行广佛同城的区域一体化建设。2019年，佛山GDP突破万亿大关，广佛从此形成"双万亿"同城组合，为广佛经济文化合作交流奠定更加深厚的经济基础。经历了交通整合之后，广佛两地实现了地铁的连接，打通两地的轨道交通网络。除了地铁，两地在高速交通上也是相连的，为广州带动佛山的经济发展创造交通优势，有利于两地进一步地发展融合。相比佛山，肇庆在地理上缺乏与广州相连的优势，可以作为广佛同城的外延区。随着广佛肇一小时经济生活圈的建设，肇庆也可以逐步融入。

在广佛肇都市群中，依据三城目前的产业发展阶段以及未来的产业规划，广州作为中心城市，重点发展"IAB + NEM"为主导产业的知识型经济，佛山和肇庆则定位于"先进制造业 + 生产性服务业"，整体表现为广州中心区产业高端化，佛山、肇庆则分梯度承接广州的产业转移，形成"广州研发 + 佛山高端制造 + 肇庆成果转化"产业分工。因此佛山可以定位为区域内次一级的中心城市，在受到广州的辐射带动的同时，实现自身经济的发展，同时也起到桥梁作用，将经济的发展动能传导给肇庆，整个都市圈的产业将互相协作，协同发展，实现规模经济效应。

2. 港深莞惠都市群

港深莞惠都市群拥有香港和深圳双中心城市，外部由东莞、惠州环绕。在地理位置上，深圳毗邻香港，自设立特区以来就与香港经济来往密切。东莞紧靠深圳，凭借独特的区位优势，成为包括华为在内的深圳大企业的对外拓展的首选地，承接了许多由深圳外溢出去的产业。惠州经历多年的建设，构建起包含深水港、铁路、公路、机场的完善的、便利快捷的交通网络。

作为国际金融、航运、贸易中心和国际航空枢纽，香港是连接粤港澳大湾区与全球的重要纽带。坐拥金融中心的地位和高度国际化、法治化的营商环境，香港是吸引国际资本，以及为粤港澳大湾区提供企业融资支持的重要平台。随着港珠澳大桥和广深港高速铁路香港段的相继通车，香港与整个粤港澳大湾区之间的交通往来时间大大缩短，进一步密切港澳与内地之间的联系，便利的交通也将进一步促进深圳前海、广州南海与珠海横琴自贸区与香港形成国际金融圈，为资金的流动和信息的流通提供理想条件。

深圳是一座因创新而生的城市，自特区创立之初就率先冲破旧观念，传播新思想。在建设粤港澳大湾区的新时代背景下，深圳也被赋予了"全国性经济中心城市""国家创新型城市""创新创意之都"的城市定位，为中国经济从"中国制造"向"中国创造"转型探索方向。深圳已经在发展知识密集型的产业阶段，以文化创意产业、高新技术产业、现代物流业、金融业作为深圳经济创新发展的支柱产业。劳动密集型产业向东莞、惠州转移，辐射带动节点城市的经济发展。同时深圳的发展也离不开与香港的合作，建设前海蛇口自贸区就是粤港澳大湾区扩大对外开放的重要举措。深圳以突出制度革新为主要任务，制定完善的贸易规则，加大对外金融贸易方式的创新，形成全方位的创新成果；同时加快前海深港现代服务业合作区建设，打造深港基金小镇等，与香港深入合作，致力于打造国际化、法治化的营商环境，跻身全球性的竞争格局。

东莞依靠制造业发展起家，在地理位置上与深圳和香港更近，更容易从两个中心城市发展外溢中获取发展机会。东莞可以借此机会，承接深圳的转移产业，在珠江东岸打造粤港澳大湾区的世界级现金制造业产业集群，大力发展智能制造及完整生态链。惠州则发挥自身的比较优势，凭借完善便捷的交通网络，加快发展港口物流，探索滨海旅游业的高品质发展。

3. 珠澳中江都市群

在珠澳中江都市群，核心城市是珠海和澳门。珠海毗邻澳门，经济来往紧密。港珠澳大桥通车，使珠海成为珠江西岸唯一一个陆路连通港澳的城市，为珠海的发展创造极大的交通优势。澳门的国际金融地位主要体现在与葡语国家的合作交流，澳门将打造中国—葡语国家金融服务平台，建设葡语国家人民币清算中心，同时与珠海研究探索，建设澳门—珠海跨境金融合作示范区，共同打造面向葡语国家的金融枢纽。

中山的定位在于建设珠江西岸地区综合性的交通纽带。在规划中，明确将深中通道列入大湾区快速交通网络，中山也因此成为大湾区基础设施互联互通的最大受益者之一。珠海和佛山被定位为珠江西岸先进装备制造产业带，位于珠佛之间的中山也将在产业上受到两地的辐射，并且为珠澳中江都市群和广佛肇都市群的交通运输创造条件。

江门在规划中的定位是吸引华侨资源，打造华侨华人文化交流合作的重要平台，作为华侨资金引入粤港澳大湾区的重要通道。江门与港澳合作建设海湾经济区，拓展在金融、旅游、文化创意、电子商务等领域的合作，为江门的发展引进第三产业的支持。

从珠三角整体来看，广州与深圳的经济发展程度与工业化水平最高，因而作为中心城市带动周边城市的发展。相比之下，珠海、佛山、东莞和中山的经济发展程度和工业化水平虽然低于广州和深圳，但可以作为次一级的中心城市，在受到中心城市辐射带动发展的同时，也能为向中心城市辐射力度较小的江门、肇庆和惠州，传导经济发展的动能。

三、土地财政带来的粤港澳大湾区房地产投资的难题

（一）一二线城市房价高，三四线城市库存多

短期来看，土地财政并不会直接影响到房地产市场变化，但长远来看，叠加效应会逐步放大。对于大湾区的一线城市广州、深圳而言，本身经济发展实力雄厚，需求充足，早已度过土地财政依赖的节点。佛山、珠海、东莞、惠州二线城市由于经济实力和房地产需求的差异，分化比较明显。在高依赖度、市场需求充足的城市，短期土地财政依赖度攀升主要取决于地价上

涨，库存风险并未显著增加，且城市建设已经进入平稳期，即便土地市场降温，也不会对城市发展起到致命的威胁。反观历年土地出让较大的城市，土地依赖度过高导致土地潜在库存风险较大，对长远房价走势起到抑制作用。土地依赖度比较低的城市，无疑均是采取了控制土地出让的策略，长远来看，有利于城市可持续发展，在应对经济结构性调整的情况下，增加了房地产的可操作空间，未来增长潜力较大。

在旺盛的市场需求下，对土地财政的依赖，通过高溢价成交，使得广州深圳房价高居不下。从全国来看一线城市无须大量供给土地即可获得高额的土地出让金，2021年一线城市土地成交平均溢价达11.71%，而三四线城市土地成交平均溢价仅为33.59%[①]。2020年一线城市推出土地面积3676.45万平方米，同比增加0.1%；而三四线城市推出土地面积87943万平方米，同比减少49%。[②]

对土地财政的依赖，使得三四线城市房地产的库存难去。土地财政所带来的财政收入、经济利益和其他关联利益极大地激发了地方政府的土地批租热情，工业、房地产等建设用地供过于求，房地产高库存难以消化。此外，由于中山、江门、肇庆经济基础较薄弱，土地收入模式几乎成为城市发展的重要来源。在棚改红利透支一部分需求的情况下，高土地依赖短期引发了地价、房价快速上升，一旦土地市场降温，会对市场生产较大冲击。此外，大量出让土地对于原本需求薄弱的中山、江门、肇庆而言，可能会再次走入库存高企的泥潭。

"土地财政"收入模式在聚集大量可支配资金下，可带动区域内经济增长和城镇化进程，但过分依赖土地受让收入负面影响的叠加效应越来越大。经济建设上，导致结构畸形发展，债务风险不断攀升。城市建设上，造成了城市规模的无序扩张，不仅造成土地浪费，也打乱了城市原有正常的发展进

---

① 新浪财经：集中供地下的4月土地市场：一线城市土地溢价率最低 三四线供应减少超1000宗，https://finance.sina.com.cn/chanjing/cyxw/2021-05-14/doc-ikmyaawc5163347.shtml。
② 今日头条：一线城市发力 三四线城市持续萎缩2020年房地产行业回顾与前瞻（土地篇），https://m.toutiao.com/article/6915580167310246407/。

程。对于房地产而言，引发了房价和地价"暴涨"，面粉贵过面包的现象，造成市场非理性、不可持续的增长。

（二）土地财政依赖度高，引致"产业空心化"

土地财政带动了房地产行业繁荣发展的同时，也加速了社会资金从工业或者制造业等实体经济领域的抽离。由于行业利润率的差异，社会资金势必都逃离利润率相对较低的实体经济行业而涌入房地产相关行业中去。同时，房地产领域吸收了大量的社会资金后，又推高了其他行业企业的融资成本。

另外，政府对房地产业的重视也暗含了政府对于工业或者制造业等实体经济领域的忽视。实体经济的边缘与空心化，又导致其对地方政府的财政收入贡献率低，进一步导致地方政府对其支持不足。因此对于实体经济来说，这双重现象导致的结果是融资成本提高，增速下滑，连年疲软不振。对房地产业的过度依赖，并且依靠房地产业带动经济的发展模式在国外的大型经济体中几乎不存在。由于对房地产的过度依赖，导致地方政府对土地财政的过度依赖，有可能造成地方政府在经济发展中所起到的作用被扭曲。同时地方的社会经济结构面临失衡的危险，由于房地产业的繁荣导致利润率远远高于实体经济，大量企业放弃实业，转型为房地产公司，导致实体经济的低迷以及房地产泡沫化的潜在危险。

（三）地方政府债务风险增加

在全球经济增长放缓、国内产能过剩的大背景下，中国经济的增长速度放缓，众多传统产业面临转型的挑战，城市化的动力也因此减弱，传统以投资和基建为中心的城市化模式不可持续。经历了多年的城市基础设施建设后，大湾区城市的基础设施趋于完善，过多的新增城建项目往往缺乏经济性。此外，随着经济增长的放缓，房地产业去库存难度增大，房地产企业拿地的积极性也减弱。这些都威胁到土地财政的可持续性，同时威胁到地方政府债务的偿还能力。而地方政府忽视这些潜在的风险，继续扩大举债规模，则会进一步加剧此类风险。

此外地方政府的债务问题还存在一系列其他的隐患。一方面，地方政府往往认为，中央政府与地方政府休戚相关，地方政府债务出现问题将会从基层影响国家和社会的稳定，故而中央政府必然会为地方债务兜底。这样会进一步刺激地方政府忽视债务风险，扩大举债规模，加剧债务问题的严重性。另一方面，地方政府之间越来越激烈的竞争促使地方政府的债务规模持续扩大。在现行的政府官员考核机制下，地方官员的晋升与其地方政绩密切相关。在考核内容中，经济增长与财政收入占据十分重要的地位。同时，如上所述，土地财政及基于其的债务扩张对于增加财政收入、刺激经济增长都有正向作用。因此，财政收入增长对地方政府官员有着极强的激励作用，导致考虑短期利益而忽视长期风险，扩大债务的投放规模，这一决策动机同样使得债务问题变得更加严重。

第九章

人口投票：人口迁移的国际规律与粤港澳大湾区房地产投资潜力

一、人口迁移的理论逻辑

长期来看，城市经济增长的基础性因素之一在于劳动力的转移，这种转移的持续时间和转移后劳动力边际产出的变化，决定了城市经济可持续发展的时间和空间，高储蓄率和高投资率则是房地产价值增长的必需和必然。房地产长期发展趋势，代表了投资的基本面，投资无论是个人行为或公司行为都难以逃离大势的影响。房地产作为五大大型资产之一，同样有其基本面最重要的指标——人口。

（一）人口迁移的基本逻辑：人随产业走，人往高处走

影响人口迁移的因素有很多，比如自然、地理、经济、政治、社会、文化等，相关理论有拉文斯坦迁移法则、推拉理论、发展经济学二元结构理论等。从长期和根本看，决定一个区域人口集聚的关键是该区域经济规模及该城市与本国其他地区的人均收入差距，简单地讲，就是人随产业走，人往高

处走。理论上，在完全的市场竞争和个体同质条件下，人均收入较高的地区将不断吸引区外人口净迁入，直至该地区人均收入与其他地区持平。

从长期来看，对于整个房地产市场来讲，如果缺少了人口的基本支撑，在全民杠杆买房的时代，一旦房地产市场泡沫被刺破，便会出现美国次贷危机的房地产危机。所以无论是在研究房地产市场或者房地产投资，人口都是其衡量房地产长期是否健康发展的重要指标。

（二）人口因素对房地产的影响机制

人口究竟决定了什么，为什么会影响房价？在经济学原理中可以找到答案，资本分为固定资本和人力资本，在城市发展的初期，固定资本的投入对城市的影响巨大，诸如大兴土木、土地改革，兴建交通基础设施等都极大地提高了人类社会的效率。但当城市发展逐渐成熟，固定资本不再是影响城市经济增长的唯一要素，这时人力资本对经济的促进效应开始显现。具体可以解释为人类的生产活动决定了社会经济的发展，而人口的数量是保证经济发展的基础，于是人口增长率和人口素质的提高成为了提高生产效率和发展经济的重要指标。

从长期来看，城市人口的基本逻辑是经济与人口的平衡分布，经济动力学中经济引力论认为"万有引力"原理也适用于经济联系，即区域经济联系也存在着相互吸引的规律性，可以理解为，决定一个城市人口聚集规模的关键在于该城市与其他国家及其他地区收入的差距。在完全市场竞争和个体同质的条件下，一个城市较高的人均收入将不断吸引区外人口净迁入，直至该地区人均收入与其他地区持平。

英国地理学者戈德认为："城市群是城市发展到成熟阶段的最高空间组织形式。城市群作为国家参与全球竞争与国际分工的全新地域单元，深刻影响着国家的国际竞争力和21世纪全球经济的新格局。"这一理论充分阐述一个城市从发展时期到衰落时期所经历的经济和人口的变化过程和基本规律。

第一,地理位置与自然条件是区域形成都市圈形成和发展的基本条件。而纵观全球,发达的城市大多毗邻于港口,港口对于都市圈的发展有极其重要的作用,也被学者称为湾区经济。从四大湾区及纽约、旧金山、东京、伦敦的形成和发展过程看,它们都是毗邻港口,而在竞争理论中,都市圈形成核心城市,符合人类发展和经济学规律。

第二,交通运输业的发展和交通基础的完善在都市圈的形成中扮演了重要角色,在世界范围来看,四大湾区的发展需要海、陆、空等多方面形成交通网络,因为交通运输的发展能为都市圈的形成与发展提供坚实的基础。

第三,都市圈发展过程中都存在一定共性。三大湾区在形成的过程中就表现出一定的共同规律。首先围绕经济实力强大的城市中心发展,伴随着城市中心的产业配套完善,发生聚集效应,周围的人口,企业以及金融资源都向中聚集,发展到一定阶段后又会产生经济溢出效应。最后由聚集效应对周边区域产生影响,实现资源和产业结构的优化配置。其中人口方面的聚集和溢出效应在都市圈形成过程中尤为明显。

(三) 区域经济——人口份额占比模型

城市化作为城市发展的客观规律,城市群已经成为一定发展阶段地域空间的组成形式。人口聚集的基本逻辑是经济与人口分布平衡,决定一个城市人口聚集规模的关键在于该城市与所在国家其他地区的收入差距,这种区域收入差距通常用区域经济份额与区域人口份额的比值来表示。在完全市场竞争以及个体同质条件下,一个城市较高的人均收入将不断吸引区外人口净迁入,直至该地区人均收入与其他地区保持平衡通常人口稳定的城市经济与人口比值趋向1,高于1面临人口净流入,如果低于1,面临人口净迁出。

我国部分城市经济——人口份额比高,根据《2017年广东省统计年鉴》计算,属于长三角都市圈的苏州、宁波、无锡、南通和常州等城市,经济——人口份额比超过1.6;属于粤港澳大湾区的珠海、佛山等城市经济——人口份额比也在1.9以上，深圳、广州分别为2.7和2.6，人口预计会持续净流入。这说明了一个简单的经济现象：每个理性的个体一定会选择最适合其发展和赚钱的地方，若某地区经济—人口份额比值较高，意味着该地区产业优势明显，对人才具有较强的吸引力，其人口存在净迁入的趋势；该指数还反映了不同区域的生产力水平是趋于一致的，科技要素驱动的程度越高就越明显；未来在生产力水平接近的时候，促进人才聚集是城市破局之道，当前各个城市开展着"抢人大战"也与此有一定的关系。

二、粤港澳大湾区的人口总量对房地产投资影响

（一）人口因素对房地产市场的影响

1. 人口影响房地产市场的逻辑

房地产价格与人口数量的关系非常密切。在某一地区，当人口数量增加时，对房地产的需求就会增加，房地产价格也就会上涨；反之，房地产价格会下降。引起人口数量变化的一个重要因素是人口增长，它是在一定时期内由出生、死亡和迁入、迁出等因素的消长导致的人口数量增加或减少的变动现象。根据人口增长的绝对数量，人口增长有人口净增长、人口零增长和人口负增长三种情况。反映人口增减速度的指标主要是人口增长率。某一地区的人口增长率是该地区一年内人口增长的绝对数与其同期年平均总人数之比。这是由于在初期在房地产发展初期，人口红利和人口转移提升经济潜在增长率，居民收入大幅度增长，而消费的增加带动住房需求及投资都高速增长。居民将更多的收入存入银行，高储蓄率和不断扩大的外汇导致资产流动性过剩，推升资产价格。随后房地产发展逐渐成熟，人口红利逐渐消失，经济增速换挡，居民收入放缓。随着城镇住房饱和度

上升,职业人群达到高峰,房地产投资长周期拐点到来,房地产进入白银时代,其典型特点是总量放缓、结构分化,人口迁移边际决定不同区域的房市价格。

2. 人口增长的模式和特征

不同地区,不同背景下的社会由于经济发展水平的差异,导致人口的增长模式也极为不同。一般而言,人口增长模式主要有传统型、过渡型、现代型。根据典型工业化经济体房地产发展的经验,其发展过程具有明显的阶段性特征:

(1) 从高速增长期到平稳或下降期。

在经济高速增长、居民收入水平快速提高、城镇化率快速上升的阶段,房地产销量和投资处于高速增长期,房价上涨有长期基本面支撑。当进入经济增速换挡、城镇化率放缓阶段,大部分人群的住房需求基本得到满足,大规模住宅建设高潮过去并转入平稳或者下降状态。住房开工量与经济增速以及城市化水平的关联度下降,而与每年出生人口数量以及有能力、有意愿购买住房的适龄人口数量的关联性更强,房价受居民收入和利率政策影响较大。

(2) 家庭人口变化对房地产的影响从数量扩张期到质量提升期。

初期,住房饱和度不高,住宅开工高速增长,以满足居民快速增长的最基本的首次置业居住需求;随着住房趋于饱和(比如城镇户均一套),居民对住宅质量、成套率、人居环境等改善性需求的要求提高。

(3) 从总量扩张期到"总量放缓、结构分化"期。

中国从出台计划生育之后,人口出生率持续下滑,但粤港澳大湾区在产业、空间、交通等多重优势下,势必对其他城市有着极大的人口聚集效应,人口红利和人才红利的双重作用对粤港澳大湾区房地产的价值有着良好促进作用。

（二）粤港澳大湾区各区域的人口总量

1. 粤港澳大湾区整体概况

截至2022年，粤港澳大湾区目前人口总量达8000多万人[①]，上海易居研究院也在2020年发布了一份《粤港澳大湾区专题研究》，其中提出，按照近五年来粤港澳大湾区11城人口的年均增速测算，若进一步考虑大湾区规划带来的基础设施完善、经济发展融合、生态环境宜居等因素，预计人口到2030年将达到1亿人[②]。

2019年，广东省常住人口数量继续居全国首位，占全国人口总量的8.23%，比上年提高0.1个百分点，人口密度为全国的4.4倍。截至2019年底，全省常住人口11521.00万人，其中，珠三角核心区始终是全省常住人口数量增幅最大、增长速度最快的区域，2019年常住人口数量比上年增加145.90万人。广州、深圳两市的人口分别比上年净增40.15万人和41.22万人。从人口总量的区域分布看，这种集聚态势同样明显。2019年末，珠三角核心区、沿海经济带、北部生态发展区的常住人口分别占全省人口总量的55.96%、29.33%和14.71%[③]。

2. 粤港澳大湾区11城人口发展特点

常住人口方面根据数据显示：第一梯队：广州、深圳，2018年广州常住人口规模最大，超1400万，深圳位居第二；佛山、东莞位居第二梯队；第三梯队为惠州、肇庆、江门、珠海，按常住人口规模最小。截至2018年，

[①] 腾讯研究院：2022年数字湾区之粤港澳大湾区专题报告 国内打造数字湾区的进程比较，https：//www.vzkoo.com/read/202208269347798aabcd3104daafa8ec.html。

[②] 至诚网：粤港澳大湾区未来发展如何？大湾区未来人口或上亿，http：//www.zhicheng.com/gncj/n/248594.html。

[③] 南方日报：广东常住人口数继续领跑全国珠三角增幅最大、增速最快，https：//view.inews.qq.com/k/20200429A04NSV00? web_channel = wap&openApp = false&f = newdc。

广州和深圳的常住人口增长成绩傲视群雄，分别增加了40.6万和49.8万，人口变化有一定的同步性，如图9-1所示。

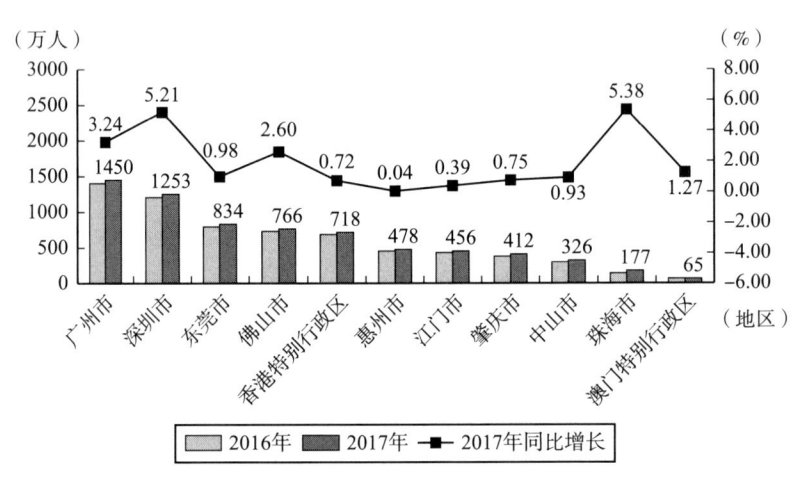

图9-1 2016~2017年粤港澳大湾区各个城市常住人口数量分布

资料来源：广东省统计局。

3. 粤港澳大湾区第一梯队城市人口规模

从生育政策来看，2014年，各省份陆续公布单独二孩政策，广东省从当年3月27日起正式实施，这导致二孩数量的增长主要从2015年开始反映出来。广州统计年鉴数据显示，2014年全市户籍人口出生率为13.61‰，到2015年上涨至17.73‰，两个年度的自然增长户籍人口分别为6.7万和10.1万，相差3.4万。深圳略有"反常"，2014年常住人口出生率为19.89‰，2015年反倒小幅下降至19.64‰，两个年度的自然增长人口分别为5.94万和6.68万，相差不足万人。不难发现，生育并不能真正解释2015年广深人口的爆发式增长，即使后来实施全面二孩政策，广深的自然人口增量也并不显著，因此，原因主要在于外来人口的流入。对于大城市人口过多的难题，通过都市圈来合理引导人口分布或许是一个有效破解之道。

4. 粤港澳大湾区第二梯队城市人口规模

再来看第二梯队城市梯队人口发展潜力，与广深毗邻的东莞和佛山相继发布《东莞市人口发展规划（2020~2035年）》（公众征求意见稿）和《佛山市人口发展规划（2018~2030年）》，两城分别提出2030年人口冲刺1020万和850万的目标。2018年，广东省发布《人口发展规划（2017~2030年）的通知》，其中将佛山和东莞划分为特大城市，人口规模等级在500万到1000万之间。2018年底，东莞和佛山和人口总量分别为839.2万和790.6万。对于东莞而言，距离目标还有大约180万的差距，落实到每一年需要增长15万。为此，东莞将任务细化到每一个镇/区。其中，松山湖功能区承担最多的任务。松山湖毗邻广州和深圳两大一线城市，近年来因华为将终端相关部门搬迁至此而闻名。根据2018年的公开报道，在当年七八月之间，有近8100名华为人搬迁至松山湖。相比之下，佛山的目标堪称"保守"。2017年和2018年，除广深之外，佛山的人口增量在大湾区城市中最为亮眼，分别为19.4万人和24.9万人，甚至超出了诸多新一线城市的表现。在粤港澳大湾区的"第二梯队"，素以宜居形象示人的珠海称得上是一个独特的城市，在珠江西岸的"珠中江"组团中，它位列首位，伴随着港珠澳大桥的开通，珠海的战略地位也进一步提升。但从人口规模来看，2018年珠海全市仅189万人，在珠三角九市中垫底，与毗邻的澳门共同成为"小而美"的代表。

但珠海的人口增长在近两年突然发力，2017年和2018年分别增长9.0万人和12.6万人，远超过去几年的表现，并且因为基数较小的缘故，增长速度在大湾区城市中领先。这离不开珠海的放开户籍制度、加码人才奖励组合拳。2017年初，珠海正式取消了"积分入户"政策，技能人才、大学应届毕业生、全日制大专以上学历人员等10类人才可直接落户；2018年4月，珠海又提出，人才连续工作10年可获赠住房50%产权，其力度之大成为全国首创。

此外，惠州的一份交通规划曾分析，2035年常住人口达到870万；中山则曾提出2035年常住人口规模控制在550万~600万人，对比当前，都有数百万的人口增量。

（三）大湾区人口发展存在的突出问题

1. 粤港澳大湾区高等教育资源分布不均

与全国其他地区一样，广东也面临老龄化的挑战，但是大湾区中的广东9市由于新增常住人口增速较快，因此人口相对比较年轻。得益于大量跨省流动人口，广东每100名劳动年龄人口大致需要负担35名非劳动年龄人口，常住人口总抚养比要比同期全国平均水平低4.42个百分点。大湾区（不含港澳）人口年龄虽然拥有一定优势，但就业人口受教育程度较低与其经济发展程度不完全匹配。

以大学为例，截至2019年，粤港澳大湾区总共有近150所大学，其中广州36所，香港10所，澳门10所，深圳有13所，江门1所（见图9-2）。除了香港和广州，大湾区的大学分布与城市的经济实力并不完全匹配，例如深圳只有4所本地大学，而且综合实力与世界大学差距较大。人口当中，最重要的是人才已是否接受过高等教育。根据中共中央组织部关于人才资源总量的统计口径，即人才资源总量包括党政人才、企业经营管理人才、专业技术人才、高技能人才、农村实用人才和社会工作人才，2016年，粤港澳大湾区人才规模则可以达到1431.16万人，占总人口的21.05%。大湾区九城高校数量如图9-3所示。

2. 高层次人才数量不足

与世界其他湾区相比，粤港澳大湾区的人才比重则明显偏低。例如，就高等教育人口数量而言，美国与日本的高等教育人口比重均超过了40%。因此，各具特色的大湾区各城市深度统合地开始以城市为主要载体的综合人

第九章　人口投票：人口迁移的国际规律与粤港澳大湾区房地产投资潜力

才竞争模式。城市发展品质、城市归属感、城市产业结构和城市发展理念等多方面的发展要素则直接关系到竞争成功与否。但现在，大湾区内人才结构仍显现出区域分布不均和国际化程度低两个短板（见图9-4）。

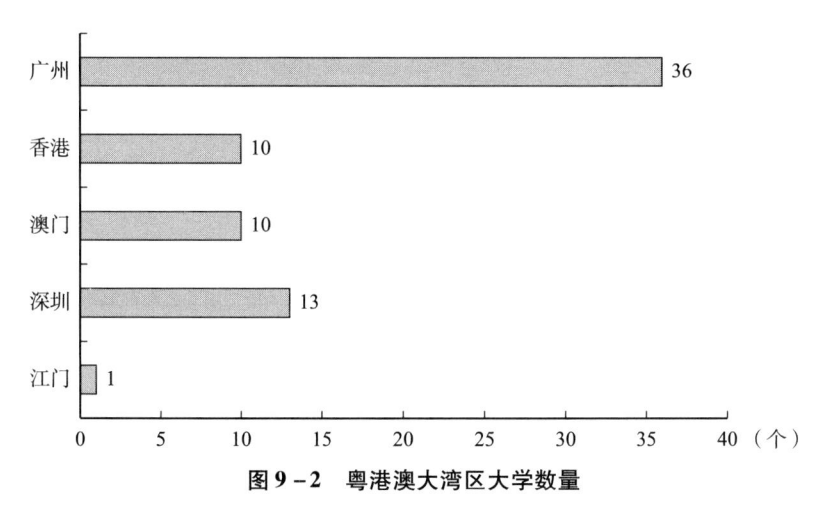

图9-2　粤港澳大湾区大学数量

城市	数量（个）
广州	36
香港	10
澳门	10
深圳	13
江门	1

资料来源：广东省统计局。

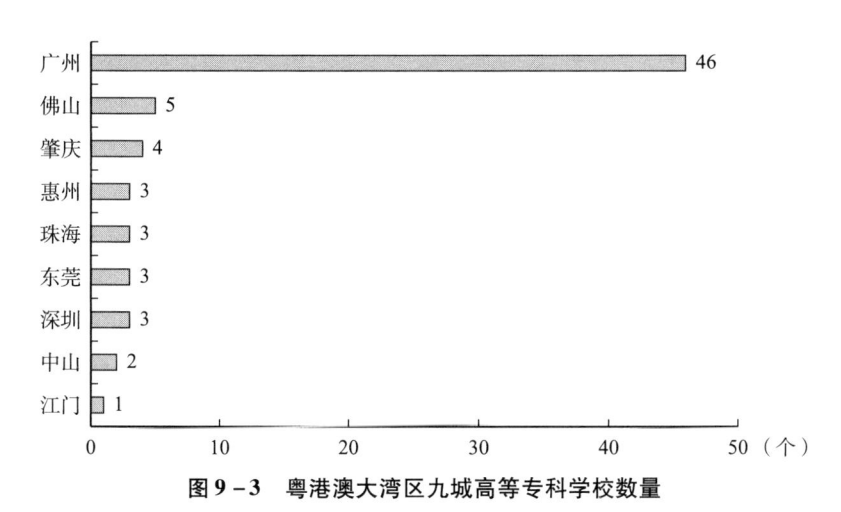

图9-3　粤港澳大湾区九城高等专科学校数量

城市	数量（个）
广州	46
佛山	5
肇庆	4
惠州	3
珠海	3
东莞	3
深圳	3
中山	2
江门	1

资料来源：广东省统计局。

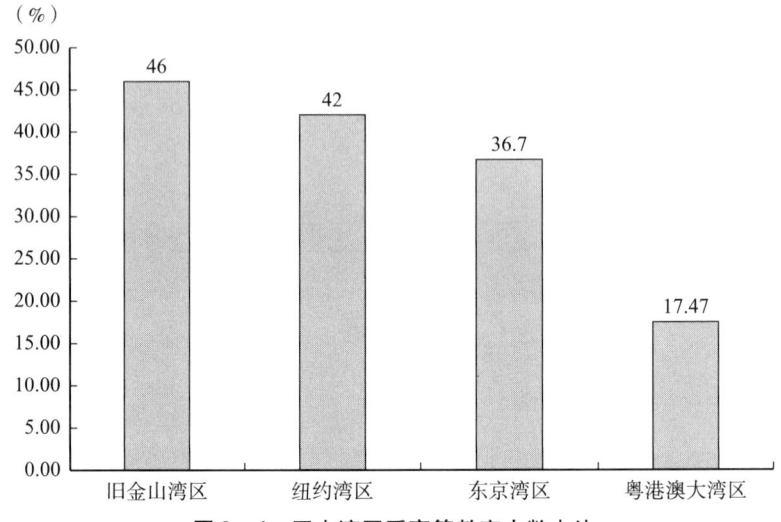

图 9-4 四大湾区受高等教育人数占比

资料来源：广东省统计局。

三、粤港澳大湾区的人口结构对房地产投资影响

（一）大湾区各区域人口结构特点

1. 人口年龄结构对房地产市场的影响

根据中国指数研究院的调查结果，25~34 岁的年轻人是第一大购房群体，约占购房总人数的 50%，这部分人群往往是结婚购房，属于首次购房需求，需求的价格弹性较小；35~44 岁的中年人是第二大购房群体，约占购房者总数的 24.5%，这部分人群属于改善型需求，购房价格弹性较大，而且这部分人群也往往是住房投资的主体。这两个年龄段的购房者占据了总购房人数的 3/4，成为影响房地产市场需求的主力军。

但我国 25~44 岁年龄段的人口比例存在下滑趋势，这将会带来住房需求的萎缩。另外，随着老龄人口急剧增加带来的住房供给也将会大幅增加，这些都将会对未来我国房地产市场带来不小的冲击。

2015年粤港澳大湾区城市人口年龄分布如图9-5所示。

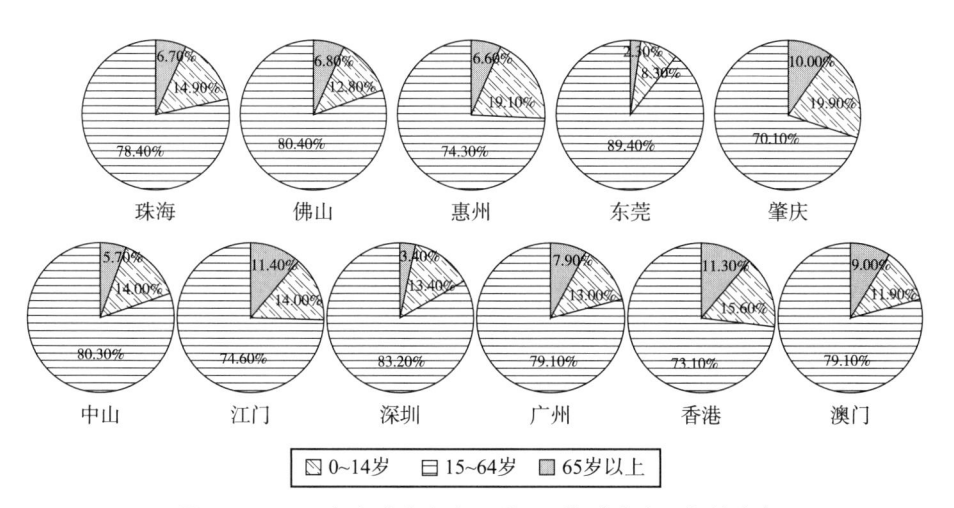

图9-5 2015年粤港澳大湾区"9+2"城市人口年龄分布

资料来源：广东省统计局。

2. 人口地域结构与房地产市场的关系及其影响

反映人口地域结构最重要的指标就是城镇化率。根据国际经验，当一个国家城镇化率达到30%~70%时，意味着城镇化处于加速阶段，这一时期人口流动带来的住房需求和商业房产需求都比较繁荣。但是，如果将城镇化加速阶段分为两大半场，则30%~50%属于"城镇化加速阶段前半场"，50%~70%属于"城镇化加速阶段后半场"，前半场随着人口由农村涌向城市的速度不断加速，对于房地产市场的需求也在不断加速，而后半场人口流动增速开始减弱，对于房地产市场的需求虽然还有较大空间，但是需求增速开始减弱。当一个国家的城镇化率达到80%左右时，人口的地域结构就相对稳定，人口从农村往城市的流动基本停止，甚至会出现逆向流动，伴随人口的地域结构的稳定，房地产市场的需求也就相对稳定。从城镇化率来看，截至2018年，香港和澳门的城市化已经完成。广州、深圳等城市城市化率接近99%，但粤港澳大湾区其余城市城镇化率还较低。

（二）大湾区人口迁移趋势

人口向大城市、都市圈或湾区集聚是世界人口空间分布格局的重要特征。

1. 粤港澳大湾区人口迁移趋势概况

一方面，受益于发达的经济、蓬勃发展的产业、丰富的就业机会、良好的营商环境与生态环境，大量人口和优质人才持续向粤港澳大湾区流动，呈现出强大的人口吸引力。粤港澳大湾区广东9市中，人才呈现分别围绕广州、深圳两大中心城市流动的态势，湾区人口分布总体呈现"内密外疏、东密西疏"的特征，表明外圈层和西岸城市集聚水平仍有较大提升空间。广佛肇、澳珠中江、港深莞惠三大都市圈构成湾区主要人口空间格局，且主要集聚于都市圈核心城市的城区。另一方面，受产业规划和新旧动能转换加快的影响，大批中高端人才进入湾区工作生活。2018年，广州、深圳、东莞、珠海等市人才总量分别达到548万人、377万人、173万人、50万人。三年间深圳、广州、佛山、珠海人口增长总量分别为165万、140万、48万、26万（见图9-6）。

人口随城市的产业发展尤其是中高端产业发展而迁移变化，产业兴则人气旺。粤港澳大湾区在战略红利、利好的落户政策和产业迈向高端的刺激下，在今后相当长一段时期内处于人口净流入的状态，而庞大的人口数量，既形成人力资源供应的基础，又形成大湾区内部的庞大消费市场，为大湾区先进制造业和现代服务业提供基础性消费支撑，同时增加了对房地产的需求。

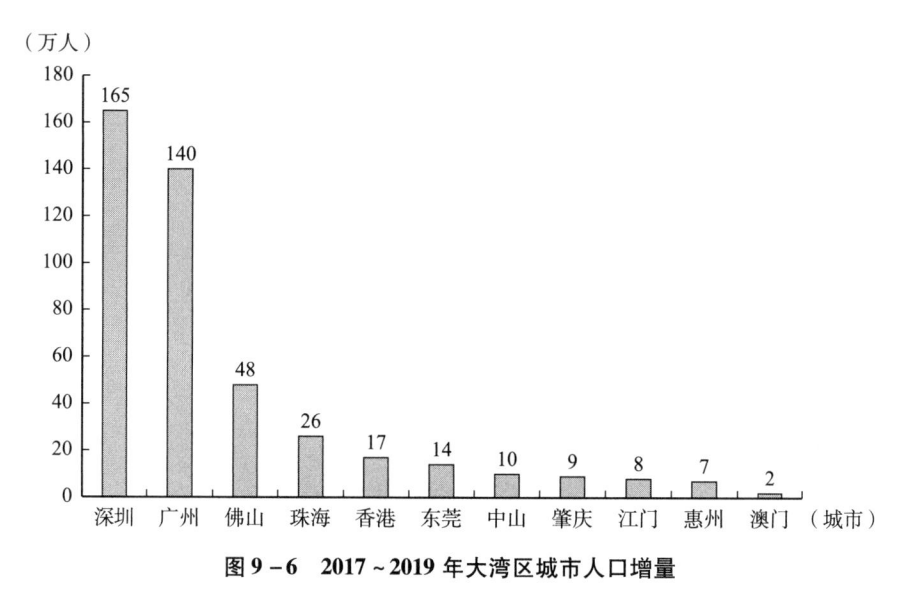

第九章　人口投票：人口迁移的国际规律与粤港澳大湾区房地产投资潜力　　241

图9-6　2017~2019年大湾区城市人口增量

城市	深圳	广州	佛山	珠海	香港	东莞	中山	肇庆	江门	惠州	澳门
人口增量（万人）	165	140	48	26	17	14	10	9	8	7	2

资料来源：广东省统计局、香港特区政府统计处、澳门特别行政区政府统计暨普查局。

2. 广州、深圳对大湾区其他城市就业吸附力

广州、深圳、佛山、东莞的工作人口流动占比较高，具有较多跨市通勤人口；从工作人口流入和流出量的对比中可以发现，广州、深圳拥有较多的工作人口净输入，广州、深圳对大湾区其他城市具有较强的就业吸附力，而佛山提供较多的工作人口净输出，是大湾区重要的劳动力净输出城市。

3. 粤港澳大湾区劳动力迁移趋势

除深圳外，大湾区广东7城区均对广州产生劳动力净输入，其中，佛山是广州的主要劳动力净输入源，且佛山对广州的劳动力净输入呈增长趋势；另外，大湾区城市均对深圳产生劳动力净输入，其中，惠州是深圳的主要劳动力净输入源，且惠州对深圳的劳动力净输入呈增长趋势。而广州和深圳的劳动力输出方向发生变换，广州由从深圳吸引劳动力变为向深圳输出净劳动力，深圳对广州的就业吸附力增强。2018年，东莞的工作人口净流出率由正转负，即由劳动力净输出城市转变为劳动力净输入城市，就业吸附力增强。另外，湾区还拥有着开放、创新与发达的国际交往网络，未来发展空间巨大，会更多地吸引海内外的人员。

(三) 大湾区城市化影响

改革开放40多年来，中国城市人口增长了4倍，达到8.13亿，城市化进程非常迅速。[①] 在快速城市化进程中，地理位置相近、城市属性互补的城市群正在加速构建区域一体化的"超级城市群"，而这些"超级城市群"凭借更强的经济辐射力、更成型的产业链打造、更优化的区域协同效应，逐步展现出其对于全球经济发展的重要推动作用。

与过去的"城市群"相比，超级城市群具有更强的经济发展能力，城市间拥有更明确的产业分工，整体规划更为明确。粤港澳大湾区便是"超级城市群"中的"明星"，从学术界的讨论到地方政策的考量，再到国家战略的提出，历时20余年区域内各城市分工明确，香港继续保持其国际金融中心地位，广州致力于发展贸易中心角色，而深圳则被定位为科技创新之都，此外珠海、佛山、惠州、东莞、中山、江门、肇庆等城市也将充分发挥自身优势，深化改革创新，成为具有竞争力的重要节点城市。

四、粤港澳大湾区的人口政策对房地产投资影响

(一) 大湾区各区域落户政策

1. 新一二线"抢人大战"

2016年来，为了抢夺人才，全国各类人才新政纷纷出台，户籍开放、

[①] 澎湃新闻：发改委专家：中国8亿城镇常住人口对共享经济有巨大需求，https://www.thepaper.cn/newsDetail_forward_2422229。

人才奖励、创新创业政策等手段全方位出击，力求在抢人大战中抢占先机。武汉喊出支持百万大学生留汉创业就业，大学生落户零门槛；长沙提出五年吸引100万人才目标，成都大力实施"蓉漂"计划，而大湾区等九城也相继出台了落户政策，加入城市人才抢夺战争，聚拢人才为粤港澳大湾区之后发展建立人才基础。湾区人才供大于求，深圳和广州是引才大户国家政策扶持、经济与产业发展、就业与人才吸引等方面优势，确实为粤港澳大湾区带来了人才。尤其是《粤港澳大湾区发展规划纲要》发布后，2019年三季度大湾区人才从"供不应求"转变为"供大于求"。从大湾区的11个城市来看，2019年第三季度，深圳和广州是人才流入大户。流入湾区的人才中有七成选择了广州或深圳，42.01%流入深圳，有28.56%流入广州。随着大批人才涌入大湾区的求职市场，就业竞争明显加剧，2019年三季度粤港澳大湾区总体求职申请人数的同比增速达36.89%，高于总体招聘需求人数的同比增幅（11.5%），CIER（中国就业市场景气）指数下降，意味着找工作更难了。

2. 大湾区各区域落户政策

在老龄化加速的背景下，粤港澳大湾区也不可避免地面临着人口红利消退的局面。要想保持人口良性再生产、实现人口长期均衡发展，有必要保持适度的生育水平。近几年各地的人口政策，吸引的主要是以大学毕业生为主力的劳动人口。一方面，这将延缓当地人口红利的消退；另一方面，年轻群体的增长又将有助于提升生育率。

（1）广州。

广州的入户政策分为三种，包括人才引进入户、积分制入户和政策性入户。学历入户年龄放宽入户的年龄限制，学士、硕士和博士分别从30、35、40周岁放宽到35、40、45周岁，同时高校应届毕业生可以直接落户。2021年的积分入户最低入围分数线184分，其中缴纳医保147个月、居住证42

个月[1]，且同分情况下按照医保和居住证年限来进行排名。没有房产的来穗人员可以通过政府的公租房、单位集体户或人才市场集体户落户，也可以在实际就业或居住的公共集体户当中落户。

（2）深圳。

根据深圳市人才引进实施办法，除符合身体健康、依法缴纳社保和无刑事犯罪记录等基本条件外，符合以下条件之一的可申请办理人才引进：①经深圳市认定的高层次人才，且符合该类人才认定标准对应年龄条件的人员；②在国（境）外学习并获得学士以上学位的留学人员，或在国（境）外高等院校、科研机构工作（学习）1年以上、取得一定成果的访问学者和博士后等进修人员，且年龄在45周岁以下；③具有普通高等教育本科以上学历，且年龄在45周岁以下的人员；具有普通高等教育专科以上学历，且年龄在35周岁以下的人员；④具有高级专业技术资格，且年龄在50周岁以下的人员；具有中级专业技术资格，且年龄在45周岁以下的人员；⑤具有高级技师职业资格，且年龄在45周岁以下的人员；具有技师职业资格，且年龄在40周岁以下的人员；具有高级技能职业资格，且在深圳市参加社会保险满3年以上，年龄在35周岁以下的人员；⑥在世界技能大赛和国家级一、二类职业技能竞赛中获奖人员，或获得"中华技能大奖""全国技术能手""广东省技术能手""深圳市技术能手"称号人员，或受深圳市委、市政府表彰的人员。本项所述人员年龄需在45周岁以下；⑦按照深圳市人才引进综合评价分值表测评达到100分，且年龄在45周岁以下的人员。

（3）珠海。

2018年3月1日，《珠海市户口迁移人口实施办法》的实施[2]优化了人才入户政策，一是依据珠海人才引进核准相关规定，核准的人才经"直接核准"或者"联席会议审定"即可办理引进手续，程序更加简便快捷，人

---

[1] 搜狐：确定了！2021年广州积分制入户名单终于公布了，最低分数184分，https：//www.sohu.com/a/503648803_120346436。

[2] 搜狐：大事件！珠海落户新政策3月1日实施啦！你想知道的在这里！（附政策全文），https：//www.sohu.com/a/224512877_99978066。

才引进范围可以适时调整。二是专门设定横琴自贸区急需人才引进政策，横琴自贸区可根据发展需要制定人才开发目录，按年度提交需要引进人才的名单和相关资料，报市政府批准后准予迁入。此外，增加入户渠道，意在将长期在珠海工作和居住的非户籍人口有序转为户籍人口。办法规定连续居住满五年、合法稳定就业并连续参加社会保险满五年、有合法稳定住所作为基本入户条件。将计划生育政策与户口迁移政策脱钩，在受理市外户口迁入时取消计划生育审核的内容。

（4）佛山。

2019年1月1日起正式实施的《佛山市新市民积分制服务管理办法》，取消了购房直接入户入学政策，新增了积分入户相关内容，并对部分计分指标及项目进行调整，以广泛保障在佛山稳定工作生活的新市民公平充分地享受入户权利。

（5）东莞。

根据《东莞市人力资源和社会保障局人才入户资格准入实施细则》规定，申请人才入户资格的准入条件包括：①在国（境）外学习并获得硕士以上学位，年龄未满50周岁的人员；或在国（境）外学习并获得学士学位，年龄未满45周岁的人员；②具备国内普通高等教育全日制硕士研究生以上学历，年龄未满50周岁的人员；或具备国内普通高等教育全日制本科学历，年龄未满45周岁的人员；或具备国内普通高等教育全日制大专学历，年龄未满40周岁的人员；③具备国家承认学历的非普通全日制本科以上学历，在我市连续参加社会基本养老保险缴费满3年，年龄未满35周岁的人员；④省内职业学校、技工院校学制教育毕业两年内的人员；⑤具备高级职称，年龄未满50周岁的人员；或具备中级职称，年龄未满45周岁的人员；或具备初级职称，年龄未满40周岁的人员；⑥具备高级技师国家职业资格，年龄未满45周岁的人员；或具备技师国家职业资格，年龄未满40周岁的人员；或具备高级工国家职业资格，年龄未满35周岁的人员；或具备中级工国家职业资格，在我市连续参加社会基本养老保险缴费满3年，年龄未满30周岁的人员；⑦5年内，在世界技能大赛中获奖或获得"中华技能大奖"

"全国技术能手""广东省技术能手""东莞市技术能手"东莞市"首席技师""莞邑工匠"称号,年龄未满50周岁的人员;⑧企业自评人才。

(6) 中山。

中山入户也相对宽松,主要分为稳定居住就业入户、人才入户、投资入户、纳税入户和荣誉人员入户几种。值得一提的是,在中山连续居住满5年、连续参加社会保险满5年,没有自有住房但有合法稳定住所的人员,本人及其共同居住生活的配偶、未成年子女、父母等,可申请落户中山,户口登记在辖区社区(居委会)集体户。另外,学历方面,最低的大专学历,只需在中山连续参加社会保险满1年,45周岁以下即可申请入户。

在人口红利之外,关于人口问题的另一个重要的关注点是人才红利,即人口结构和素质的变化。东莞在其《人口发展规划(2020～2035年)》中提及,继续吸引外源性劳动年龄人口,进一步优化引才、聚才、留才环境,建设区域人才高地,推动由人口红利向人才红利转变。当前,粤港澳大湾区将构成区域人口增长的新动力,但不能夸大作用,对人口的需求需更注重素质而非数量。

(二) 大湾区的人才红利

随着粤港澳大湾区建设的稳步推进,出台了一系列创新创业政策吸引人才,正在为港澳青年提供更大的发展空间。《关于加强港澳青年创新创业基地建设的实施方案》提出到2025年,广州南沙、深圳前海、珠海横琴港澳青年创新创业示范基地辐射带动效应要进一步发挥,珠三角九市各建设至少一个港澳青年创新创业基地。在大湾区,各个城市为青年创新创业提供充足而实惠的政策利好,减免税收租金还提供创业基金,吸引了越来越多的港澳青年来到遍布大湾区各地的创业基地,充分施展智慧和才干,实现人生梦想。

创业对人才的需求不言而喻,珠三角各市通过个税补贴、住房优惠、提供优质公共服务等方式,吸引青年创业者集聚。

发展粤港澳大湾区的两项重点要素是人才培育与企业聚集，人才与企业的紧密联合会创造出更多价值，如硅谷就是集中大学与企业的高新技术区，这也将成为粤港澳大湾区的发展趋势，粤港澳大湾区也将成为创科发展的实验区。香港在大湾区中占据重要地位，拥有很多好的大学和发展创科的投资经费，可以为大湾区的创科发展提供资金与技术等方面的支持。香港作为粤港澳大湾区内发展创科的重要城市，会为大湾区带来科技和资金等方面的支持，但发展大湾区最重要的因素则是人才的聚集。香港与内地同时存在着人才外流的现象，发展大湾区时如何让人才回流，并营造吸引人才的发展环境应成为湾区发展思考的重点。

随着城镇化进程加速，通过对比研究国内外湾区人口与城市经济的发展经验规律，我国城市和人口呈现集聚稳态特征，在稳态条件下，城市经济—人口份额比趋近于1，人口增长率和人口素质的提高成为了提高生产效率和发展经济的重要指标。总的来说，粤港大湾区人口与城市经济相互作用的规律如下：

（1）近十年粤港澳大湾区人口呈现净流入，并呈现聚集特征，人口规模的增加提高了生产力，而人才质量的提高促进了生产效率提升，从而正向促进大湾区城市经济发展。

（2）人口规模的增加带来了购房需求的增加，人才质量的提升则表现于购买力的提升，所以高储蓄率和高投资率则是房地产价值增长的必需和必然。

（3）造成人口迁移的主要因素是产业的迁移带动就业的流动，从而影响人口的流动，并且大部分的流动是以家庭户为单位；而人才质量的提高主要来源于教育资源的提升和外部人才的引入。

根据世界三大湾区发展经验，粤港澳大湾区城市人口规模的扩张与集聚远未达到极限。而粤港澳大湾区出台的一系列人才政策，为大湾区未来的城市经济及人口发展提供了良好的政策土壤，可以预见大湾区在城镇化的背景下，房地产市场充满了广阔的投资机会。

第十章

玩转金融：房地产金融属性及粤港澳大湾区房地产投资

一、房地产资产的证券化

（一）资产证券化的基本内容和特点

1. 房地产证券化含义及结构

房地产证券化是指将高价值房地产转化为拥有更强流动性的证券资产，以便投资者可以将其房地产的直接物权转换为股权持有证券，也就是房地产投资将直接转换为证券投资。实质上，这是以低流动性、非证券化的房地产做担保，将房地产股权投资权益化作证券化资产。房地产证券化主要分为抵押型证券化和权益型证券化两类。其交易主体结构实施路径如图 10-1 所示，辅助结构包括信用评级机构、信用增级机构、服务商、承销商和受托人。

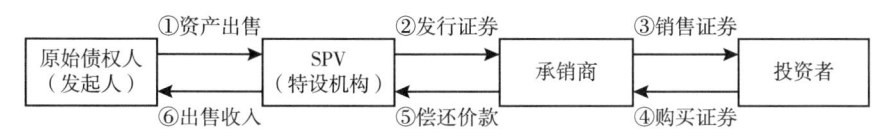

```
原始债权人      ①资产出售      SPV       ②发行证券              ③销售证券
（发起人）   ←──────────→  （特设机构）  ←──────────→  承销商  ←──────────→  投资者
              ⑥出售收入                 ⑤偿还价款              ④购买证券
```

图 10-1　房地产证券交易主体结构流程

资料来源：中国知网《资产证券化及其在房地产领域的应用研究》王明国。

更确切地说，房地产证券化其实质是通过房地产证券化，将房地产投资的形式变成证券形式。普通的融资是以房地产抵押贷款债券的多元化融资体系，而房地产证券化偏向于资产负债表外的融资。投资人和房地产投资公司两种交易主体间的关系，从一开始持有房地产所有权，到最后成为持有证券的债权，直接的物权变化成为债权关系。使不同类型的投资人，分别可以从中获得房地产投资收益权利分配形式之一。

房地产证券化，其理想目标是保持不丧失房地产产权，以其为出发点发挥证券市场的作用，实现流动化和资产化，实现房地产资本经营更加专业化和大众化。透过房地产证券化发挥用的原理，进而展示当代金融领域创新的理财思想，可实现企业所有权与经营权保持独有空间，完成预期专业化经营任务。

2. 房地产证券化的基本特征

（1）房地产证券化参与者众多，法律关系复杂。

在整个房地产证券化过程中，有众多的法律主体以不同的身份参与进来，相互之间产生纵横交错的法律关系网，其涉及面之广是其他资产证券化所不能及的；委托人和受托人之间的信托关系，借款人和贷款人之间的借贷法律关系，特设机构和证券承销商的承销关系，特设机构和原始权益人的资产转让关系，还有众多的中介机构提供的服务而产生服务合同关系等，在房地产的证券化过程中，有着各种各样的法律关系，涉及国家方方面面的法律规定。其中，任何一个法律规定的忽视都将对证券化的实施效果产生影响。

(2) 房地产证券化安全系数高。

房地产证券投资者的风险在于证券化风险隔离的设计，并不是以发起人的整体信用为担保，只取决于基础资产自身收入的现金流。发起人和特设机构的破产风险隔离这一独特的设计降低了原有的风险，提高安全系数。另外，证券化的信用级别也不受发起人影响，在除了自身的资产状况影响因素以外，还可以通过各种信用增级手段提高证券化基础资产的信用级别，降低风险，提高安全性。此外，房地产证券具有流通性，可以通过各种方式流通，提早收回投资，避免风险的发生。

(3) 房地产证券化独特的融资模式。

这主要体现在两个方面：一方面体现在负债结构上。利用证券化技术进行融资不会增加发起人的负债，是一种在资产负债表上不进行显示的融资方法。通过证券化，将资产负债表中的资产剥离改组后，构造成市场化的投资工具，这样的话，可以提高发起人的资本充足率，从而降低发起人的负债率。另一方面体现在融资结构的设计上。房地产证券化的核心是设计出一种严谨有效的交易结构，通过这个交易结构来达到融资目的。

(4) 房地产证券化证券品种多样化。

房地产证券本身就根据不同投资者的不同投资喜好设计了品种多样、性质各异的证券，有转付证券、过手证券、收益凭证、债券等。

(二) 当前我国资产证券化概况

我国的资产证券化市场与成熟的美国市场相比尚处于起步阶段，2005年才正式开始试点，全球金融危机后停滞一段时间，2012年重启试点以来，一系列监管政策的放开为资产证券化市场的蓬勃发展提供了契机，目前已形成分别由央行与证监会、银保监会和交易商协会监管的四类资产证券化产品——企业ABS、信贷ABS、项目资产支持和资产支持票据（ABN）计划。

在利率市场化稳步推进的大背景下，资产证券化是我国新常态下缓释金融机构与企业财务风险、提高直接融资占比、缓解经济增速下滑和构建多层次资本市场的有效工具，有利于拓宽企业融资途径、有效盘活经济存量、提高经济整体运行效率，可以预见其未来巨大的发展潜力。

20世纪90年代初期，海南首次推出"地产投资券"，我国资产证券化开始早期探索。之后又接连推出几款尝试性质的证券化产品，但发展并不平稳，影响也不大。直到2005年初才在国内银行业正式试点证券化业务，本土资产证券化拉开帷幕。但随着2008年美国次贷危机全面爆发，我国证券化试点也戛然而止。经历了探索萌芽阶段（1992~2004年）、短暂尝试阶段（2005~2008年）、停滞不前阶段（2009~2011年）、重启试点阶段（2012~2013年）；如今受益于政策推动，国内资产证券化迎来加速发展阶段（2014年至今）（见图10-2）。之后由于企业ABS和信贷ABS的审核方式事后备案取代了事前审批，大大提高资产证券化产品的发行效率，使得信息披露更加完全，资产证券化进入蓬勃发展阶段。2014年至2016

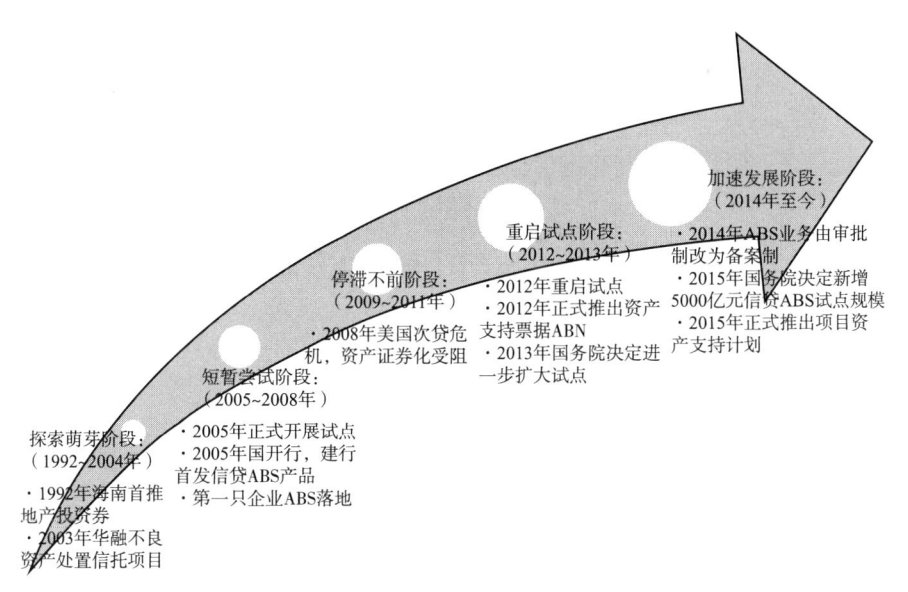

图10-2 我国资产证券化发展历程及大事记

资料来源：笔者自行绘制。

年，信贷 ABS 产品发行 280 只，规模达 10784.7 亿元；企业 ABS 产品发行 626 只，规模达 7381.8 亿元；资产支持票据产品发行 20 只，规模达 278.8 亿元。资产证券化的基础资产类型不断丰富，出现了个人消费贷款、委托贷款、住房公积金、不动产信托投资 REITs、信托收益权等（见图 10-3）。

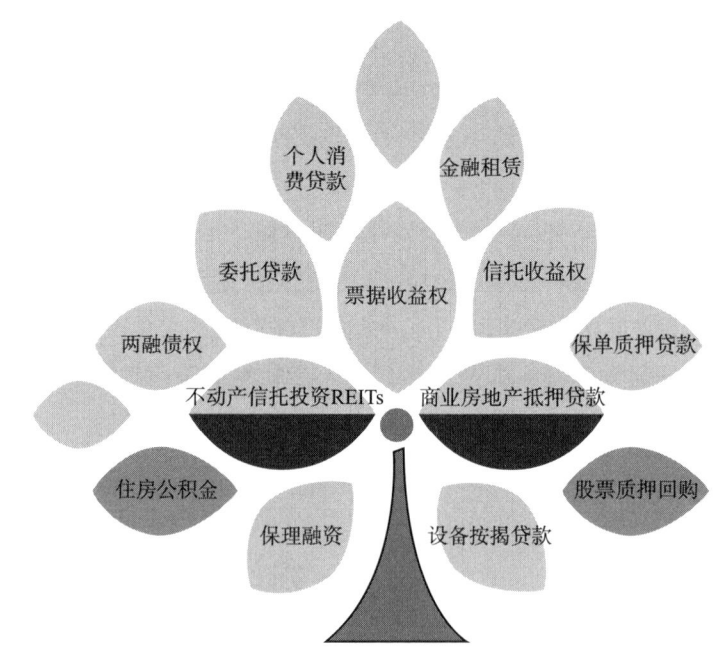

图 10-3 加速发展阶段新出现的基础资产类型

资料来源：产业信息网。

（三）房地产资产证券化的形式及产品结构

1. 供应链资产证券化

供应链的采购环节、销售环节的现金流均可用于资产证券化：

支付方式一般包括信用证、现金、票据（商业承兑汇票和银行承兑票）等形式，其中 ABS 均可适用于票据和现金形式的债权。

采购环节中，供应商可以对采购商形成的具有一定期限（一般为3个月以上）的应收账款债权，在满足评级的条件下进行资产证券化。对于采购商有关联的保理公司，且供应商将应收账款债权进行保理的，可以保理债权为基础资产进行资产证券化。从而使得保理公司实现债权出表，盘活资产，降低保理公司融资成本，从长远看还可以降低供应商的保理成本，促进企业的供应商健康发展，让企业的供应链更加稳定。

在销售环节中，对客户的应收账款，如果分散度、规模以及评级都能达到要求，也可以作为资产证券化的基础资产。进行资产证券化融资，企业可以实现应收账款出表，改善财务报表结构，盘活资产。

对于以现金作为支付手段的，可以供应商持有的应收账款债权作为基础资产进行资产证券化，并通过专项计划进行循环购买。采购商作为供应链上的核心企业是以自身的信用帮助供应商进行融资。

对于以票据作为支付手段的，可将持票人（供应商）持有的票据收益权作为基础资产进行资产证券化。与此同时，票据质押给专项计划的担保代理人即承兑行（适用于银票）或开票行（适用于商票），作为增信手段。充当供应链上的核心企业采购商，以自身的信用帮助供应商进行低成本融资，有利于加快供应商资金周转，从而促进整个供应链的有效运行。

2. 购房尾款证券化

购房的尾款可以分为两种类型：一种是非按揭型，这种形式的尾款指的是买房人用自有资金支付所欠开发商的剩余款项。另一种是按揭型，同样是在开发商掌握着相关的购房尾款债权的情况下，买房人通过银行举债，来结清与开发商的债权债务关系。

附有支付尾款义务的购房合同为双务合同，这种合同与贷款合同存在一定的差异，主要区别为，在贷款合同中，当银行结束放款之后，基本义务已经完成。但是在附有支付尾款义务的购房合同当中，开发商在履行其合同项下的义务后，即交付符合约定质量和面积的房屋等，方能向购房者请求支付尾款。在以购房尾款作为标的资产构建资产池时，一般开发商的义务都未履行完毕,所以购房合同将表现出鲜明的特点:①如果因为购房的面积、质量物业等存在未得到调解的纠纷,对于购房的尾款存在一定的争议,则会导致尾款没法收回;②假如开发商出现问题,没办法交付房屋,在这样的情况下,银行也不会发放贷款;③假如相关的物业最终没有建立,则可能出现银行不发放贷款的现象;④其他情况出现导致相关的手续无法履行,不能发放足额的贷款。

在这样的情况下,为了保障投资者的挚息兑付,除去循环购买和不良资产的赎回机制之外,一般情况下原始权益人会承诺差额补足。

3. 物业费证券化

物业费是物业公司为承担租金的人(多数指的是相对的办公、商业和仓储)或者是与其签订物业合同的业主(多数情况下是指住宅方面的物业)提供的物业服务(有时候还涉及相关的车辆管理费等)而收取的费用。

(1)住宅物业费。

住宅物业合同分为大合同和小合同,在业委会成立之前,开发商针对尚未售出的房屋和物业公司签订的物业管理合同称为大合同,对于已经出售的房屋,业主和物业公司独立签订的物业管理合同称为小合同;当成立业委会之后,业主可以和物业公司签署正式合同,此前签署的大小合同被正式合同取代,大小合同失效,正式合同生效。

业委会成立之前签订的合同没有固定期限,如果以大小合同产生的债权作为基础资产发行证券,该类基础资产很可能被界定为不合格资产,不符合入池标准。假设业主选择的是和物业公司签订小合同,那么当成立业主委员会后,与其签订正式合同后,前期的合同随即终止,小合同对应的债权请求权灭失,除非前期物业公司被业委会继承。计划管理人可以要求物业公司对不合格的资产加以赎回或者加以重置,得到价款用于循环购买相关的资产。

(2)非住宅物业费。

非住宅物业合同(比如商业物业合同),由物业公司和承租人签署。此类合同相比于和业主签署的物业合同,其稳定性与每位承租人的经营情况以及资信状况相关联,而且还将会受到承租人退租和租赁期限的影响。现实生活中此类合同大多未进行备案登记,虽然不会导致合同无效,但是相关的物业公司会面临政府的行政处罚的风险。

4. 租金收益权证券化

租金收益权也就是租赁合同里载明的债权。在出租方与承租方的关系上,租赁可以分为直租和转租,在出租空间上,租赁可以分为整租和散租。租赁债权有着鲜明的特点,由于租赁关系双方都享有的解除合同的权利以及租赁合同的期限不同,想要实现租赁债权之间和原始权益人的隔离变得非常困难,在这样的情形下,除非把租赁物也一并转移至 SPV,否则很难将债权单独转让给特殊目的载体。

关于证券化中交易结构的设计安排,可以从两方面来看,对于既有租金债权,可以将基础资产(即租金债权)转让给专项计划的单 SPV 结构;而对于未来租金债权,可以设计双 SPV 模式,委托人将信托资金委托给信托公司设立信托,委托人获得信托受益权凭证,信托资金作为信托贷款发放给融资方,而信托计划持有的信托受益权将作为基础资产转让给专项计划。此时,专项计划的基础资产由底层信托收益权组成,信托收益权是明确、稳定的债权,还款来源是未来租金债权,未来租金债权还可以用来进行质押担保。

5. 商业地产抵押贷款证券化(CMBS)

商业地产抵押贷款证券化指企业将自有的具有商业价值的房地产进行抵押,以房地产的未来收入,主要指商业管理费、物业费收入、收入租金收入等,作为投资者本息偿还主要来源的资产支持证券产品。当前我国金融体系监管属于分业监管,证券交易所发行的 CMBS 产品大多数采用信托贷款进行过桥融资,实现双 SPV 结构,并以商业房地产未来现金流进行质押或者商业房地产抵押等作为信托贷款还款来源,此时基础资产不是产生现金流的底层商业物业，而是信托受益权，并基于此设立资产支持专项计划。

CMBS 作为一种特定期限的债权类融资，它的优势在于可以打破银行贷款（经营性物业贷）的限制，使得融资不完全依赖于借款人的主体信用，而依赖于基础资产的信用评级，同时借款人依然享有房地产的所有权，未来房地产增值时还可以享受增值红利。

6. 房地产投资信托（Real Estate Investment Trusts，REITs）

提到房地产资产证券化的起源，避不开的概念就是房地产投资信托，即人们常说的 REITs。房地产投资信托是一种以发行收益凭证的方式汇集特定多数投资者的资金，由专门投资机构进行房地产投资经营管理，并将投资综合收益按比例分配给投资者的一种信托基金。

目前在国际市场上，房地产信托基金一般都会要求上市，在二级市场的活跃度极高。一个好的房地产信托基金会拥有较大的现金流，投资回报率也十分可观，类似股票。投资房地产信托基金就等同于投资了房地产，如果房地产市场行情好，房地产信托基金迎来较大幅度的增长，那么投资者有可能在较短的时间内就将成本回收；但是对于一个现金流不稳健的房地产信托基金，有可能就不得不去变卖本身资产来偿还投资者的本金。

与我国信托纯粹属于私募性质所不同的是，国际意义上的 REITs 在性质上等同于基金，少数属于私募，但绝大多数属于公募。REITs 既可以封闭运行，也可以上市交易流通，类似于我国的开放式基金与封闭式基金。近二十年来，北美地区的 REITs 收益最佳（13.2%），欧洲次之（8.1%），亚洲 REITs 的平均收益最低（7.6%）；受欧债危机的影响，欧洲 REITs 收益率迅速下降至 -9.2%，而北美地区的 REITs 则取得了 12.0% 的平均收益。可见，在不同时间区间内，不同国家和地区的房地产景气程度往往大相径庭。

二、粤港澳大湾区房地产证券化与投资的联系

(一) 房地产证券化的运作方式

一个债务关系产生时,一定的现金流就被确定了,这个过程也可以看作一个带有期限、金额以及一定风险特征的金融资产生成的过程。资产证券化过程实质是将可以产生未来现金流收入的一组资产进行组合,构建一个能够产生一定现金流以及具有特色风险特征的资产集合。这个资产集合的权利所有者通过资产集合所产生的现金流获得特定收益。由于每一个资产池都具有独特的资产特征,并且在规模、提前偿付率或者说地理位置上都有所区别,因此带来每个资产池现金流收益特征的差异。

一般来说,银行发放的个人房地产抵押贷款等流动性较差的资产是证券化产品的传统对象。房地产资产证券化(或者说房地产资产证券化产品)产生的一般过程如图 10-4 所示。

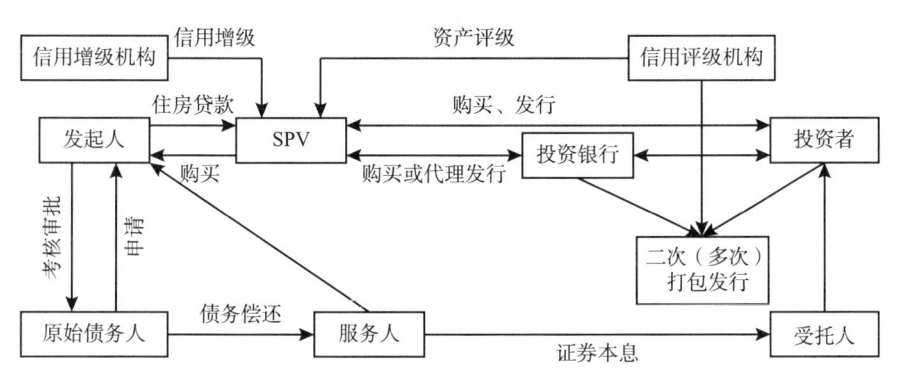

图 10-4 房地产证券化具体运作方式

资料来源:中国知网《资产证券化及其在房地产领域的应用研究》王明国。

1. 构建资产池

如果发起人出于一定目的，如税务、监管、财务或战略角度的考虑，需要剥离或出售现在持有的、可产生收益的一部分资产，那么资产证券化是完成这一目标的手段之一。发起人首先分析自身的融资需求，按照自身需求以及所持有资产结构确定需要证券化的资产集合，进而将需要剥离的相似资产"打包"，将应收和可预见现金流的收益资产进行组合，创造出一个资产证券化产品的基础资产池，这个基础资产池是证券化产品收益的最原始来源，投资者的收益也是资产池所产生的现金流收益。

2. 设立用以剥离资产的中介机构并且进行基础资产池的所有权的收购

特殊目的的实体，亦即 SPV（Special Purpose Vehicle），由于具有免税的性质，用于资产证券化特殊目的的实体的活动受到监管机构的严格控制，其资本化程度必须很低，该实体所获得的现金流收入将来源于证券化发行以及基础资产池所产生的现金流。

在证券化过程中，特定目的机构的职能是通过收购基础资产来完成资产证券化过程。SPV是持有基础资产的独立实体，将基础资产集合独立于发起人的资产负债表，从而起到破产隔离的作用。即在完成资产池从发起人向特殊目的实体转移以后，即便发起人进行破产清算，资产池内资产亦不列入法定的资产清算范围。为了达到这一目的，资产池的交易必须是真实的，在完成转移之后，基础资产池将从发起人的资产负债表中分离出来，之后所有的法律、证券安排都将围绕这一中介开展。

3. 针对基础资产池进行信用增级

为了减少基础资产池的违约风险，吸引更广泛的投资者，改善资产证券化的发行条件，使证券化产品的风险特征符合投资者的要求，几乎所有的资产证券化过程都有一个信用增级的过程。一般来说，信用增级的手段有次级化、超额担保、超额利息保证、外部信用增级等，信用增级可以保证证券产品达到一个市场可以接受的风险水平,由于证券化产品的现金流入全部来源于资产池中基础资产,资产池内债务人的拖欠、违约或提前偿付行为均会对投资人造成损失,而信用增级措施则决定了投资者是否会面临这些风险,所以,在发行过程中,信用增级措施是否完善成为资产证券化成功与否的关键之一。

4. 对资产池信用进行评级

这一过程由第三方信用评级机构完成,在一系列模型的分析架构下,评级机构将对基于该资产池的现金流损失的可能性进行评价。第三方评级机构对于资产证券化产品的评级是投资者做出投资决策的重要依据,所以在资产证券化过程中,对于资产池进行信用评级是一个重要的环节。与普通的证券信用评级相比,资产证券化有着自身的独特之处,但从评级的普遍过程上来看相似之处更多。

在完成基础资产池的组建后,发起人或担任承销商的投资银行即可要求第三方独立评级机构对于资产的信用情况进行评级。一般来说,第三方独立评级机构会依照资产自身的违约风险状况,对评级资产做出信用风险方面的评级,而市场风险由于更多地取决于外部因素,一般不作为评级因素纳入考虑。因为资产证券化过程中所出现的特殊目的的实体,对于评级资产与证券化发起人起了破产隔离的作用,并且在证券化产品设计和发行中广泛运用了信用增级措施,导致公开发行的证券化产品的信用评级结果通常相对于发起人的信用等级要高。在完成证券化产品的初始评级后,第三方独立评级机构还必须基于资产池管理人提供的不断变化的信息情况,定期向市场公布证券化产品的评级变化情况。

5. 对特殊目的实体基于之前"打包"的资产池,进行证券发行

一般来说,基于资产证券化过程的证券类型有普通的转手证券(Pass-through Securities)、剥离的转手证券(Stripped Pass-through Securities)、抵押担保债券(Collateralized Mortgage Obligation)、房地产投资信托基金(Real Estate Investment Trusts，REITs）等。在完成了资产剥离、信用增级以及证券评级后，证券化证券即可进入公开发售阶段。完成证券发行后，发行收入将通过特殊目的的实体支付给证券化发起人，从而完成资产证券化的融资过程。在发行完成后，证券化产品可申请到交易所上牌交易，从而为投资人取得流动性。

6. 资产池的管理维护

这个工作一般由特殊目的实体或受托进行该资产池托管的机构进行，主要内容是对资产池进行相应的管理，以及兑现资产池内证券的权益，从而获得资产池的相应现金流收入，并且以此为基础，按照证券最初发行时的约定，在完成对于聘用的各类中介机构专业服务费的支付后，再向各个证券受益人进行现金流的支付，并在证券到期时，对证券资产进行清算。

以上过程，基本概括一个资产证券化产品的创立到消灭的过程，各个环节涉及多方的参与以及复杂的操作。

（二）粤港澳大湾区房地产证券化产品类型

（1）购房尾款类（应收账款）。购房尾款，指的是在商品房销售过程中，房地产开发企业项目公司与购房人签订《商品房买卖合同》（现房）或《商品房买卖合同（预售）》（期房）后，根据上述购房合同的约定，购房人支付部分首付款及剩余部分的购房款。根据购房人选择的付款方式不同，购房尾款的来源可分为住房公积金贷款、商业银行按揭贷款、分期付款尾款或组合贷款（住房公积金贷款+商业银行按揭贷款）。上述购房尾款应属于房地产企业的应收账款类别，均符合基础资产标准。

（2）物业管理合同债权。根据房地产开发企业下属物业公司与业主签订的物业管理合同，约定物业公司有权就其提供的物业服务向业主收取物业服务费。上述债权属于物业管理企业的未来债权，根据我们的上述分析，其可作为基础资产发行证券化产品。

（3）PPP模式下基础设施建设产生的债权或特许经营收费权，以保障性住房项目居多。

（4）商业物业不动产收益权——房地产信托投资基金。商业物业不动产收益权也可看作狭义的REITs产品。REITs又可分为抵押型REITs（将募集资金通过中介贷给开发商或直接购买房贷资产，收益来源于利息）、权益型REITs（直接投资房地产，借租金和买卖收入赚取利润）和混合型REITs（兼有权益型和抵押型特点，既收取租金，也收取利息）三种。其中市场的主流品种是权益型REITs，约占全球REITs总市值的90%机构进行房地产投资经营管理，并将投资收益按比例分配给投资者的一种信托基金。

房地产ABS和REITs都是资产证券化的某种形式，但一般的房地产ABS只要求基础资产能特定化并能产生稳定的现金流，公募和私募形式均可，对于基础资产及现金流的来源包括房地产的开发、建设、运营整个产业链而并无特殊要求，以私募和结构化为特征；REITs的现金流主要来源于租金收入和不动产升值，主要应用于商用房地产的成熟期运营，比较典型的REITs以公募为主，不以结构化为特征，可以说REITs是房地产资产证券化的一种形式。

（5）底层资产是与房地产有关的财产权利的私募基金份额、信托收益权。以私募基金或信托计划持有底层资产，其底层资产可为与房地产有关的财产权利，如租金收益、应收账款、基础设施或保障房建设的信托贷款所产生的债权等。以信托收益权或私募基金份额为基础资产的资产证券化产品均为双SPV结构。

（三）粤港澳大湾区房地产证券化的意义

1. 拓展企业融资渠道

目前，我国房地产企业面临的普遍问题是资金融资渠道过于单一，融资主要依靠商业银行贷款，其他融资方式在资金来源中所占比重较低，加之近年来房地产企业规模不断扩大，资金链存在断裂风险。采用资产证券化融资方式，可以推动企业融资渠道多元化，加强企业与社会公众之间的联系，对缓解房地产企业资金短缺，稳定经营具有重要意义。

2. 分散和转移风险

房地产资产证券化能够分散和转移风险，这在一级市场中体现为不同投资者可以依据自身风险偏好分配支持证券，与此同时，对于融资者即房地产企业来说，因为得到了稳定的长周期资本，以及自身经营活动不受相关支持证券交易影响，企业进而能够化解由于采取其他形式融资所带来的风险。

3. 丰富投资品类，推动资本市场发展

资产证券化在解决房地产企业融资困境问题的同时，也丰富了社会公众的投资方式，拓展了其投资渠道。我国资本市场创立较晚，市面上可供民众、机构选择的投资标的十分有限，普通百姓的理财方式多集中在银行、股市等方面。房地产企业应用资产证券化融资，能够有效弥补这一市场短板，为投资产品提供了更多选择给社会公众，满足其多元化的投资需求。

4. 实现资源合理配置，促进国民经济发展

资产证券化缓解了资金需求方与资金供给方不相匹配所带来的问题，促进了社会资源的高效配置。首先，资产证券化的发起者通过该方式弥补了房地产企业的融资需求，企业由此获得了其运营乃至投资所必需的资金，进而能够推行既定的战略规划，创造实现更大企业价值。其次，资产证券化实现对房地产企业的"两权分离"，经营权与所有权的分离有效抑制了房地产市场过热带来的投资过剩等问题，进而实现资源的配置效率。

三、财政政策对粤港澳大湾区房地产投资的影响

(一) 财政收入政策对粤港澳大湾区房地产投资的影响

财政收入,是指在一定时间内(一般为一个财政年度)政府部门为了顺利运作其职能部门、实施公共政策和建设公共设施、向公民提供服务需要而筹集的一切货币资金的总和,它是衡量一国政府财力的重要指标。

国际上对于财政收入的分类各有不同,但最主要的还是按政府取得财政收入的形式进行分类,具体可将其分为税收收入、国有资产收益、国债收入和收费收入以及其他收入等。其中,对房地产影响最大的则是税收收入,政府通过不断调整税收政策来调节我国房地产市场,影响房地产的供给与需求,维护房地产市场平稳有序发展。具体来说,房地产市场上的税收政策主要是通过调节房地产市场的税收税率而进行的。

目前关于房地产税对房地产市场的影响主要是对房地产价格作用的内因及效果差异上。具体的作用途径通常从增税对象出发,由于房地产的增税对象不同,主要可分为房地产开发商和购房者两大类。就宏观角度而言,房地产开发商代表的是房地产的供给方,而购房者代表的是房地产的需求方。政策作用供给方和需求方的对象不同,则会带来不同的效应,具体包括:

1. 税收政策作用于以房地产开发商为代表的供给方所带来的影响

当房地产开发商购房为了建设房屋而购买土地时,会征收土地增值税、城镇土地使用税、耕地占用税等税种。若税率提高或是需要征收更多的税种,则会导致税收增加,进一步会导致楼盘成本增加,一方面房地产商会保证与之前一致的利润率,会选择提高价格。另一方面,楼盘成本增加,可能会致使房地产开发商流动资金紧张,房地产开发商不得不减少筹建楼盘项目

数量，使得整个房地产市场的房屋供给数量减少，在购房者的需求没有减少的情况下，供给小于需求，会助推房地产价格上升，直到上升至一个新的均衡点。具体作用路径如图 10-5 所示。

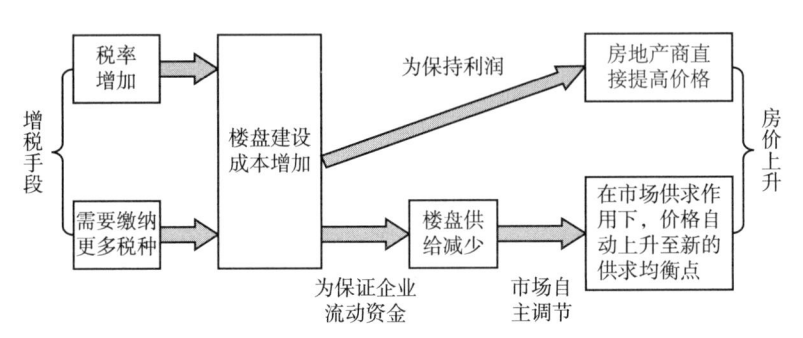

图 10-5　税收政策对房地产开发商的作用途径

无论是从哪个方面考虑，税收增加最终都会导致房地产价格上升，房地产价格上升其实代表的是房地产开发商通过提升价格将税收分摊给购房者，最终成为供求双方共同负担税收的结果。供求双方分别负担的税收比重将由供求弹性决定。如果供给弹性相较于需求弹性更大，那么价格会在一个相对更高的点达到均衡，也就意味着需求方负担了更多的税费。相反，若是需求弹性相较于供给弹性更大，那么价格上涨的幅度会偏小，也就意味着供给方负担了更多的税费。

但同时，价格的上升，又会进一步作用于购房者，导致需求减少，从而为了使需求和供给达到新的均衡，在市场调节机制下，价格会相对下降，直到达到的均衡。

2. 税收政策作用于以购房者为代表的需求方所带来的影响

面对购房者，主要征收房地产税、契税、印花税等税。若税率提高或是需要征收更多的税种，则会导致税收增加，进一步会导致购房成本增加，购房者的需求减少，在房地产开发商的楼盘供给没有减少的情况下，供给大于需求，会通过市场自动调节机制，助推房地产价格下降，下降至一个新的均衡点。具体作用路径如图 10-6 所示。

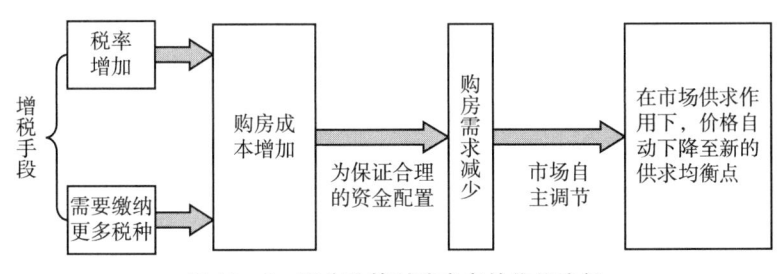

图 10-6 税收政策对购房者的作用途径

房地产价格下降其实代表的是通过降低售价的手段使开发商获得的利润减少，实质上是将税收分摊给房地产开发商，最终成为供求双方共同负担税收的结果。供求双方分别负担的税收比重将由供求弹性决定。若是需求弹性相较于供给弹性更大，那么价格会在一个相对更低的点达到均衡，也就意味着供给方负担了更多的税费。相反，如果供给弹性相较于需求弹性更大，那么价格下降的幅度会偏小，也就意味着需求方负担了更多的税费。

（二）财政支出政策对粤港澳大湾区房地产投资的影响

财政支出是政府为了保证国家政权顺利运转、有效实施其自身职能、为公民提供公共产品和服务，而对从筹集的货币资金进行使用。

对财政支出的分类多种多样，按财政支出与国家职能关系可以将财政支出分为：经济建设费支出（包括基础建设支出、流动资金支出、地质勘探支出、国家物资储备支出、工业交通部门基金支出、商贸部门基金支出等）、社会文教费用支出（包括科学事业费和卫生事业费支出等）、行政管理费支出（包括公检法支出、武警部队支出等）、其他支出（包括国防支出、债务支出、政策性补贴支出等）。

具体从房地产市场方面进行分析，当政府增加财政支出时，将会用于基础设施、工业交通、社会文教、行政管理等方面，这样可以带来居住环境周围公共设施更加多样化、交通更加便捷、医疗卫生机构更加充足且高质量、教育资源更加丰富、社区管理更加有序等现象。这些都是带动该地房地产市场更加活跃的助推剂,而其具体效应也同样可以从供给和需求两个角度来看:

1. 财政支出政策作用于以房地产开发商为代表的供给方所带来的影响

一方面从供给角度来看,房地产商会瞄准商机,看重该区域的地理优势,加大房地产的建设力度。由于众多房地产商都积极抢购地皮,地皮供给量小于需求量,地皮价格会随之升高,直到供给和需求达到一个新的平衡状态。而在成本提高的情况下,为了维持一定的利润,房地产商会提高楼盘售价,推动房价上涨。具体作用路径如图10-7所示。

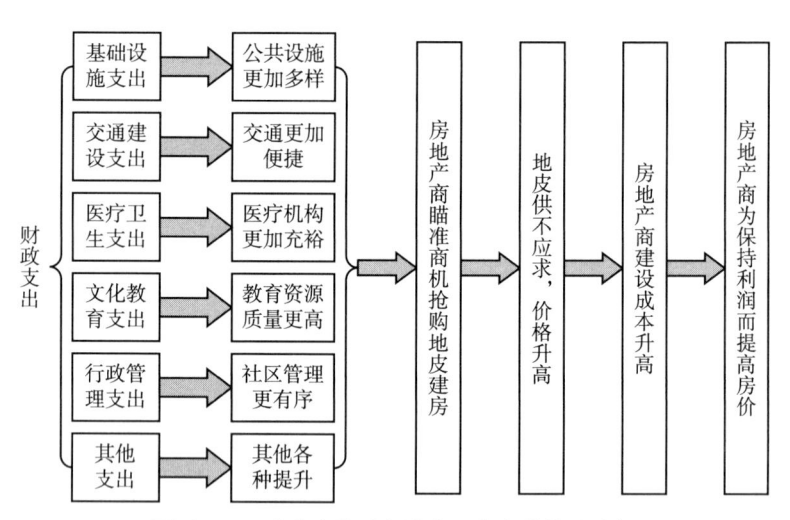

图10-7 财政政策对房地产开发商的作用途径

2. 财政支出政策作用于以购房者为代表的需求方所带来的影响

另一方面从需求角度来看,由于该地交通医疗教育等各种资源提升,会促进更多的人青睐于此区域的房屋,为了提升生活质量,对这些房屋的购买需求会增加。当供给不变时，房地产供给小于需求，房价会随之升高，直到供给和需求达到一个新的平衡状态。具体作用路径如图10-8所示。

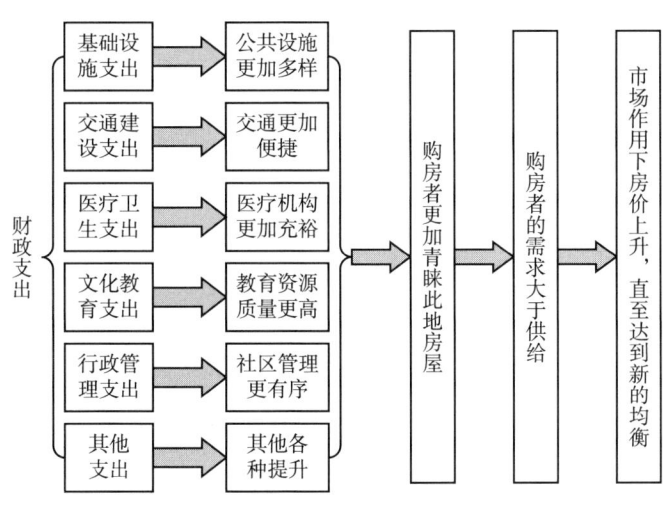

图 10-8 财政政策对购房者的作用途径

四、货币政策对粤港澳大湾区房地产投资的影响

(一) 粤港澳大湾区房地产业相关货币政策的改革

1. 我国整体的货币政策改革

(1) 1998~2003年为政策放宽与规范市场并行。

最开始政策宽松是因为1997年时亚洲金融危机的影响，为了刺激国内经济的增长，房地产业承担了很大的重任，国家为了大力发展房地产业，便通过调低贷款基准利率来刺激购房需求，随之带动了整个房地产市场价格的上升。

但为了更加规范房地产金融市场，中国人民银行相继颁布了《关于规范住房金融业务的通知》（2001年）及《中国人民银行关于进一步加强房地产信贷业务管理的通知》（2003年）等相关法律，整个市场更加规范有序，促使政府在参与市场调控中发挥更大的作用。

（2）2004~2007年为逐渐收紧。

由于我国经济从2004年开始快速增长，房价也逐步上升。为了更好地调控房地产市场，央行不断通过加息、上调法定准备金等货币政策手段来维持房地产市场的稳定。央行还出台了《商业银行房地产贷款风险指引》（2004年）及《关于加强商业性房地产信贷管理的通知》（2007年）等，使得政策更加收紧。

（3）2008~2010年适当放松且日趋规范。

由于前几年的收紧政策，一定程度上过于遏制了房价上涨，且2008年又由于金融危机的影响，房价有呈现下降的趋势。因此，我国的货币政策逐渐适当放宽，通过降息等措施，刺激房地产市场复苏。

同时为了更好地规范市场，国家出台了最严厉地房产政策"国十条"（2010年），以用来打击投机性需求，防止房价被恶意哄抬。

（4）从2010年起稳健发展。

由于2010年起房价又恢复不断上涨，因此为了控制房价，防止房地产泡沫的发生，央行又采取了稳健的货币政策。

2. 央行对货币供应量的调控

货币政策主要可以分为利率和货币供应量两方面。在利率方面，主要表现为，央行通过提高或降低基准利率来调控房地产市场的供给与需求。

另一个主要方面则是对货币供应量进行调控。在货币供应量方面，我国主要采取稳健增长的策略，且在2008年之后政策有所放松，货币供应量的增长率更高。图10-9列举了2000~2018年我国货币供应量、房地产开发投资额、商品房销售额的变化。可以发现我国货币供应量是呈现稳步上升状态，并且增速不断加快。

第十章 玩转金融：房地产金融属性及粤港澳大湾区房地产投资

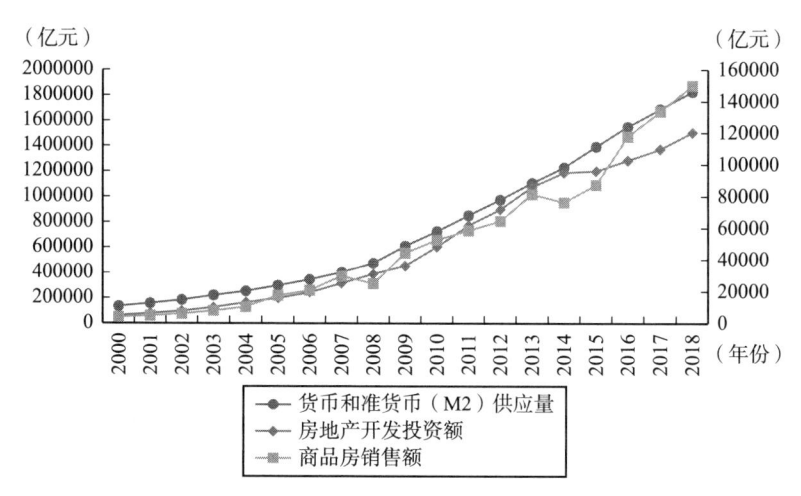

图 10-9 2000~2018 年我国货币供应量与房地产开发、销售的变化

资料来源：国家统计局。

（二）贷款利率对大湾区房地产投资的影响

利率一直是政府对房地产市场进行宏观调控的重要手段，不仅因为它是货币政策的基本工具之一，还因为购房者和房地产开发商需要商业银行等金融机构发放的大量贷款来实施自己的经济行为，而在这个资金融通的过程中，利率起到了不可替代的杠杆作用。因此，由于我国的利率政策没有完全市场化，因此政府可以通过提高或降低基准利率来调控房地产市场的供给与需求。

下面分别从供给与需求角度出发，进一步分析利率政策对房地产市场的作用途径：

1. 利率政策作用于以房地产开发商为代表的供给方所带来的影响

房地产属于资金高度密集的行业，建设一个项目需要大量的资金，经常需要大额贷款去完成一个项目。因此利率的微小波动都会造成房地产开发商的资金成本的巨大波动，从而增加该房地产项目的总体成本。例如：利率上升,房地产开发商的资金成本增加,导致该房地产项目的总体成本增加,一方面,房地产商为了保持一定的利润率,会提升房价。另一方面,为了维持企业资金周转的正常进行,房地产开发商会选择建设更少的房地产项目,从而会导致房地产供应量下降。在需求不变的情况下,房价会随着市场自我调节不断升高,直至供给与需求达到新的平衡时稳定下来。具体作用路径如图 10 - 10 所示。

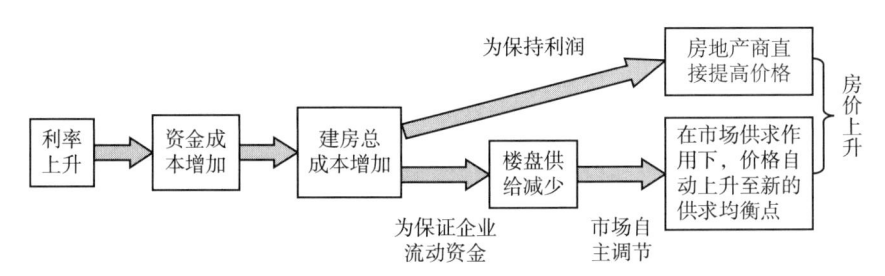

图 10 - 10 利率政策对房地产开发商的作用途径

2. 利率政策作用于以购房者为代表的需求方所带来的影响

因为对于每一个家庭,购房成本在日常衣食住行的成本中占有十分大的比重,因此大多数家庭都会选择抵押贷款购买房子,以保证有足够的钱进行正常的市场开支。而利率的少许变动,都会影响购房成本的很大的变化,从而会影响购房者的购房决定。例如:利率上升,购房者需要还更多的房贷,资金成本上升,购房总成本上升,购房者的支付能力下降,购房者的购房需求降低,从而会导致供大于求,房价会随着市场自我调节不断下降,直至供给与需求达到新的平衡时稳定下来。具体作用路径如图 10 - 11 所示。

图 10 - 11 利率政策对购房者的作用途径

（三）货币供应量对大湾区房地产投资的影响

央行不仅会通过调整利率的上升或者下降来调节市场，还会通过调整货币供应量来间接调节市场。当央行扩张性的货币政策，增加货币供应量时，商业银行可以提供更大规模的信贷资金，它同样可以作用于房地产开发商和购房者，产生不同的效应。具体如下：

1. 扩张性货币政策作用于以房地产开发商为代表的供给方所带来的影响

房地产属于资金高度密集的行业，建设一个项目需要大量的资金，经常需要大额贷款去完成一个项目，而贷款需要进行各项评估，银行会选取合适的对象进行放贷。因此若实行扩张性货币政策，货币供应量增加，商业银行可以提供更大规模的信贷资金，房地产开发商取得贷款更为容易，利率会进一步下降，房地产商的资金成本减少，导致该房地产项目的总体成本减少，房地产商由于成本减少，会适当降低房价。另外，企业有更多的资金进行周转，房地产开发商会选择建设更多的房地产项目，从而会导致房地产供应量上升。在需求不变的情况下，房价会随着市场自我调节不断下降，直至供给与需求达到新的平衡时稳定下来。具体作用路径如图 10 - 12 所示。

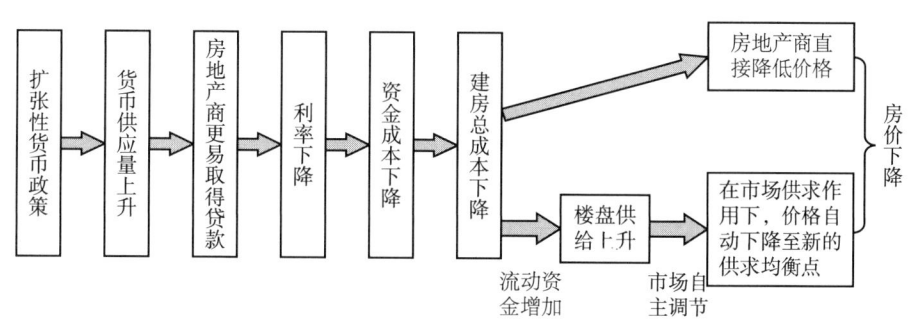

图 10 - 12 扩张性货币政策对房地产开发商的作用途径

2. 扩张性货币政策作用于以购房者为代表的需求方所带来的影响

因为对于大多数家庭都会选择抵押贷款购买房子，而银行的放贷有限，因此若是银行可放贷的金额相对紧缺，银行会将贷款利率设置在一个相对较高的水平。因此若实行扩张性货币政策，货币供应量增加，商业银行可以提供更大规模的信贷资金，购房者取得贷款更为容易，利率会进一步下降，购房者需要还相对较少的房贷，资金成本下降，购房总成本下降，更多人有支付能力，购房者的购房需求上升，从而会导致供小于求，房价会随着市场自我调节不断上升，直至供给与需求达到新的平衡时稳定下来。具体作用路径如图10-13所示。

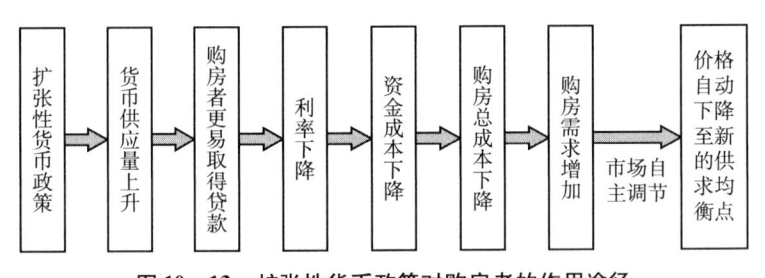

扩张性货币政策 → 货币供应量上升 → 购房者更易取得贷款 → 利率下降 → 资金成本下降 → 购房总成本下降 → 购房需求增加 → 市场自主调节 → 价格自动下降至新的供求均衡点

图10-13　扩张性货币政策对购房者的作用途径

五、信贷政策对粤港澳大湾区房地产投资的影响

（一）房地产信贷的含义与分类

1. 房地产信贷的含义

（1）信贷政策的含义。

信贷政策，是中央银行根据国家宏观经济政策、产业政策、区域经济发

展政策和投资政策，并衔接财政政策、利用外资政策等制定的指导金融机构贷款投向的政策。

（2）房地产信贷的含义。

房地产信贷是指信贷机构以与房地产有关的个人或各种机构为主要服务对象，伴随着房地产再生产过程中的各个环节流程进行发放贷款的业务。房地产信贷的实质指的是商业银行等金融机构运用各种信用手段把动员起来的社会闲散资金的支配权让渡给土地及房屋的开发者、经营者、购房者的过程。

2. 房地产信贷的特点

（1）贷款期限长。

房地产贷款周期总体来说比较长，尤其是面向个人的住房贷款，贷款期限往往在 10~30 年之间，即使是用于房地产开发的贷款，也因为房地产开发周期往往在 1 年以上而导致贷款期限与其他行业相比较长。

（2）贷款使用上的专用性。

房地产信贷服务于房地产业，专门在房地产开发、经营和房地产消费服务领域使银行或金融机构信用在特定产业领域内进行具体运用。

（3）资金管理上的集中性。

房地产信贷资金必须坚持专款专用的原则，由专门的机构进行集中管理和监督使用房地产信贷资金，以保证住房建设资金的稳定增长和筹资渠道的畅通。

（4）涉及环节多。

由于我国房地产的资金供给渠道比较单一，开发企业的自筹资金只占项目的极少部分，且房地产信托资金所占的市场份额也比较少，所以绝大多数的项目开发和运转资金均来自贷款。贷款涉及房地产项目的各个环节，包括进行土地拍卖、土地开发、房地产建设、房地产销售等各个环节。

（5）财务风险影响很大。

由于房地产企业大部分的资金来源银行的贷款，这种高负债经营方式隐藏着很大的财务风险。一旦发生资金链断裂的事件，会使得房地产项目终止，给房地产企业带来经营困境甚至面临破产。与此同时，房地产企业的资金链断裂，也会直接带来银行坏账，不良资产增加，使得银行也陷入困境。

3. 房地产信贷的分类

按照对象和用途，具体可以分为以下几类：

（1）土地储备贷款。

土地储备贷款一般是指贷款人向借款人发放的用于土地收购及土地前期开发、整理的贷款。其中，土地储备贷款的借款人仅限于负责土地一级开发的机构。

（2）房地产开发贷款。

房地产开发贷款是指贷款人向借款人发放的用于开发、建造向市场销售、出租等用途的房地产项目的贷款。具体根据开发的内容不同又可分为：

①土地开发贷款。是指银行向房地产开发企业发放的用于土地开发的贷款。

②住房开发贷款。是指银行向房地产开发企业发放的用于开发建造向市场销售住房的贷款。

③商业用房开发贷款。是指银行向房地产开发企业发放的用于开发建造向市场销售，主要用于商业行为而非家庭居住用房的贷款。

④房地产开发企业流动资金贷款。是指房地产开发企业因资金周转所需申请的贷款，并不与具体的项目相联系，由于最终贷款仍然用来支持房地产开发，因此这类贷款仍属房地产开发贷款。

（3）个人住房贷款。

个人住房贷款是指贷款人向借款人发放的用于购买、修理各类型住房的贷款。

（4）商业用房贷款。

商业用房贷款是指贷款人向借款人发放的用于购置、修理以商业为用途的各类型房产的贷款。一般分为法人商业用房贷款和个人商业用房贷款两种。

4. 房地产信贷政策调控的方式

房地产信贷政策调控是指央行通过间接或直接的方式来控制信贷规模进而达到控制房价的目的，具体方式可分为：

（1）贷款政策调控。

贷款政策调控主要是指政府出台限购、要求首付款最低比例等一系列政策来控制可贷款金额，达到控制贷款规模的目的。

（2）基准利率调控。

基准利率调控是指央行调整贷款利率。一旦央行提高利率，开发商的建房成本或购房者的购房成本将会增加，可能会导致资金周转出现问题，进而对供需产生影响，促进市场自动对房价进行反应、调节。

（3）存款准备金调控。

存款准备金是人民银行的货币政策调控工具之一，能够深度冻结流动性，调控效果比较显著。具体来说，存款准备金率是指根据央行的要求，商业银行在央行的存款总额中，存款准备金所占的百分比。通过对存款准备金率的调整，央行能够对商业银行等的信贷扩张能力造成影响，达到间接调控货币的目的。

（二）我国信贷政策变化

我国的信贷政策可以分为以下几个阶段：

（1）1993~2009年：从1993年我国实施房地产改革制度起，我国的房地产信贷制度逐步完善，且到2009年为止，我国的信贷政策都较为宽松。

（2）2010~2012年：信贷政策不断收紧。

（3）2013~2014年：信贷政策稍有放松，更多的银行信贷资金涌入房地产市场。

（4）2016年起：又不断收紧并趋于稳健，从而能更好地抑制房地产市场的非正常发展。

其中，以上几个阶段中出台的主要调控政策如表 10-1 所示。

表 10-1　　我国房地产信贷调控的主要相关政策

日期	文件	主要内容
2001 年 6 月 19 日	《中国人民银行关于规范住房金融业务的通知》	对银行资金进入房地产圈定了 3 条途径： 1) 开发商以自己有资金支付土地出让金和拆迁补偿费取得国家土地使用权，并在办理"四证"后，银行可发放贷款； 2) 在多层住宅封顶或高层住宅完成总投资 2/3 时，银行可发放按揭贷款； 3) 银行可向房地产公司发放少量流动资金贷款
2003 年 6 月 13 日	《中国人民银行关于进一步加强房地产信贷业务管理的通知》	规定对购买高档商品房、别墅、商业用房或第二套以上（含第二套）商品房的借款人，商业银行按照中国人民银行公布的同期同档次贷款利率执行，即 5 年期以上执行 6.12% 的商业银行中长期贷款的利率
2009 年 6 月 19 日	《银监会关于进一步加强按揭贷款风险管理的通知》	1) 重点支持借款人购买首套住房的贷款； 2) 严格遵守第二套房贷政策
2010 年 4 月 17 日	《国务院关于坚决遏制部分城市房价过快上涨的通知》	1) 首套住房且建筑面积 >90 平方米的家庭，贷款首付款比例 ≥30%； 2) 第二套住房的家庭，首付款比例 ≥50%，贷款利率 ≥基准利率 ×1.1； 3) 第三套及以上住房的，首付款比例与贷款利率应大幅度提高
2011 年 1 月 26 日	《国务院办公厅关于进一步做好房地产市场调控工作有关问题的通知》	1) 个人购买住房 <5 年，转手时全额征税； 2) 第二套住房的家庭，首付款比例 ≥60%，贷款利率 ≥基准利率 ×1.1
2012 年 2 月 15 日	《国土资源部关于做好 2012 年房地产用地管理和调控重点工作的通知》	1) 计划保障性住房、棚户区改造住房以及中小型普通商品住房用地高于总量的 70%； 2) 合理增加普通商品住房用地，严格控制高档住宅用地，不得安排别墅类用地
2013 年 2 月 26 日	《国务院办公厅关于继续做好房地产市场调控工作的通知》	1) 坚决抑制投机投资性购房； 2) 增加普通商品住房和用地供应

续表

日期	文件	主要内容
2014年9月30日	《中国人民银行、中国银行业监督管委会关于进一步做好住房金融服务工作的通知》	1）首套普通住房家庭，首付比例≥30%，贷款利率≥基准利率×0.7； 2）拥有1套住房并已结清购房贷款的家庭，再申请贷款，执行首套房贷款； 3）已取消或未实施"限购"的城市，2套及以上住房并已经结清购房贷款的家庭，又申请贷款，应审慎把握并确定首付款比例与贷款利率
2015年3月30日	《中国人民银行、住房城乡建设部、中国银行业监督管理委员会关于个人住房贷款政策有关问题的通知》	1）拥有1套住房并且房贷未结清的居民家庭再次申请商贷购买住房，首付款比例≥40%； 2）使用公积金贷款购买首套普通自住房，首付款比例≥20%； 3）拥有1套住房并已结清购房贷款的，再次申领公积金贷款购买住房，首付款比例≥30%

资料来源：中国政府网。

（三）信贷政策对大湾区房地产投资的影响

1. 信贷政策作用于以房地产开发商为代表的供给方所带来的影响

据统计，我国房地产业约80%的土地购置费和房地产开发资金均直接或间接来自商业银行贷款。一旦资金链断裂，会使得房地产项目被迫终止，房地产企业资金无法得到周转，企业会陷于困境之中甚至破产。房地产企业的员工也可能无法正常获得工资甚至面临失业。同时，房地产企业的资金链断链也会给银行带来坏账，银行也面临危险。当信贷政策作用于房地产开发商时，若是提供给房地产商的信贷资金缩小，导致很多原本有建房意向的房地产开发商为了保证企业有足够的资金正常运转，而相对减少投资项目的数量，整个房地产市场房屋供应减少。在楼房需求不变的情况下，需求大于供应，房价则会上涨，房价上升至供求达到新的平衡点为止。具体作用路径如图10-14所示。

紧缩信贷政策 → 银行提供的贷款金额减少 → (为维持企业正常运转) 房地产商减少房地产建设项目数量 → 房屋供给减少 → (市场自主调节) 价格自动上升至新的供求均衡点

图 10－14　信贷政策对房地产开发商的作用途径

2. 信贷政策作用于以购房者为代表的需求方所带来的影响

面对购房者，若是实施紧缩的信贷政策，提高首付比例，导致很多原本有意向的购房者因为其自身的流动资金无法支付首付而使其无法获得住房贷款，从而丧失购房能力，放弃购房。在楼房供应不变的情况下，需求小于供应，则会抑制房价上涨，房价下降至供求达到新的平衡点为止。具体作用路径如图 10－15 所示。

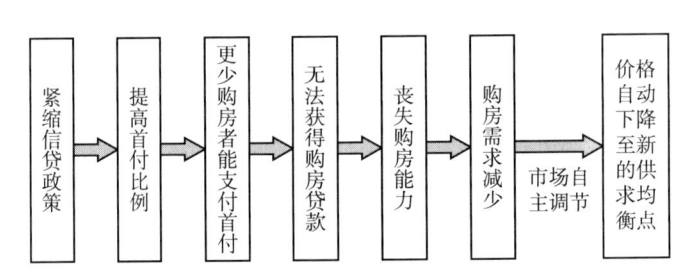

紧缩信贷政策 → 提高首付比例 → 更少购房者能支付首付 → 无法获得购房贷款 → 丧失购房能力 → 购房需求减少 → (市场自主调节) 价格自动下降至新的供求均衡点

图 10－15　信贷政策对房地产开发商的作用途径

第十一章

房价调控：历年中国特色房地产调控对大湾区房地产投资的启示

一、历年中国特色房地产调控回顾

我国房地产行业虽然起步较晚，但是发展较快，自1998年我国进行房地产改革后，房地产市场快速发展，并逐渐成为我国经济的主要支柱产业。为了适应其较快的发展，维持房地产市场健康、稳定地运行，我国政府对房地产市场进行了一系列调控。改革后的二十多年来，可以具体将1998年至2018年间我国房地产调控的历程分为七个阶段，在不同的阶段中我国针对性地采取了不同的政策以对房地产市场进行调控，如图11-1所示。

（一）1998~2001年：住房市场化改革

1. 阶段背景

由于1997年受到金融危机的影响，国家经济受到打击，为了应对出口需求下降造成的经济减速，刺激国内消费需求，从而推动经济增长，我国政

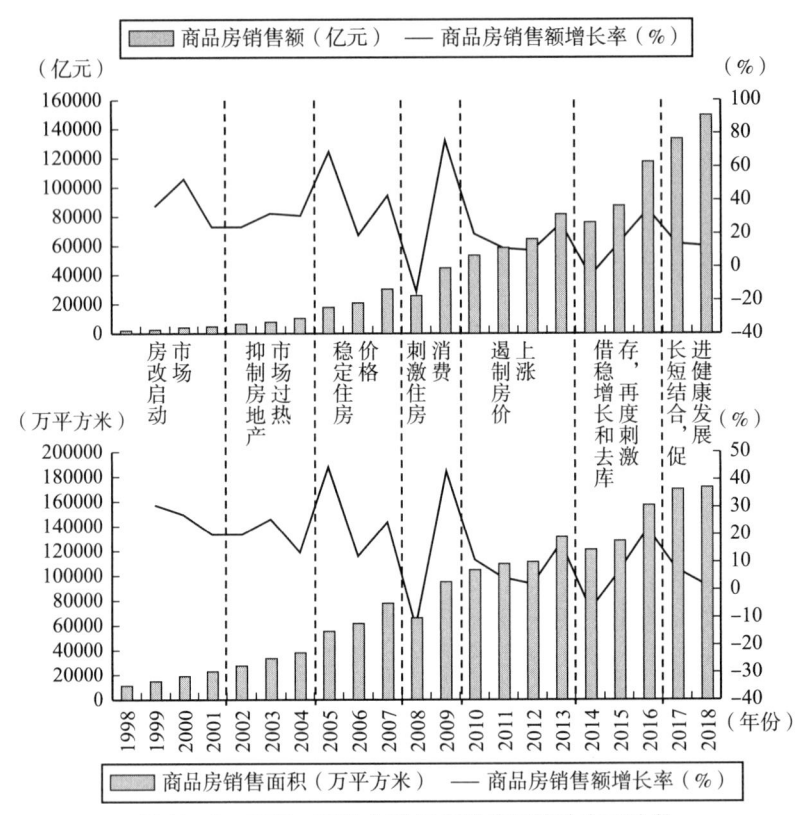

图 11-1 1998~2018 年我国房地产调控的主要阶段

资料来源：Wind 数据库。

府迫切想要寻找到适合的固定资产产业作为稳定和发展经济的支柱产业。而房地产市场一方面具备行业关联度高和带动力强的特性，与建材行业、家具行业、家电行业都息息相关，起着带动作用，从而对整个宏观经济起着更好的拉动作用；另一方面，房地产市场本来自身体量大，其增长能够为宏观经济贡献更多的增加值。这些区别于其他行业的独特特性都预示着房地产行业具有极强的发展潜力，也表明房地产行业拥有成为稳定经济的强心剂的巨大潜力。因此国家决定将房地产行业发展成为发展经济的重点产业，而推动房地产行业的发展也无疑成为国家发展的重要目标。

2. 政策目标

我国政府将启动住房消费、消化挤压房以及促进房地产发展设立为这一阶段的目标,并采取了一系列调控措施。调控方向主要围绕以下三个方面:

(1) 实行住房市场化改革,提高房地产投资收益,吸引社会资金进入房地产行业,推动房地产稳定发展。

(2) 建立配套金融体系,主要为住房公积金和商业信贷两种手段,通过增加企业开发能力和居民购房能力,为投资者提供融资,为购房者提供支付保障,从而促进房地产的发展。

(3) 通过税收制度等一系列的鼓励购房的配套措施,提高居民购房和银行发放贷款的积极性。

3. 主要政策内容

1998~2001年这一阶段为调控房地产市场颁布的主要政策如表11-1所示。

表11-1　　　　　　1998~2001年我国房地产调控的主要政策

发布时间	发布机构	政策名称	政策核心内容
1998年7月3日	国务院	《关于进一步深化城镇住房制度改革加快住房建设的通知》	取消福利住房,推动住房商品化
1999年2月23日	央行	《关于印发〈关于开展个人消费信贷的指导意见〉的通知》	实行个人住房消费信贷,拉动消费,扩大内需
2000年10月10日	财政部、国税总局	《关于住房公积金管理中心有关税收政策的通知》	鼓励购房和银行房贷行为,对住房公积金贷款和个人和银行都免税
2000年12月7日	财政部、国税总局	《关于调整住房租赁市场税收政策的通知》	对个人按市场价格出租的居民住房,减征营业税
2001年4月19日	财政部、国税总局	《关于对消化空置商品房有关税费政策的通知》	对尚未售出的空置商品房,免征营业税、契税

资料来源:中国政府网。

在这一系列措施中，最为主要的措施是《国务院关于进一步深化城镇住房制度改革加快住房建设的通知》的颁布。该文件结束了我国长达四十年的住房实物分配制度，开始了房地产市场化改革。该文件所确定的深化城镇政府制度改革的指导思想是：稳步推进住房商品化、社会化，逐步建立适应社会主义市场经济体制和我国国情的城镇住房新制度，其特点是：以经济适用房为主的城镇住房供应体系；在指导思想上虽提出了推进住房商品化、社会化的改革，但还没有明确以有限竞争的市场的态度来对待房地产市场。在实际执行中各级地方政府并没有把工作的重点放在对经济适用房的供给上，而被政府控制和批租的土地，大批地流到了一般商品房上。按照该文件要求，房地产市场应该以供应经济适用房为主，且经济适用房比例在60%以上，但此阶段实际却远没有达到这个比例。

4. 成效及影响

随着"经济适用房"概念的提出和运用，从1998年起，市场化的"商品房"成为城市住房建设的主角，房地产市场背后巨大的投资潜力也越来越受到关注。1998~2001年间，我国房地产投资年均增速20.4%，有效地推动了国民经济的发展，建设步伐加快，国内住房消费得到有效启动。同时，房地产价格也一直处于稳定增长状态，月均环比增速0.15%，房价增速和房产规模均超出了政府和消费者的预期，为房地产市场注入了新的活力。实际上当时房地产市场已经成为我国经济发展的主要支柱。此外，经济发展对房地产的过度依赖导致房地产投资过热日益显现，快速的增长势头带来的隐患和问题也渐渐浮出水面，给我国房地产市场的健康发展带来了一定的消极影响。

（二）2002~2004年：控制房地产市场过快增长

1. 阶段背景

自2002年开始，房地产市场开始出现一个大的转折点。2002年，我国通货膨胀问题开始显现，宏观经济出现了过热的苗头，主要表现在投资增长过快、建设规模过大、新建项目过多、投资结构不合理等方面。房地产开发投资作为固定资产投资的重要组成部分，2003~2004年间在全国范围内增长超过30%。跟随固定资产投资的快速增长，土地的需求也从而急剧增加，继而带动了新一轮土地购置、开发热。但土地开发的速度却没有跟上土地购置的速度。2002年全国房地产开发企业购置土地合计有3.14万公顷，相当于1998年购地面积的3.1倍，但同年完成开发的土地面积只有1.94万公顷，购置与开发两者相差1.2万公顷之多。房地产价格也进一步上涨，2004年全国房地产销售均价增长超过17%，居民可支配收入增速已远远不及房价增速。与此同时，还出现部分地区房地产市场严重供需失衡等问题。此外，水泥、钢铁、建材等中间产品行业也出现投资过热和价格快速上涨态势。这一系列的问题都加剧了市场风险和金融风险。

2. 政策目标

在房地产投资过热和房价上涨过快的双重背景下，保持房价平稳、抑制房价过快增长、降低房价成为国家调控房地产政策的主基调。

3. 主要政策内容

2002~2004年为调控房地产市场颁布的主要政策如表11-2所示。

表11-2　　　　　　　2002~2004年我国房地产调控的主要政策

发布时间	发布机构	政策名称	政策核心内容
2002年5月9日	国土资源部	《招标拍卖挂牌出让国有土地使用权规定》	土地出让必须以招标、拍卖或者挂牌方式进行公开交易
2003年6月5日	央行	《关于进一步加强房地产信贷业务管理的通知》	明确要加强房地产开发贷款管理，严格控制土地储备贷款发放，规范建筑施工企业流动资金贷款用途，加强个人住房贷款管理

续表

发布时间	发布机构	政策名称	政策核心内容
2003年8月12日	国务院	《关于促进房地产市场持续健康发展的通知》	明确了房地产行业作为国民经济发展支柱产业
2004年3月30日	国土资源部监察部	《关于继续开展经营性土地使用权招标拍卖挂牌出让情况执法监察工作的通知》	要求从2004年8月31日起，所有经营性项目用地一律公开竞价出让，各地不得再以历史遗留问题为由进行协议出让。同时要求此后发展商须及时缴纳土地出让金，两年不开发政府可收回土地（该通知的颁布正式叫停了此前盛行的协议出让，成为土地交易市场化的标志。由于该规定从8月31日实施，也被称为"831大限"）
2004年4月26日	国务院	《关于调整部分行业固定资产投资项目资本金比例的通知》	将房地产开发项目（不含经济适用房项目）资本金比例由20%及以上提高到35%及以上
2004年5月13日	建设部	《经济适用住房管理办法》	完善经济适用住房和廉租住房保障政策
2004年6月6日	国务院办公厅	《关于控制城镇房屋拆迁规模严格拆迁管理的通知》	要求各地合理确定拆迁规模和建设规模，确保2004年全国房屋拆迁总量比前年有明显减少

资料来源：中国政府网。

其中最为主要的是《关于进一步加强房地产信贷业务管理的通知》的颁布，该文件是自房地产市场发展以来政府第一次采取抑制房地产过热的措施。以此文件为标志，政府采取了清理整顿建设用地，控制市场土地供给，提高房地产行业投资项目最低资本金比例，提高银行存贷款利率等一系列紧缩性的调控政策抑制房地产的投资过热现象。

4. 成效及影响

通过本次政府调控，房地产投资和供给增长速度适当下降，城镇住宅投资过热的现状有所改善，城镇住宅投资占固定资产投资的比重开始出现下降，尤其是受2003年的"831大限"政策影响，2004年新开工面积增长率由 2003 年的 27.82% 下降到 2004 年的 10.43%。总的来说，抑制房地产投资过热的目的已基本达到，但是房地产价格上涨的势头并没有得到完全控制，上升速度反而加快。2003 年，虽然遭受"非典"的影响，房地产价格增长有短期放缓，但全国新建商品住房销售均价仍逆势上涨 4.48%，2004 年房地产价格更是大涨 17.76%，大幅超过城镇居民人均收入增长率。

（三）2005~2007 年：调控房价

1. 阶段背景

2007 年前的五年时间里，我国的经济都保持高速增长，国内生产总值年均保持在 10%~20% 左右增长率，并在 2007 年达到最高点，给我国房地产市场的发展提供了很好的经济环境。2005 年开始，房地产开发投资增长率保持在 20% 左右，依然保持着较快速度的增长，但由于受到政府调控影响，增速逐步减慢，城镇房地产投资占全社会固定资产投资的比重开始下降。且由于城镇化速度加快等原因，房地产市场需求较大，在房地产价格不断上涨，投资属性显现情况下，北京、深圳、广州等珠三角地区、环渤海地区等部分城市的投资购房需求大量增加，导致这些城市的住房价格快速攀升，涨幅居全国前列。

2. 政策目标

在这种背景下，房地产调控方向由控制投资转向以稳定住房价格为主。国务院办公厅相继印发了一系列文件。

3. 主要政策内容

2005~2007 年这一阶段为调控房地产市场颁布的主要政策如表 11-3 所示。

表 11-3　　　　　　　　2005~2007 年我国房地产调控的主要政策

发布时间	发布机构	政策名称	政策核心内容
2005 年 3 月 26 日	国务院办公厅	①《关于切实稳定住房价格的通知》②《转发建设部等部门关于做好稳定住房价格工作意见的通知》	史称两个"国八条",强调了各级地方政府要承担起稳定房价的责任,综合运用信贷政策、税收和必要的行政手段,抑制房地产过快上涨的势头,但是房价上涨过快的问题没有得到根本的解决,并很快出现反弹
2005 年 5 月 18 日	国税总局	《关于进一步加强房地产税收管理的通知》	对个人将购买不足 2 年的住房对外销售的全额征收营业税
2005 年 10 月 7 日	国税总局	《关于实施房地产税收一体化管理若干具体问题的通知》	对个人买卖二手房必须缴纳个人所得税
2006 年 5 月 24 日	国务院办公厅	《转发建设部等部门关于调整住房供应结构稳定住房价格意见的通知》	称作"国六条",要求切实调整住房供应结构,明确套型建筑面积 90 平方米以下住房面积必须达到开发建筑面积的 70% 以上;同时,进一步从严调整住房转让环节营业税,提高个人住房按揭贷款首付款比例,抑制投机和投资性购房需求
2006 年 7 月 11 日	建设部等六部门	《关于规范房地产市场外资准入和管理的意见》	限制外资购房,加强对外企房地产开发经营和境外机构和个人购房的管理
2006 年 7 月 18 日	国税总局	《关于住房转让所得征收个人所得税有关问题的通知》	在全国范围内统一强制性征收二手房转让个人所得税
2007 年 9 月 27 日	央行、银监会	《关于加强商业性房地产信贷管理的通知》	提出了执行差别化住房信贷政策,贷款额度不得超过所收购土地评估价值的 70%,贷款期限最长不得超过 2 年,大幅度提高第二套及以上住房贷款的首付款比例和贷款利率,向房地产市场发出了明确的信号,市场预期开始发生转变

资料来源:中国政府网。

在这一时期出台的政策总体来说比较多,政策调控主要集中在两个方面：一方面，主要是调整住房金融政策，实行有区别的住房信贷政策，提高个人住房按揭贷款首付比例。另一方面，开始将税收政策作为房地产调控的政策选择，如《关于做好稳定住房价格工作的意见》，提出提高住房交易税，政府首次运用税收等经济手段调节房地产市场。随后，国税局、财政部等部门也相继出台房地产相关税收政策，为调控加码。

4. 成效及影响

2005年伊始，一系列调控政策尚未取得明显的成功，2005～2007年间房地产价格仍一路上涨，而且涨幅较大。但随着2007年二套房贷的收紧以及贷款利率的不断提高，以及其他各项政策措施的综合作用下，房地产市场的投机需求受到有效打击，广州、深圳等城市房价率先进行调整，各地房地产市场价格逐步趋稳。

（四）2008～2009年：应对经济危机，刺激住房消费

1. 阶段背景

从2008年下半年开始，美国次贷危机逐渐蔓延，我国经济也受到严重的负面冲击，GDP同比增速由2007年的14.2%大幅下降至2009年的9.4%。同时，受国际金融危机快速蔓延和我国经济增长趋缓的影响，我国外贸出口也大幅下降，通货膨胀率高居不下。同时2008年下半年对于我国房地产来说，也是极其不寻常的一段时间，2008年8月，大中城市房价出现近10年来的首次下跌，跌幅逐月加大，房价下降城市的数量逐步增多，到2008年12月，70个大中城市中有50个城市新建商品住宅价格出现环比下降，有52个城市二手住房价格出现环比下降。与此同时，商品房成交量连续下滑，空置面积较快增长，2008年1～11月商品房销售面积同比减少18.3%，11月底商品房空置面积同比增加15.3%。房地产投资增幅明显下降，2008年6月起，反映房地产开发投资意愿的指标均为同比负增长。为

改变经济颓势，适当放松房地产市场政策势在必行。

2. 政策目标

为应对金融危机后可能出现的复杂情况，支持和鼓励合理的住房消费，政府制定一系列措施扩内需及保增长。

3. 主要政策内容

2008~2009年这一阶段为调控房地产市场颁布的主要政策如表11-4所示。其中最主要的是《关于促进房地产市场健康发展的若干意见》，以该文件为标志，房地产市场调控政策开始发生转变。从抑制房地产投资过热和房地产价格过快上涨转向到采取税收、金融手段全方面刺激当地市场需求。在市场健康稳定发展的前提下，打造国民经济的支柱行业，带动国民经济复苏发展。

表11-4　　　　　　2008~2009年我国房地产调控的主要政策

发布时间	发布机构	政策名称	政策核心内容
2008年3月3日	财政部、国税总局	《关于廉租住房、经济适用住房和住房租赁有关税收政策的通知》	按10%的税率对个人出租住房征收个人所得税
2008年7月29日	央行、银监会	《关于金融促进节约集约用地的通知》	不允许向房地产开发企业发放专门用于缴交土地出让价款的贷款
2008年10月22日	财政部、国税总局	《关于调整房地产交易环节税收政策的通知》	首次购买90平方米及以下普通住房的，契税税率统一下调到1%
2008年10月22日	央行	《关于扩大商业性个人住房贷款利率下浮幅度等有关问题的通知》	贷款利率的下限下调为0.7倍，首付比例下调为20%
2008年12月20日	国务院办公厅	《关于促进房地产市场健康发展的若干意见》	①加大保障性住房建设力度 ②进一步加大对住房消费的信贷支持力度 ③对住房转让环节营业税实行减免，取消房地产税

续表

发布时间	发布机构	政策名称	政策核心内容
2008年12月29日	财政部、国税总局	《关于个人住房转让营业税政策的通知》	个人销售2年以上的普通住宅，免征营业税
2009年5月25日	国务院	《关于调整固定资产投资项目资本金比例的通知》	将保障性住房和普通商住房项目的最低资本金比例下调为20%，其他房地产开发项目的最低资本金比例为30%
2009年6月19日	银监会	《关于进一步加强按揭贷款风险管理的通知》	重点支持借款人购买首套及符合改善型标准的自住房的贷款需求
2009年11月18日	国税总局	《关于个人转租房屋取得收入征收个人所得税问题的通知》	个人将承租房屋转租取得的租金收入，缴纳个人所得税
2009年12月14日	国务院	"国四条"	要求继续综合运用土地、金融、税收等手段，遏制部分城市房价过快上涨

资料来源：中国政府网。

4. 成效及影响

通过以上政策的作用，有效拉动了居民的自住型和改善型住房消费。自2009年3月以来，房地产市场成交量显著回暖，房地产开发企业资金链有所缓解，投资信心逐步恢复，市场下滑趋势得到了根本的扭转。与此同时，住房消费者的购买能力的大大提高也进一步助推了房地产价格的上升。2009年全国新建商品房住宅销售均价为4459元/平方米，相较2008年上涨25%，大幅超过城镇居民人均可支配收入的增长幅度。

（五）2010~2013年：遏制房价上涨，防止房地产泡沫

1. 阶段背景

2009年受国家"四万亿元投资计划"的经济措施刺激，我国经济较为

率先地从金融危机中复苏。同时，受房地产市场政策支持影响，房地产市场强势复苏，但也出现了通胀水平持续上升，经济呈现过热迹象。具体从房地产市场来看，2009年下半年以来，部分城市出现了房价上涨过快、投机性购房活跃等问题。宽松政策的副作用开始显现，引起了国务院的高度重视和社会的广泛关注。此外，这几年间我国经济正处于转型的关键阶段，全面深化改革、促进产业结构升级、保障社会民生是我国经济社会的主旋律。因此，严厉打击投机性购房、防止房地产泡沫出现，是我国经济转型不得不面对的问题。

2. 政策目标

从支持房地产行业复苏发展改变为抑制房地产市场价格过快上涨和非理性需求过度增加。并且之前的调控主要是偏向抑制需求为主，此次是在抑制需求的同时积极增加住房供给，进行双向调节，充分发挥信贷作用抑制投机需求。此外，此次调控更加注重房地产长期制度建设，强化住房保障责任和用地监管。

3. 主要政策内容

2010~2013年这一阶段为调控房地产市场颁布的主要政策如表11-5所示。

表11-5　　　　　　　2010~2013年我国房地产调控的主要政策

发布时间	发布机构	政策名称	政策核心内容
2010年1月12日	国务院办公厅	《国务院办公厅关于促进房地产市场平稳健康发展的通知》	①增加住房有效供给，加大居住用地有效供应，调整住房供应结构 ②坚决抑制不合理住房需求，实行更为严格的差别化住房信贷政策，发挥税收政策对住房消费和房地产收益的调节作用 ③抓紧建立稳定房价和住房保障工作的考核问责机制 ④加快保障性安居工程建设，加强市场监管

第十一章 房价调控：历年中国特色房地产调控对大湾区房地产投资的启示

续表

发布时间	发布机构	政策名称	政策核心内容
2010年4月17日	国务院	《国务院关于坚决遏制部分城市房价过快上涨的通知》	新国十条，采取限购政策
2010年9月21日	国土部、住建部	《关于进一步加强房地产用地和建设管理调控的通知》	土地闲置一年以上的企业禁止参加土地竞买活动
2010年9月27日	财政部、国税总局	《关于支持公共租赁住房建设和运营有关税收优惠政策的通知》	公共租赁住房建设和运营实施税收优惠政策
2010年9月29日	财政部、国税总局、住建部	《关于调整房地产交易环节契税个人所得税优惠政策的通知》	出售自有住房并在1年内重新购房的纳税人不再减免个人所得税
2011年1月26日	国务院办公厅	《关于进一步做好房地产市场调控工作有关问题的通知》	把二套房贷首付比例提至60%，贷款利率提至基准利率的1.1倍
2011年1月27日	财政部、国税总局	《关于调整个人住房转让营业税政策的通知》	规定个人将购买不足5年的住房对外销售的全额征收营业税
2013年2月20日	国务院	"新国五条"	要求继续严格执行限购政策，上涨过快的二、三线城市也要采取限购
2013年3月4日	国务院办公厅	《关于继续做好房地产市场调控工作的通知》	抑制投机投资性购房、增加普通商品住房及用地供应、加快保障性安居工程规划建设
2013年4月3日	住建部	《关于做好2013年城镇保障性安居工程工作的通知》	加强保障房落实力度
2013年7月4日	国务院	《关于加快棚户区改造工作的意见》	推荐棚户区（危旧房）改造
2013年7月5日	国务院办公厅	《关于金融支持经济结构调整和转型升级的指导意见》	认真执行房地产调控政策，落实差别化住房信贷政策
2013年12月2日	财政部、国税总局	《关于棚户区改造有关税收政策的通知》	个人首购90平方米以下安置房征1%契税

资料来源：中国政府网。

除了以上主要的措施，各地也相继出台了具体措施，如北京、上海、深圳等热点城市实行了严格限定居民家庭购房套数、首付比例和贷款利率等措施。

4. 成效及影响

随着政府对调控措施的贯彻落实，房地产市场出现了积极的信号，部分城市房价过快上涨势头得到初步遏制，调控工作取得一定成果。但是个别热点城市，比如广州等热点城市房价波动的幅度依旧显著高于全国平均水平，2010年广州房价涨幅达38%，超过2007年的35%，为近10年来的最高涨幅。

（六）2014年～2016年9月：促销售、去库存、再刺激

1. 阶段背景

2014年我国整个宏观经济呈现低迷状态，经济发展进入新常态，由高速增长转为中高速增长，全年GDP增速7.4%。作为国民经济重要组成部分的房地产市场，自然也无法"独善其身"，受此前一系列调控政策的影响，楼市出现大面积的观望情况，投资增速显著放缓。不论是一线城市还是二、三线城市，房地产销售面积和销售额同比都大幅下滑。为了促进销售、降低库存，房价开始出现松动，2014年5月，70个大中城市新建商品住房在环比下跌0.2%，这是继2012年6月以来房价环比的首次下降。

2. 政策目标

为促进销售、降低库存，众多城市通过出台取消限购等政策促使购房需求上升。

3. 主要政策内容

2014～2016年这一阶段为调控房地产市场颁布的主要政策如表11-6所示。

表11-6   2014年~2016年9月我国房地产调控的主要政策

发布时间	发布机构	政策名称	政策核心内容
2014年9月30日	央行、银监会	《关于进一步做好住房金融服务工作的通知》	贷清不认房、贷款利率下限为基准利率的0.7倍
2014年10月9日	住建部、财政部、央行	《关于发展住房公积金个人住房贷款业务的通知》	职工连续缴存6个月即可申请公积金贷款
2014年11月22日	央行	下调存贷款利率	一年期贷款基准利率下调0.4个百分点至5.60%
2016年2月1日	央行、银监会	《关于调整个人住房贷款政策有关问题的通知》	决定在不实施限购的城市对首套房首付比例最低降至两三成，二套房首付比例最低可付三成
2016年2月17日	央行、住建部	《关于完善职工住房公积金账户存款利率形成机制的通知》	将职工住房公积金账户存款利率由现行按照归集时间执行活期和三个月存款基准利率调整为统一按一年期定期存款基准利率执行
2016年2月17日	财政部、国税总局、住建部	《关于调整房地产交易环节契税营业税优惠政策的通知》	对个人购买前两套住房予以降低契税优惠。对于个人将购买2年以上（含2年）的住房对外销售的，免征营业税

资料来源：中国政府网。

4. 成效及影响

在各地限购政策和中央限贷政策松绑后，房地产市场开始呈现需求上升、降幅收窄，走势企稳的态势。

(七) 2016年9月至今：短期调控与长效机制结合，因地制宜发展

1. 阶段背景

2015~2016年一、二线房价的暴涨展现了调控政策对房地产市场的有效刺激，但同时也逐渐暴露出"一二线高房价、三四线高库存"地区域分化现象带来的严重问题，一二线城市呈现哄抬房价的不良增长，金融风险愈发增高。与此同时，三四线房地产市场需求增长缓慢、房屋空置率高，投资呈现疲软态势。因此从三季度开始，政治局开始强调"防风险"，房地产政策开始收紧。紧接着2016年10月，各地针对地区房地产市场特点，相继密集出台适合地区房地产市场发展的各种调控政策。

房地产的发展不仅需要兼顾经济高质量发展、防范化解重大风险的要求还要协调人口老龄化趋势、城镇进一步发展等因素。因此，社会的加速发展对房地产的发展做出了新的要求，未来对房地产的调控，要求既能呈现短期调控的优势又能考虑到长效机制作用。同时，不同区位的房地产市场差异化增大，需要其根据特点因地制宜地发展。

2. 政策目标

从全国统一政策到赋予地方更多权力，以鼓励地方政府因地制宜地发展房地产市场。

3. 主要政策内容

2016年至今为调控房地产市场颁布的主要政策如表11-7所示。

第十一章　房价调控：历年中国特色房地产调控对大湾区房地产投资的启示

表 11-7　　　　2016 年 9 月至今我国房地产调控的主要政策

发布时间	发布机构	政策名称	政策核心内容
2016 年 9 月 30 日	北京市住建委等部门	《关于促进本市房地产市场平稳健康发展的若干措施》	又称为"930 新政"。购买首套普通自住房的首付款比例不低于 35%，购买首套非普通自住房的首付款比例不低于 40%（自住型商品住房、两限房等政策性住房除外）。对拥有 1 套住房的居民家庭，为改善居住条件再次申请商业性个人住房贷款购买普通自住房的，无论有无贷款记录，首付款比例均不低于 50%；购买非普通自住房的，首付款比例不低于 70%
2016 年 12 月 8 日	住建部等部门	《关于在人口净流入的大中城市加快发展住房租赁市场的通知》	将广州、深圳、南京、杭州、厦门、武汉、成都、沈阳、合肥、郑州、佛山、肇庆 12 个城市作为首批开展住房租赁改革的试点
2017 年 3 月 11 日	央行办公厅	《关于做好 2017 年信贷政策工作的意见》	强调要加强对商业银行窗口指导，督促其优化信贷结构，合理控制房贷比和增速等
2017 年 4 月 10 日	国土资源部	《关于进一步运用增减挂钩政策支持脱贫攻坚的通知》	增减挂钩节余指标使用由集中连片特困地区和片区外国定贫困县扩展到省定贫困县，这将进一步释放政策红利，使脱贫攻坚向纵深推进
2017 年 10 月 25 日	住建部、财政部	《关于做好城镇住房保障家庭租赁补贴工作的指导意见》	提出各地要结合租赁补贴申请家庭的成员数量和本地区人均住房面积等情况，合理确定租赁补贴面积标准，原则上住房保障家庭应租住中小户型住房，户均租赁补贴面积不超过 60 平方米，超出部分由住房保障家庭自行承担
2018 年 4 月 24 日	证监会、住建部	《关于推进住房租赁资产证券化相关工作的通知》	明确优先支持大中型城市、雄安新区等国家政策重点支持区域，以及利用集体建设用地建设租赁住房试点城市的住房租赁项目开展资产证券化

续表

发布时间	发布机构	政策名称	政策核心内容
2018年5月19日	住建部	《关于进一步做好房地产市场调控工作有关问题的通知》	提到3~5年内热点城市租赁住房、共有产权住房用地占新增住房用地供应50%以上
2018年5月28日	银保监会	《关于保险资金参与长租市场有关事项的通知》	支持符合条件的保险公司参与长租市场建设
2019年5月17日	银保监会	《关于开展巩固治乱象成果、促进合规建设工作的通知》	加强了对房地产融资端的监管力度，主要涉及银行、信托、资管、金融租赁等领域
2019年7月13日	发改委	《关于对房地产企业发行外债申请备案登记有关要求的通知》	要求房地产企业发行外债只能用于置换未来一年内到期的中长期境外债务
2022年1月17日	发改委	《关于做好近期促进消费工作的通知》	支持商品房市场更好满足购房者的合理住房需求。因城施策促进房地产业良性循环和健康发展
2022年3月21日	国务院	《国务院关于落实〈政府工作报告〉重点工作分工的意见》	坚持房子是用来住的、不是用来炒的定位，探索新的发展模式，坚持租购并举。加快发展长租房市场，推进保障性住房建设，支持商品房市场更好满足购房者的合理住房需求，稳地价、稳房价、稳预期。因城施策促进房地产业良性循环和健康发展
2022年6月21日	发改委	《"十四五"新型城镇化实施方案》	建立住房和土地联动机制，实施房地产金融审慎管理制度。支持合理自住需求，遏制投资投机性需求

资料来源：中国政府网。

除了上述政策，各地出台的政策也在不断增多。其中各城市在2018年发布的政策尤为密集，例如：东莞于2月2日发布政策将二手房首付统一为四成，不再区分本地和非本地，从而抑制本地投资需求；海南于3月31日发布政策表明非本省户籍限购一套，且首付比例不得低于70%；长春于4

月 24 日发布政策表明长春市三环区内新购非家庭唯一住房（含新建商品房和二手房）的两年内不得上市交易；深圳于 7 月 31 日发布"商品房禁转让"的规则来规定居民家庭购买商品房的（不含人才住房、安居型商品房），自取得不动产权证书之日起 3 年内禁止转让等政策，由于政策众多，2018 年被称为"史上最频繁调控年"。

4. 成效及影响

对于长效机制和短效机制相结合的政策，我国取得了一定的成效，我国房地产市场也得到更好的规范，但仍处于不断补充的过程当中。未来需要根据城市和时代的发展进程不断进行调控，以求房地产市场能够更加繁荣稳定。

二、历次房地产调控对粤港澳大湾区房地产投资的启示

1. 市场调控的原则

市场的自发性、盲目性、滞后性会导致市场失灵，导致资源配置效率降低以及资源的浪费，因此，政府部门需要发挥经济职能对市场进行宏观调控，对经济加以正确引导。但是，政府的干预规模、干预手段和范围的不同会对市场产生不同程度的影响，因此需要对政府的干预程度进行合理、有效的规制，来使得资源配置效率的最大化。传统的宏观调控理论认为，为了稳定经济、提供公共服务、创造公平竞争的条件、进行收入再分配，政府需要对经济进行适度干预，与此同时为维护市场效率，政府却又不能过度干预经济，不要去做市场能够完成的事情。对于市场无力完成的部分，政府应该主动承担起责任，政府对房地产市场的调控就是在弥补市场的不足之处。具体来讲，政府对房地产市场的干预应该坚持以下三个基本原则。

（1）政府调控应以恢复市场机制为目的。

政府应该根据不同的市场经济环境下市场缺陷的不同情况，采取不同的宏观调控政策和不同的干预程度对市场进行有效调控，这种调控是具有弹性的，一切从实际出发，具体问题具体分析。政府调控的目的，不是要加强对经济的控制，不是要决定市场的运行方式，更不是要对市场的参与主体进行行政命令，政府调控不应该过多干预市场，而是仅以弥补市场机制的不足与缺陷为限度，来促进市场机制的恢复与完善。

对于房地产市场而言，当投机现象严重时、市场价格偏离实际价值过多，政府可以加强对市场达到干预程度，通过制定相应的金融政策、税收政策、土地政策等促使市场价格恢复到合理水平，当房地产市场处于稳定运行状态时，政府则应适时退出市场，以保证市场能够利用自身的运行机制，来使得资源的优化配置。政府在房地产市场宏观调控过程中的作用不是决定市场的发展方式和发展路线，而是帮助市场寻找到其供给与需求的平衡点，让房地产市场找到自身能够健康运行、持续发展的轨道。

（2）政府干预程度以弥补市场缺陷为标准。

市场在能够进行自我调节的地方，政府不应主动插手或介入，而应该给予市场充分的自由，利用市场自身的调节机制来实现资源的优化配置。而对于市场不能对资源进行有效配置的领域，政府应该主动承担起公共服务的职能，积极、有效、合理、有度地对市场进行干预，促进提高资源配置的效率。

房地产市场属于寡头垄断市场，其浓重的垄断色彩造成市场效率低于帕累托最优状态下的市场效率，许多企业依靠自身的垄断地位长期赚取超额利润，由于行业进入壁垒等多种因素的存在，对于这种显著的效率流失的现象，市场不能够依靠自身的力量对其进行有效的调节。这时就需要一个强有力的政府机构采取一系列合理、有度的宏观调控手段来帮助市场进行有效调控。此外，因为行业的市场结构制约，房地产市场还存在严重的信息不对称问题，房地产开发企业与消费者关于房产的信息结构和信息内容严重不对称；消费者对房产的成本和质量等情况了解不多，这将可能造成开发商存在严重的不诚信行为，出现开发商违规经营、肆意欺诈消费者等现象。因此，需要政府及时发挥宏观经济监督职能并通过制定一系列的法律法规、经济方针政策等实现对房地产市场有效的宏观调控。但是，政府应主要针对市场无力进行自我调节的领域来展开，不要对房地产市场进行过度干预，从而影响市场的资源配置效率，给整个房地产行业带来消极的负面影响。

（3）政府调控应以促进情况改善为原则。

政府在主动承担起公共服务的职能，积极、有效、合理、有度地对市场进行干预之前，应该首先分析市场的不完善之处，研究属于政府应该采取的措施，判断政府采取相应政策对房地产市场进行宏观调控后可能产生的积极效果和负面影响，要使得政府的宏观调控能够推动市场资源配置效率的提高，能够改善市场的混乱、无序状态，能够提高国民福利水平。

我国是有着两千年的封建集权历史的国家，传统意义上国家控制着全国的经济和市场，中华人民共和国成立后我国有几十年实行计划经济，直到现在我国仍然处于社会主义市场经济体制的不断完善过程中，因此需要特别注意政府对市场的干预手段、干预程度和干预效果，谨慎政府过度干预，从而影响经济效率。

2. 具体的对策方法及建议

（1）规范土地调控政策。

由于土地资源是有限的、耐用的、不可再生的、非同质的、固定不变的自然资源，具有稀缺性、竞争性、报酬递减性等经济属性，而且土地总量是固定不变的，在短期内可用于房地产建设项目的土地供给量是缺乏弹性的，但是从长期来看不同性质、不同用途的土地也有相互转化可能；因此，政府需要做好对房地产市场用地的供应，一方面满足市场需求，另一方面又不能供应过多影响其他行业的土地需求的满足。使土地政策的引导功能得到发挥，推动土地政策的连续性和系统性，明确各方利益，建立一个科学、高效土地供应体系。土地调控政策既要考虑到土地计划的供应量，又要协调好土地的供应结构，与此同时还要控制好土地供应的步骤和时间安排，要坚持做到，以规划为引导，以市场需求为导向，因地制宜地根据具体情况具体分析，参照小区、组团、社区的经济条件，制定年度供地计划，并及时向全社会公布有关土地供应的相关信息，确保购房者、地产开发企业能够较早了解各类土地以及房源的布局，从而制定开发策略和购买决策。

（2）优化房地产税收制度。

税收制度优化原则与措施，提高我国房地产市场相关税法的立法级次和立法层次。我国房地产市场现行的税法由于立法层次低，税收缺乏法律赋予的无偿性、强制性、固定性，在严肃性和权威性方面也表现欠佳，税收体系不完善，在征税过程中也存在着一些违规现象。这造成了房地产税制征收效率低下的问题，在很大程度上限制了税收政策对房地产市场宏观调控功能的发挥，降低房地产市场的资源配置效率。

完善房地产各环节税制，调整与改善房地产开发环节，房地产保有环节，房地产扭转环节。并且优化配套措施制度，建立健全房屋产权的登记制度，建立完善我国房地产评估制度，构建征税人和房地产交易中介中心的共享信息机制。从而有效抑制房价过热，打破房地产市场供给不足、需求过剩的局面，维持房地产市场的健康有序、平稳发展。

（3）健全金融调控政策。

控制货币供给量，调整货币供给速度。过度宽松的货币政策导致房地产价格过快增长，从而导致房地产泡沫和房地产市场的虚假繁荣；在面对这种状况时如果政府贸然采取紧缩性的货币供给政策，可能会急剧刺破房地产的泡沫，从而给房地产市场的稳定性带来威胁以及影响我国宏观经济的平稳运行。因此，在面对目前房价过高，房地产市场过度投资的情况时，政府相关部门应该采取循序渐进的手段，有计划、有步骤地实行紧缩性的货币供给政策，与此同时要加强对房地产市场的监管力度，及时弄清楚市场的货币供需情况，适时适度调控货币供给的总量。

另外，保持货币供给政策的独立性，在相当长的时间内政府为了促进经济的快速增长，实行的是宽松的货币政策，国家增加货币的供给量并多次降低资金的存贷款利率，这确实能够扩大投资规模，但也会带来严重的通货膨胀问题。事实上，政府是在以一定程度上的通货膨胀来换取经济的增长。政府这种为了实现保持经济持续增长这一经济目标，一直采取宽松的货币政策刺激经济的发展，对市场进行干预，在一定程度上牺牲货币供给政策的相对独立性，把货币政策作为政府实现其预定目标的工具，违背了市场经济的客观规律。货币供给的增长速度超过经济增长，造成严重的通货膨胀问题，物价水平持续高涨。我国的货币供给政策呈现出扩张—紧缩—再扩张—再紧缩的反复波动态势。因此，中央银行运用货币供给政策调控经济的相对独立性应该得到保证，不能将其作为国家为达到某一政治性经济目标的工具，单方面追求经济的增长而忽略市场的平衡和市场自身的发展规律。

3. 长效机制是解决高房价问题的治本之策

房地产长效机制的建立具有长期性与复杂性，需要土地、住房、财税、金融等多方面机制的协同与配合，并非可以一蹴而就。在经济高质量发展的要求下，加快建成房地产长效机制的必要性进一步增强。具体来讲，房地产长效机制的构建需考虑以下三方面：

一是实行较为稳定的住房信贷政策。一般来说购房的首付比例和贷款利率政策对于购房者的购买能力影响较大，如果政策放松则会释放更多的购房需求，在短期推动房价过快上涨。因而，我国实施较为稳定的住房信贷政策有利于稳定购房者预期，有利于房地产长效机制的建立与完善。

二是构建完善住房法律体系。从国际上的经验来看，用法律的形式来加以明确，以居住为导向的住房制度可进而建立起遏制投机性需求的长效机制。因而，进一步完善住房法律体系，坚持"房子是用来住的，不是用来炒的"的政策，首先需用法律明确住房的居住属性并构建购房者与租户的利益维护机制。

三是逐步完善房地产税的征收机制。回顾历史，不得不肯定土地财政为中国城镇化融资作出不少贡献，但也要看到地价上涨推高房价、拉大财富差距的负面作用。如今的土地财政难以继续持续，破解之道在于建立健全房地产税等地方主体税，使之与房地产长效机制协调配合。

第十二章

规避风险：粤港澳大湾区投资风险的思考

一、俄罗斯房地产投资的启示

俄罗斯是世界上国土面积最大的国家，国土面积为1709.82万平方公里，人口数量1.46亿（截至2022年9月），人口密度8.8人/平方公里（2021年），人均GDP 12172.8美元（2021年，国际汇率)[①]，俄罗斯是中国的邻国，面临中国房地产将要饱和的状况，中国的房地产投资者努力开发新的房地产投资资源，俄罗斯的房地产业开始受到越来越多中国房地产投资者的关注。

（一）俄罗斯房地产市场的演变

1. 苏联解体到2001年的艰难发展

受到苏联解体和经济危机的影响，俄罗斯经济发展滞缓。一是建筑行

[①] 中华人民共和国外交部：俄罗斯国家概况，https://baike.baidu.com/reference/125568/7088Wf50 − aRDMbrBGL7FxpSpQZZB6In53IG0Ll2i4ct7sTEplaIFOSjMIvnGdmj3sXWoCTdOdY_UPm54mQ8fWd7YOwLWiSrQcTdZvKx5jpEFrJY2u_fo3uvNQAECS_MNOkZiraij9qtcp64984Q9YNJat4ZX。

业没有时间投资大量的人力物力去建设房屋导致供给不足,二是由于经济的不景气,人们日常生活尚且成为问题,没有足够的资金购买房产导致了需求也不足。供给需求双向不足使得俄罗斯2001年以前的房地产业发展十分艰难。

2. 2002~2008年次贷危机前的快速发展

俄罗斯的房地产在21世纪初受到多种因素的影响得到很大的发展。受到2001年以前的房地产艰难发展的影响,国家大力支持房地产业的发展,为此投入了大量的人力物力,国家的一系列改革加上相对稳定的国际国内大形势使得俄罗斯的房价非理性膨胀上涨。其主要原因,第一是政府降低贷款利率促进了人们的购买欲望,人们增加了贷款推动房贷,房地产因此得到发展。第二是供求关系的失衡,在此之前由于房地产业的艰难发展导致了房屋供应量远远小于需求量,人们对房子的高需求导致了房价在经济状况好转时的大幅度上涨。第三是官商为了自身的利益推动卖房热潮,政府官员为了自己的政绩,有意想通过经济容量巨大的房地产行业来促进GDP的增长。银行家们看中房贷带来的巨额收益,房贷的高利润使金融投资机构对其风险的评估过低,又推动了房地产业的进一步膨胀。第四是人们的消费理念的变化,人们乐于提前消费,更加在意自己的生活品质,这也在一定程度上增加了贷款,促进了消费同时更促进了经济发展,有利于房价的上升和房地产的发展。第五是由于部分人的炒房行为,部分炒房者看到了房产的巨大潜力,不断地买入房产再不断地将房产高价转手,这推动了建筑行业和房地产开发的发展,但同时导致了不合理的高房价。

3. 2008年次贷危机后房地产发展趋缓

2008年美国次贷危机使原本如火如荼的俄罗斯信贷市场"遇冷"。当俄罗斯银行体系遭遇资金流动性不足时,各银行的住房按揭贷款条件更加苛刻,并纷纷提高了按揭贷款利率。按揭贷款利率的提高,增加了购房成本,使按揭贷款市场出现低迷。2008年下半年民众的资金被压缩,购买力下降的现象日趋明显，最终房地产市场呈现低迷的状态。

但是俄罗斯的房地产行业并没有因为这场次贷危机而一蹶不振，一是因为俄罗斯政府重视房地产行业的发展采取了一系列的紧急措施，二是俄罗斯的房地产行业还没有饱和，具有很大的发展潜力。俄罗斯政府大力扶持建筑业和实体经济，救济多家大型企业，为了促进人员的就业以达到增加内需的目的。

4. 俄罗斯房地产业的现状

俄罗斯的房地产发展具有很大的潜力，目前俄罗斯的房价呈现着上升的趋势，有着很大的投资潜能。首先是仍然存在的房子供给不足问题，这使得俄罗斯的房地产开发还有很大的空间能够吸纳更多的资本。其次是俄罗斯贷款利率有所下调（后期贷款利率有所提高但贷款比例并没有受到影响），促进住房贷款的发展。俄罗斯银行体制更加完善，人们的消费心理改变推动了俄罗斯房地产业的发展。此外是俄罗斯当地的建筑行业得到发展，这为其提供了更多的住房供给，人们有房可买。最后，俄罗斯的房价虽然地区间差异较大，但是其房价却一直处于一个相对稳定增长的态势，没有很大幅度的增减。

5. 影响俄罗斯房地产业的因素

（1）俄罗斯房地产受到欧洲市场影响。

俄罗斯与欧洲多个国家相接壤并且其经济中心主要在东欧地区，俄罗斯与欧洲很多国家间都有贸易往来，因此俄罗斯的经济一部分受到欧洲国家的影响。当俄罗斯与欧洲国家间的政治经济交往有好的趋势，欧洲会有很多资金和人口的输入，这会增加对俄罗斯房地产的需求，会促进俄罗斯房地产行业的发展。

（2）受中国的影响。

俄罗斯与中国是邻国并且一直保持着良好的政治关系，中国在近些年有着较大的发展，尤其是房地产业。当今经济政治形势下的俄罗斯与中国有着密切的交往，俄罗斯政策对中国资金、企业和技术的进入相当有利。中国的建筑业可以为俄罗斯的房地产发展提供大量的廉价且优质的建材，中国房地产企业也可以为俄罗斯的房地产业发展提供大量的资金，中国与俄罗斯的经济往来是互惠互利的行为。

（3）本身不利因素的制约。

制约俄罗斯房价上升的一个重要因素是它的人口，由于持续的低出生率，俄罗斯人口结构形成了突出的"倒金字塔"型，少年儿童数量越来越少，劳动力储备日益枯竭。2020年，俄罗斯65岁以上人口占总人口的15.5%，因此，俄罗斯已经是名副其实的老龄化国家。2016~2020年，自然增长率从0.01%迅速下滑到-4.8%。[①] 这样的人口储备制约了俄罗斯房地产业的发展，人们对房子的需求有逐渐减少的趋势，那么俄罗斯房产的供求也就不能过快增长。俄罗斯政府为了其国家的发展已经对此采取了措施，除此之外由于俄罗斯的开放政策和经济发展，俄罗斯有望吸引大量外来人口来增加其人口总额。

（二）俄罗斯房地产投资的经验与思考

1. 俄罗斯房地产的特点

第一，近20年以来房价稳定增长，房地产行业得到发展。

第二，俄罗斯政府降低贷款利率促进了购房热，但是俄罗斯人民对银行的信任度有限，人们按揭贷款的愿望不高，所以还有很大的提升空间。

第三，不同地区间房价差异大，俄罗斯属于欧洲的占其总体土地面积中一小部分的土地的房价远高于俄罗斯东部大部分地区的房价，最显著的表现是俄罗斯圣彼得堡的高房价。

第四，不同类型的房价之间有很大的差异，俄罗斯的房子类型主要分为

---

① 南京大学数据新闻官方澎湃号：女多男少，负增长，老龄化，俄罗斯30年人口变化，https：//m.thepaper.cn/newsDetail_forward_16702405。

豪华型、舒适型、标准型,其中豪华型房产的房价远高于舒适型和标准型的房价。这种现象的原因是俄罗斯较大的贫富差距。

第五,有很大的发展潜能,目前的供给仍然小于需求。

2. 从俄罗斯房地产业发展对投资者的启示

(1) 投资时注意国际发展的大环境。

在开放的经济体之下,一国的经济发展高度依赖世界经济发展,一个国家经济发展的稳定性在很大程度上受到世界经济形势的影响。例如俄罗斯近几十年的发展史上,几次房价的下跌都与世界经济危机有关,所以现代社会的房地产投资,一定要特别注意世界发展的大环境,在世界经济平稳运行状态下的房地产投资,比世界经济动荡形势下的房地产投资更为可靠。

(2) 房价增长的潜力受供求关系的影响。

俄罗斯房地产市场的投资潜力与国家的经济发展潜能密切相关,房价的高低取决于人们愿意为了购买房子所能付出的价格,人们对房子的需求越高,在房子资源固定的前提下房子的价格就会随之升高。俄罗斯在经济发展前景好的时期,大量外资被吸引,大批人员聚集,房价也就随之提升。谈到俄罗斯的经济问题,除了经济因素,还有政治因素对俄罗斯的房地产业影响也极为重要,俄罗斯与多个欧洲的发达国家接壤,而且俄罗斯与中国也是邻国。俄罗斯本国的人口并不多,人均住房面积相对较大,没有面临紧张的住房问题,俄罗斯的房地产市场会吸入一部分外来资本并且房子的需求也会有所上升。

二、日本房地产投资的启示

(一) 日本房地产市场的演变

1. 20 世纪 60 年代以前:工业用地腾飞

二战刚结束时的日本是一片废墟,经济也是处于瘫痪的状态,但 20 世纪 50 年代中期的日本便恢复到了战前水平，除了他国的经济援助外，更是得益于这二十年里政府注重工业化，将全部的政策倾斜到工业发展以求尽快恢复经济。但也因此，日本政府并没有留给房地产市场足够的发展空间，收窄了对个人住宅的贷款，建立了大量的临时性居住区，将一切资源留给了工业生产。

在这一阶段背景下，日本房地产市场的私人住宅市场发展缓慢，大量的土地被用来规划作工业用地。随着工业发展，工业用地价格也日渐上涨。相比之下，个人住宅、商业用地的地产市场则稍显冷清。

2. 20 世纪六七十年代：住宅市场崛起

进入到 20 世纪 60 年代，日本政府制定"贸易立国战略"。此时的日本，经济呈现出了未有的高速发展，民众的可支配收入也大幅度增加，而年龄在 30~55 岁的人，也因此对改善居住环境有了不小的需求。

由于日本的人口增长，日本民众对住宅改善的要求不仅是质量上的还是数量上的，而这要追溯到日本的人口增长上。二战不仅让日本经济遭到重创，也让日本缺失了大量的青壮年劳动力。所以二战后的日本政府鼓励生育，这也导致二战后的几年内新生婴儿数量前所未有的高，如图 12-1 所示。而这一时期出生的婴儿，历史上称之为日本第一代"婴儿潮"，这些婴儿们到了 20 世纪 60 年代后已经成年，而这批刚迈入社会的成年人有着巨大的住房刚需。

此时的日本政府无法忽视如此巨大的住房需求。1966 年日本政府正式颁布了第一个"住宅建设五年计划"，计划提到：第一个五年计划目标建成 670 万套住房，从而实现一个家庭一套房。该计划还规定了日本住房数量以及住房贷款标准等，尤其对日本住房的技术标准、公共资金的投放做出了详细说明。日本作为一个资本主义国家，是实行完全的市场经济。但是在房地产市场这一块，日本却有着强烈的计划思想，每五年出台一次"住宅建设五年计划"。每一次的计划都针对日本当下的住房数量、技术、地域等存在的问题，进行侧重指导。这一计划延续至今，可谓是日本房地产市场的一大特色。

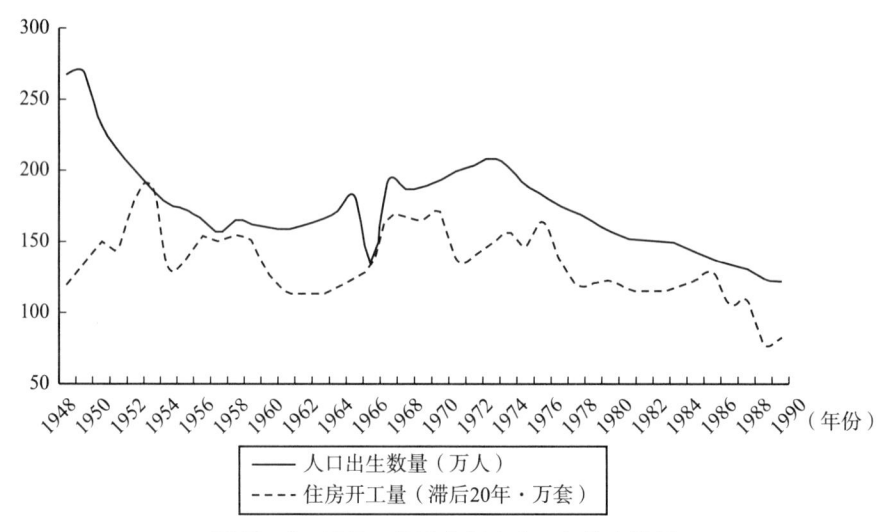

图 12-1　1948~1990 年日本人口与住房数量

资料来源：日本审计局。

一方面是民众自下而上的刚需，另一方面是政府自上而下的政策，双管齐下，日本的房地产住宅市场呈现出了前所未有的繁荣。日本的住宅数量和其 GDP 一样，以前所未有的速度攀升达到了一个里程碑的高度，住宅总量超过了居民的户口居住登记数量。日本住宅数量与人口比例如图 12-2 所示。

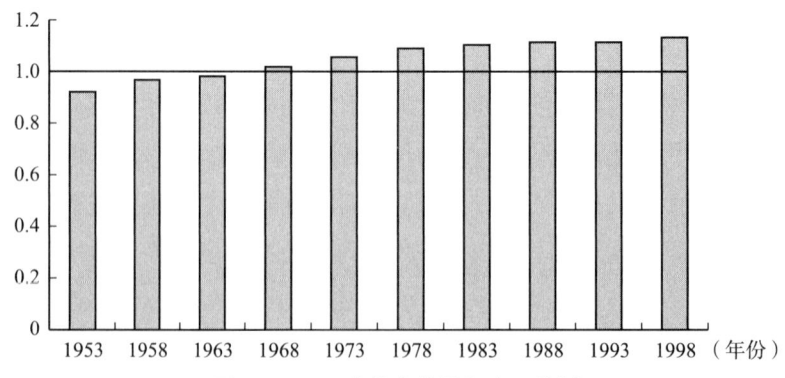

图 12-2　日本住宅数量与人口比例

资料来源：日本审计局。

日本的住宅市场，在这十年里走完了很多欧美国家用了几十年走完的路程。自此之后，日本房地产商和政府规划的重点，将不再是数量而是朝着更深的层次发展。

3. 20世纪七八十年代：石油危机与小泡沫

20世纪70年代的日本，尽管GDP增速不如当年，但已经成为一个发达的资本主义国家了。

在进入了发达国家的行列后，日本的经济增长自然有所放缓。随之而来的是不可避免的经济阵痛，许多行业呈现出利润下降的趋势，国内的通货膨胀也开始呈现增长趋势。不仅如此，此时的日本还受到了国际形势的冲击，布雷顿森林体系的解体、日元不断升值、欧美国家对日本的贸易打压，都对日本的国际贸易产生了巨大影响。

而每当这种时候，企业和民众都会寻求一种更加保值，能带来更高收益率的投资手段，而日本的房地产市场再次成为了大家的目标，尤其是东京都市圈的房地产。在这种大环境驱动下，日本似乎有了全民炒房的前兆。此时日本政府的政策也似乎不再像十年前一般高瞻远瞩。1972年6月，作为竞选纲领，田中角荣正式提出了"日本列岛改造"的构想，以1985年为即期年限和目标，预期实现国民生产总值（GNP）年平均增长率在10%以上，比1970年度GNP和工业生产总值提高3倍，粗钢产量、工业用地、工业用水提高1倍。

在此政策的刺激下，政府规划的工厂土地成为了企业竞相抢购的战略资源，而这一土地热也全国范围地蔓延开来，不管是郊区土地还是城区土地，人们大规模的投机行为一发不可收拾，土地价格在短短的一年多疯狂攀升。日本历年土地交易情况如图12-3所示。

政府的这一计划在此时推出，确实造成了土地、房产交易次数的大大增加，成为这轮房产价格上涨的诱因之一。然而，从该计划的长远规划来看，房价、土地价格的小幅度上涨也是必然发生的。

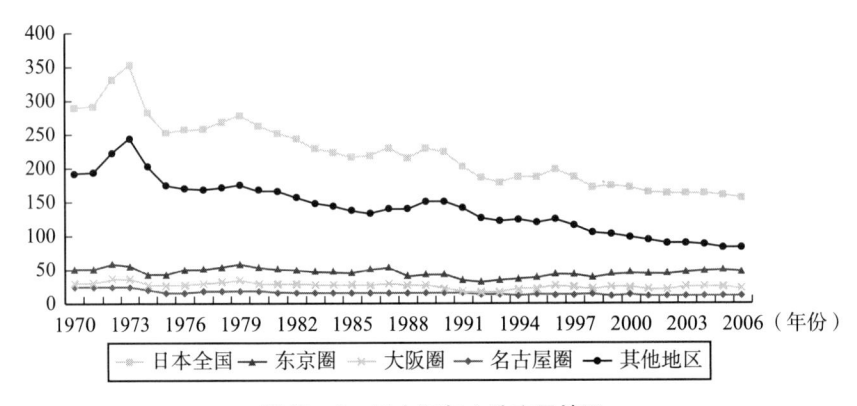

图 12-3　日本历年土地交易情况

资料来源：长江证券研究部。

1973年10月，伴随着第四次中东战争和第一次石油危机的爆发，油价急剧上涨。这一事件对世界主要国家都产生了巨大的影响，对于正在实施"列岛改造计划"的日本来说影响同样巨大。失去了大量廉价石油支撑的日本，难以继续执行改造计划。一是石油危机使日本失去了大量廉价石油的供应，致使"改造计划"难以实施；二是以石油危机为界限，日本经济高速增长时期结束，"改造计划"丧失了所依赖的大前提。全世界性的通货膨胀蔓延，日本全国原材料价格也因为"工业的血液"石油价格的飙升而飙升，之前的扩张性财政政策更是助长了通货膨胀。

日本居民不会坐视在通货膨胀下自己财富的缩水，他们会不断寻找值得投资的手段，而房产这一绝佳投资对象成为是首选对象。无数的资金疯狂涌入房地产市场，随着通货膨胀和房地产投机的严重，住宅用地年增长价格率达到了惊人的26.15%。住宅用地的增长率也是要高于工业用地和商业用地，这也意味着，在这次房价上涨中，领跑的是住宅市场背后的民众投机行为，对于民众来说，房地产就是永远不会贬值的宝藏。

1973年开始，日本政府再也无法坐视逐渐泡沫化的房地产市场。于是政府也出台了相关的土地政策，通过"转让五年内所购入土地重课法人税、成立特别部门打击炒卖行为和提高长期持有土地的所得税"三大手段抑制过热的房地产手段。另外日本央行也配合政府对货币政策进行了收紧,严格控制货币供应。最终日本政府所采取的一系列措施也发挥了效果,可以看到,从1974年开始日本房地产价格增速大幅跌落,在1975年甚至呈负增长,抑制了泡沫的发展。

日本的房地产市场从此之后也迎来了一段难得的安稳时光,70年代后期房地产价格增速趋于理性,呈稳中有升势头。日本土地价格环比涨幅如图12-4所示。

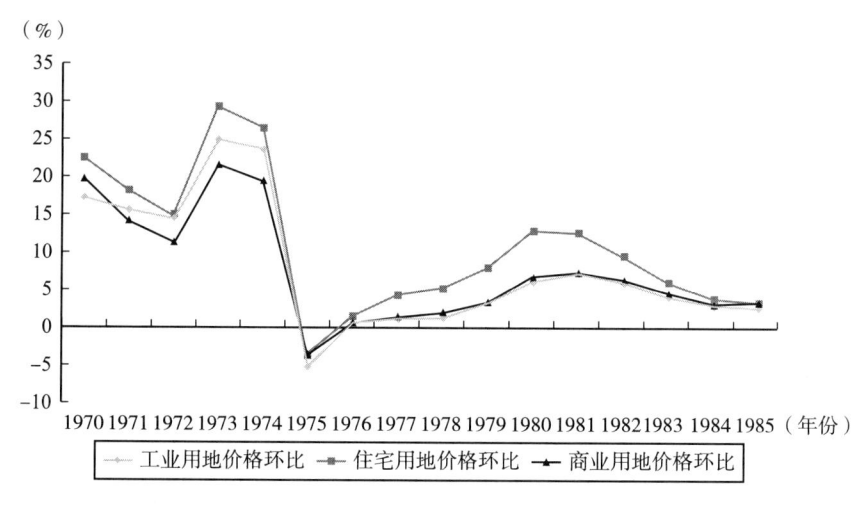

图12-4 日本不同年代土地价格环比涨幅

资料来源:日本审计局。

这一次日本房地产市场小泡沫,可以得出结论这是两方面造成的。一方面,国际环境的日趋恶劣,以及"石油危机"这一重大国际事件,无疑是重要因素。另一方面,也不能忽略日本的内部因素,即日本政府早期政策助长了这一泡沫的形成。

但总体来说日本政府的及时反应,出台的一系列政策还是有效抑制了后续泡沫的变大,达到了比较理想的效果。而这一次房地产市场的小泡沫给日本带来的经济负面影响也被控制在了合理范围内,经济没有出现大规模衰退。

4. 20 世纪八九十年代：泡沫的形成、膨胀与破裂

70 年代末开始日本的文化影响、科学技术、经济实力都在世界名列前茅，此时的日本是实力仅次于美国的资本主义强国。到了 80 年代初，日本房地产的库存增加，销售也因管控原因并不理想，所以放宽管控便被提上了日程，却为后面的泡沫埋下了伏笔。同时，这一时期日元的大幅度升值也为后来泡沫的形成提供了先决条件。

70 年代末开始，由于在国际贸易中的成功，日本国内企业积累了大量资金，不再完全依靠银行等金融机构。这样一来银行等金融机构手中囤积着大量资金。无论是金融机构还是企业都出现资本过剩，有着海外投资的需求。国内对金融改革的呼声也越来越高，政府不得不放宽金融管制。就这样日本开始了以去监管化为核心的金融自由化改革，主要包括利率自由化、资本项目开放、放松证券市场管制，以及放宽分业经营限制为手段的金融改革。外有日元升值的压力，内有金融自由化渐渐失控的危机，这导致的直接结果便是大量外资的融入。大量外资涌入的时候，日元再次遭遇升值的压力，所以日本政府在 1986~1989 年期间，连续五年调低央行再贴现率，商业银行手中资金更加充裕便加速放款。大量"无处安放"的资金便又流入了股票和房地产市场。股票市场的火热使得银行资本大大增加，而房地产作为银行接受的最重要的抵押品之一，房价上涨、抵押物升值会进一步助推银行加大放贷。如此循环往复，资金流入股票和房地产市场，而股票和房地产又通过这些资金创造更多的信贷资金，泡沫在极短暂时间内迅速形成并且急剧膨胀。从 1981~1989 年，日本每年的不动产贷款都呈现增长，其实超出了正常的经济规律，如图 12-5 所示。

在 20 世纪 80 年代初期政府将利率调低本是为了刺激疲软的经济，但在取得了成效后日本政府并未将政策收紧，反而到了 80 年代末依然在此调低利率，大大助长了泡沫的膨胀，让数不清的资金流入了房地产市场。民众、企业看到持续走高的房地产市场，更加积极地投入资金。日本六大都市土地价格环比涨幅如图 12-6 所示。

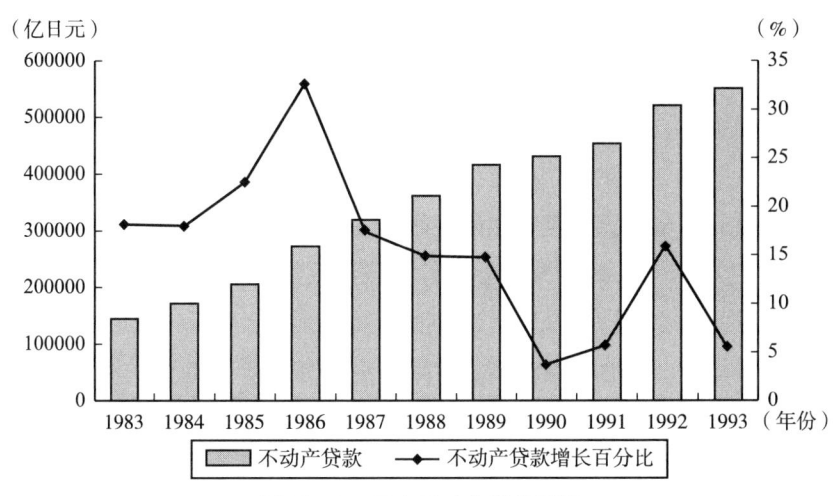

第十二章 规避风险：粤港澳大湾区投资风险的思考 | 313

图 12-5 日本不动产贷款明细

资料来源：日本审计局。

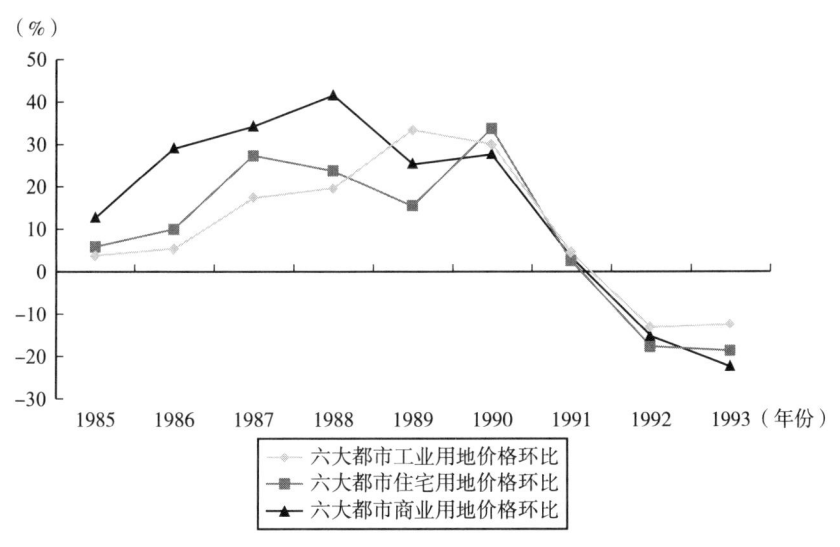

图 12-6 日本六大都市土地价格环比涨幅

资料来源：日本审计局。

至此日本的房地产泡沫迎来了巅峰，这也意味着离破灭也不远了。1990年初，伴随着东京股票交易所股市下滑，日本房地产神话正式破灭。大量居民和企业的资产以房地产形式绑定，房地产市场的崩盘，使得居民和企业的资金大幅度缩水，大量的企业将生产资金投入了房地产中，而崩溃的房地产市场无法收回资金，无数企业因此倒闭。

尽管在1989年，政府开始尝试各种经济政策，包括紧急提高利率等手段，但此时的日本房地产泡沫已经膨胀到极限随时会破灭；而房地产市场抗打击能力较弱，一旦收紧政策调控市场，泡沫可能会立刻爆裂。

5. 20世纪90年代至今：失去的二十年与稳步复苏

日本房地产泡沫破裂以后所引发一系列的连锁反应，深刻地打击了日本的经济发展。大量背负巨额不良债款的银行和金融机构倒闭，企业也因为资金被套牢在崩盘的房地产市场中而经营不善。此外，国际收支不平衡，居民收入减少自然消费也大幅减少，失业率激增。日本的实际GDP增长也多年在0和2%之间徘徊，整个国家处于经济低迷状态。日本不同年代GDP增长率如图12-7所示。

泡沫破裂之后，土地价格指数也一直下降，新开工的住宅面积逐年下降，成交量也是逐年减少。进而住房贷款总额以及住房贷款增长率不断下降，日本房地产市场面临萧条的局面。在这期间日本政府也想尽各种办法，推出了各种刺激经济与刺激房地产市场的政策，但大都收效甚微。

作为发达的资本主义国家，日本居民对于房地产市场的刚需，其实早在20世纪80年代便得到了相当程度的满足。日本作为一个老龄化极其严重的国家，人口出生率又极低的情况下，其实拥有买房需求的年轻人只是一小部分。而从图12-8中可以看到，20世纪60年代是日本人口最后激增的一个小高潮，人口增长达1000万之多，"婴儿潮"一代在80年代成人，也就是说八九十年代便是他们购房刚需的时候。因此90年代之后，至少从数量上，日本的房地产市场没有那么大需求，所以房地产市场的不火热是可以理解的，这也是发达国家发展到一定阶段的必然表现。日本 20～49 岁人口数量如图 12-8 所示。

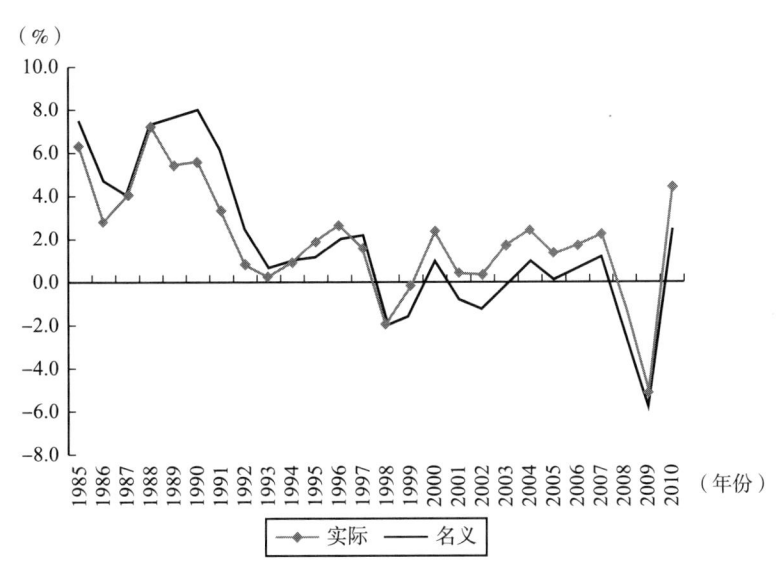

图 12-7 日本不同年代 GDP 增长率

资料来源：日本审计局。

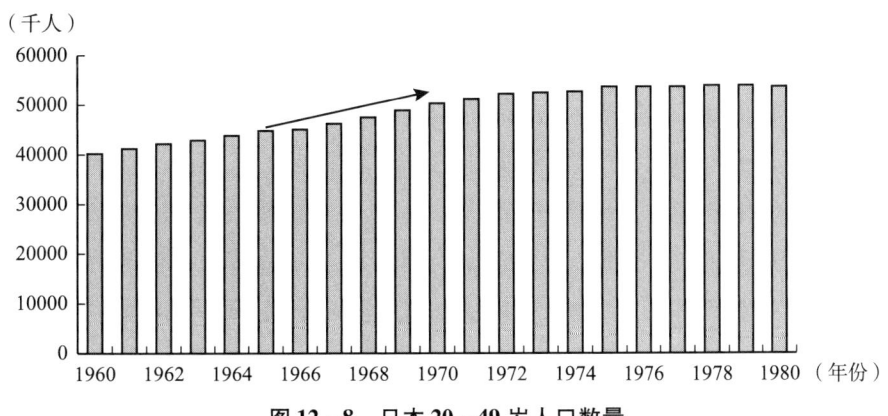

图 12-8 日本 20～49 岁人口数量

资料来源：长江证券研究部。

另外，日本的城市化率在 20 世纪 80 年代就已经达到了较高的水平。没有高速发展的城镇化进程，房地产市场便缺少高速发展的重要基石，平稳发展也在情理之中。

在稳步恢复的过程中，二十多年日本房地产市场都处于平稳略显低迷的状态，低成交量、低新建量、低价格增长率成为了日本房地产的常态。

聚焦日本此时的楼市，会发现呈现出了新的特点，即"两极化"。以东京圈为首的大城市住房价格持续稳步上涨，根据日本不动产经济研究所 2018 年 8 月发表的数据表明，东京都 23 个区内新建公寓的平均价格为每套 7287 万日元，达到了 1990 年泡沫经济破灭以来的最高点。但是抛开日本的特大城市群来看，中小城市的房地产市场却持续低迷甚至出现倒退，大量的房产被空置，无人问津。

（二）日本房地产投资的经验与思考

日本房地产的演变过程很辉煌，但是结果却不那么美好，1991 年的房地产泡沫破裂影响广、范围深，对于日本经济发展带来严重影响。纵观日本房地产市场几个阶段中的大小危机，总结出一些普遍特征。

（1）泡沫产生共性。

一是货币金融政策。在房地产市场中，政府的政策是起到举足轻重的作用的。在 1960 年前后日本政府抑制房地产政策以刺激工业发展，使得工业用地价格合理攀升并极大促进了日本战后恢复。又如 1970 年前后，日本政府制定合理的房地产发展规划，引导市场健康发展。这些政策很好地平衡了供求关系，也取得了极好的效果，十分有利于日本房地产市场成长。但就如上文所提，日本政府在 1980 年前后，连续多次降低利率，长期维持超低的贴现率，政策与房地产实际发展脱轨。使得大量本不该流入的资金流入了楼市中，导致房地产市场急速泡沫化而最后阶段的加息更是直接导致泡沫破裂。

二是国际汇率（国际形势）。日本政府对于国际形势的预估错判，也间接导致了房地产市场的泡沫化。面对不断走高的日元汇率，也没有采取相关措施，日本经济发展的核心对外贸易因此受到巨大削弱，大量国际资本也涌入了本就脆弱的楼市，最终给日本带来了巨大打击。

三是土地相关制度发展的滞后。日本的经济在不断腾飞的过程中，楼市也自然跟随发生巨大变化。但是日本政府在对房地产市场做出规划的过程中，原先老旧的税制、房产制度却并没有得到及时修改。无论是对租地权的过分保护还是超低的房地产税、遗产转移税等，都间接引发了泡沫。

四是金融监管的缺失。在日本金融自由化的进程中，政府过于放松，使得国内外的资金不受任何控制地自由流动。如此一来，资本必然会追捧高收益的行业—股票、地产，大量资金的流入使房地产价格飙升，从而循环往复。

五是投机行为的不稳定因素。在两次石油危机小泡沫与最终的大泡沫中，不仅企业疯狂投身房地产，某种意义上日本民众才是助长泡沫形成的主力军。而购入大量房产的日本民众之中，只有极少一部分拥有购房刚需，这其中投机行为占了绝大多数。

从中对应汲取经验并总结措施能让粤港澳大湾区少走很多弯路。粤港澳大湾区如今如此火爆的房地产市场，其中有着多少易产生房地产泡沫的因素呢？

（2）经验教训总结。

一是房地产发展过程中，政府政策必须跟上、及时更新。在粤港澳大湾区的发展中，房地产行业必须始终作为宏观调控的重点。房地产作为敏感行业，在粤港澳大湾区发展过程中必然会不断变化，所以政策也需要及时变化。粤港澳大湾区虽然经济一体化发展，但是针对不同地区不同情况，当地政府要推出符合实情的政策而不是一刀切。在湛江、江门这样欠发达的城市，当地政府可适当放松管控，合理推进房地产市场发展；而在广州、深圳这样房价迅速上涨的一线城市，政府则需收紧信贷，防止楼市过热。

二是必须时刻注意国际形势对大湾区的影响。粤港澳大湾区在全国范围来说，是典型的外向型经济，对外开放程度在全国也属于领先水平。国际形势的时刻变化给十分依赖对外贸易的粤港澳大湾区带来巨大影响，人们对经济形式的预期也会因此影响着房地产市场。一方面享受着外资的红利，另一方面也必须警惕国际资本涌入后所带来的不良影响，特别是在人民币有走强、走高趋势的国际背景下，更需要警惕。

三是土地、税务制度的不断改革。土地制度是关系到整个国家的重要制度，不能随意更改但也不能故步自封、一成不变。一味沿用十几年前甚至几十年前的土地制度，是绝对不合时宜的。这也是国务院中央在不断研究房地产税，推进房地产税的原因。粤港澳大湾区也应该不断研究房地产税制，逐步释放立法的信号，在制度设计上坚决打击投机行为，坚决打击房地产泡沫的苗头。

四是精准把握金融监管的力度。中央政府给予了粤港澳大湾区地区政府更高的自治性，更高的决策权。而在我国金融自由化推进的背景下，有关政策的推出必须审慎，不能轻易放开监管，也不能随意加大监管力度影响了健康的市场经济。

五是要把握不同地区的不同情况。比如深圳、广州这样的一线城市，城市化进程早已经到达极高的阶段，那么购房刚需也一定程度达到饱和，此时房价过高、过快的增长就必须警惕，很有可能是人为炒作的投机行为。相反正在迅速城市化的湛江、中山等地，购房仍然存在刚需，房价适度地上涨则应该理解。

六是要把握好住宅用地、商业用地与工业用地的关系。房地产市场不能完全集中于住宅市场，住宅市场过快的增长带动工业用地、商业用地价格大幅度攀升，很有可能把大量企业逼至郊区甚至逼离这个城市。第二次泡沫时期，大量外资银行无法承受东京高昂的地价而搬离，导致了当时东京的商业用地空置率极高。而粤港澳大湾区的代表企业之一华为将研发中心搬到东莞松山湖而不是留在深圳，很大程度就是因为深圳过高的工业用地价格。

三、东南亚房地产投资的启示

(一) 东南亚房地产市场的演变

近几年火爆的越南房地产市场使得东南亚房产,这一沉寂许久的投资热点重回中国大众的视线。人们对于东南亚的投资热情也进一步攀升,但是在做出决策之前先得清楚了解东南亚房地产的发展及演变。

世界银行数据表明,自2002年开始,越南经济增长率均超过7%;2001~2005年间,越南经济增长率每年以7.5%的速度增长,2006年增速则达8.2%。来自新加坡、中国、韩国、日本和美国等地的地产公司和基金,正在将新的业务增长点放置在越南这个新近加入WTO的第150个成员国上,许多人都期待越南能复制东亚国家的成功之路。

特别是近二十年来,中国的经济腾飞,国际资本市场上的中国投资者越来越占有举足轻重的位置。而越南在这个过程中与中国的联系格外紧密。这几年中国的经济处于转型升级阶段,更多地追求高质量增长而不是一味地高速度。与此同时,大量的初级制造业企业也因为用地成本、用人成本攀升等原因,将工厂转移到越南。"越南制造"这一概念开始在全世界崭露头角,而这一切也使得越南的经济在这几年十分火热。

越南可以说是这几年东南亚国家中十分有代表性的,泰国、马来西亚等国家近几年也通过旅游业大力发展经济,也吸引了大量的中国投资者购买房产。比如中国大陆碧桂园房地产公司在马来西亚所建立的森林城市楼盘项目。

经过了90年代的房地产崩溃,这几年以越南为代表的东南亚国家似乎重新恢复了活力,房地产市场逐渐火热。更多的国外资本(中国资本占大多数）重新回到了东南亚进行房地产投资。

（二）东南亚房地产投资的经验与思考

东南亚金融危机中具有代表性的泰国的银行信贷与房地产泡沫危机表明：银行信贷在房地产业过度扩张不仅是造成房地产泡沫的重要原因，而且在泡沫崩溃和经济、金融危机中也起了同样重要的作用。东南亚各国在10多年的经济高速增长中，房地产价格暴涨，吸引了大量资金涌向房地产部门。据统计，泰、马、印、菲的金融机构投放到房地产的资金占其贷款总额的比例分别为50%、29%、20%、11%。随着市场的逐渐饱和，房地产日益暴露严重的供过于求现象，大量楼宇闲置。泰国房屋空置率高达20%，菲律宾为15%~20%，印度尼西亚为18%，马来西亚的数量也不少。房地产价格下降，房地产泡沫开始破裂，直接的后果是银行的呆账、坏账大幅度增长。房地产危机导致银行危机，金融体系的稳定性遭受极大破坏。总体来看，外向型经济结构以及政府政策的乏力，是这几国泡沫产生的根源，同时房地产泡沫导致的骨牌破坏力也在这几国得到彰显。

仔细观察这几国经济状况，可以总结出泡沫时期的如下几点相同经济特征：

（1）房地产贷款比重普遍快速上升。

（2）外债过多和外资的大举进入房地产市场，是泡沫的催化剂。

（3）不稳定的汇率制度及金融自由化政策是泡沫的导火索。

（4）政府乏力的管理水平未能有效减弱甚至加剧了泡沫的负面影响。

与日本相比，东南亚房地产市场的演变给中国最大的启示其实是在于，中国政府要如何对待金融改革开放的必要性以及背后的危险性，要学会平衡开放之后外资涌入金融市场进而涌入房地产市场背后的风险。

四、历次房地产泡沫对粤港澳大湾区房地产投资风险的启示

(一) 日本 1986～1991 年房地产泡沫

1985 年日本经济空前繁荣,"买下美国""日本可以说不"盛行。在低利率、流动性过剩、金融自由化、国际资本流入等刺激下,1986～1990 年日本房地产催生了一场史无前例的大泡沫,仅东京都的地价就相当于美国全国的土地价格。在低利率和流动性过剩的背景下,大量资金流向了股市和房地产市场,人们纷纷从银行借款投资到收益可观的股票和不动产中,于是股价扶摇直上、地价暴涨。但是当时,日本已经完成了城镇化建设,国内的城镇化率超过 90%,一个巨大的泡沫正在诞生。随后在加息、管制房地产贷款和土地交易、资本流出等压力下,房地产大泡沫轰然倒塌,随后房价步入漫长下跌之旅,日本经济陷入失落的 20 年。

(二) 中国 1992～1993 年海南房地产泡沫

1988 年,正值改革开放十周年之际,中国面临如何进一步深化改革和扩大开放的问题。当时,国内已经建立了深圳、珠海、厦门和汕头四个经济特区,但这四个城市皆属于沿海城市经济体,广大农村地区仍需探索,因此中央需要"一块理想的试验田"。1988 年的海南农村人口占比超过 80%,工业产出水平低下,人均 GDP 只相当于全国平均水平的 80%,有 1/6 的人口生活在贫困线以下,基本符合中央改革实验的各项条件,尤其是其所具有的独特地理条件。1988 年 8 月 23 日,有"海角天涯"之称的海南岛从广东省脱离,成立中国第 31 个省级行政区。海口,这个原本人口不到 23 万、总

面积不足 30 平方公里的海滨小城一跃成为中国最大经济特区的首府，也成为了全国各地淘金者的"理想国"。1992 年初，邓小平发表南方谈话，随后，中央提出加快住房制度改革步伐。海南建省和特区效应因此得到全面释放，海南岛的房地产市场骤然升温。

大量资金被投入房地产，1992 年总人数不过 655.8 万的海南岛上竟然出现了两万多家房地产公司，平均每 300 个人一家房地产公司。短短 3 年，房价增长超过 4 倍。在这场空前"豪赌"中，政府、银行、开发商结成了紧密的"铁三角"。泡沫生成期间，以四大商业银行为首，银行资金、国企、乡镇企业和民营企业的资本通过各种渠道源源不断涌入海南，总数不下千亿。1993 年 6 月 23 日，时任国务院副总理的朱镕基发表讲话，宣布终止房地产公司上市、全面控制银行资金进入房地产业。24 日，国务院发布《关于当前经济情况和加强宏观调控意见》，16 条强力调控措施包括严格控制信贷总规模、提高存贷利率和国债利率、限期收回违章拆借资金、削减基建投资、清理所有在建项目等。一路高歌猛进的海南房地产热顿时被釜底抽薪，这场调控的最后的"遗产"，是 600 多栋"烂尾楼"、18834 公顷闲置土地和 800 亿元积压资金，仅四大国有商业银行的坏账就高达 300 亿元。开发商纷纷逃离或倒闭，不少银行的不良贷款率一度高达 60% 以上。"天涯，海角，烂尾楼"一时间成为海南的三大景观，海南不得不为清理烂尾楼和不良贷款而做出长期努力。

（三）美国 2001～2007 年房地产泡沫与 2008 年次贷危机

美国作为一个超级大国，它的经济发展在很大程度上影响了世界经济的发展。直到 2001 年美国的股市持续低迷，美国经济发展受到限制止步不前。而 2001～2007 年的房地产泡沫是由于长期的房地产价格上涨刺激了大量投资的涌入，使房屋供应量持续大量增加，直至房屋过剩导致的房屋数量上的泡沫，这是供求关系不平衡导致的。美国政府降低利率放松对金融市场的监管是为了促进经济的增长放活美国的经济。但是降低利率水平并且采取一系列优惠政策，虽然使得美国经济发展得到了一定的好转，但是导致了人们的购房热潮，房屋的需求因此增加，房价上涨。房产开发者们为了需求和利润不断地开发新房产，这种无节制的开发使得供给最终大于需求而造成了房地产泡沫。

美国 2008 年的次贷危机是由于人们的借贷问题不断积压最终导致美国银行的正常经营活动无法继续最终破产，此次泡沫的始作俑者是各类金融投资公司和理财产品。此时政府已经不再实施利率优惠政策，但是为什么人们的房贷情况有增无减。在经济得到一定恢复和发展的美国，金融投资行业和金融衍生品得到了大幅度的发展。在金融监管十分放松的基础上，一些金融机构为了自身的收益给一些极具投资风险的行业高水准的评价，人们的投资受到不平等的对待，信息不对等的状况下进行投资，当然这些投资包含着房地产行业。此时房地产行业被迫畸形发展，房价高的不合乎常理。虽然房价上涨，但是人们被引导的消费观念，使他们依然贷款购买房产，这就产生了美国的房地产泡沫。

美国 2001～2007 年的房地产泡沫与 2008 年的次贷危机存在着因果关系。2008 年的次贷危机是 2001～2007 年房地产泡沫的一种表现形式。但是它们两个之间又有着不同，它们之间发展过程中导致不良结果的主导主体和原因又是不同的。前者是政府和利率下调，后者是金融机构和不合实际的房贷。

（四）历次房地产泡沫的启示

1. 房地产泡沫的表现

（1）经济的虚假繁荣（超越经济规律的表现）；

（2）房产价格的快速攀升；

（3）房产成交量的急剧增长；

（4）房地产投资者数量的增长；

（5）金融自由化下金融机构的政策失误；

（6）政府一味宽松的政策；

（7）城镇化进程放缓下的不正常房产数量；

（8）人口增长减少与劳动力刚需不足；

（9）房产投资中大量国际资本的涌入。

2. 房地产投资中应注意的问题

（1）合理投资依据自身的实际经济情况，不能超过本身支付能力去炒房，被迫压上高额的房贷。要理性分析房地产在本地区发展的具体状况，理性投资。房产投资的风险性一定要虑在内，不能仅仅因为对自己未来的收入有着很好的预期，而不管房价的高低就去盲目的购买房产，甚至支付高额的利息投资房产，应该持有一个理性的消费观念。除此之外，房地产的投资也应该看好当时的国际经济发展形势，经济有没有虚假繁荣。

（2）中国的房地产业须注意政策导向问题，但也要兼顾行业发展的整体趋势。房地产的发展是主动的还是被动的是房价稳定性的重要评判标准。不能够跟随着投资热潮进行投资，在房市过热时一定要考虑这样的房地产热是否合理，是因为该地区的经济发展，还是由于大量的投机者为了利益短暂地将房地产炒热的。

（3）投资的周期性一定要把握得当，资金并不充裕的进行短期投资，资金充裕的可以考虑长期投资。比如海南的房地产在1992年泡沫刚刚发生的时候，赶上房价短期高速增长的浪潮可以投资并在短期内安全抛出，这样的投资是成功的。但是如果仅仅为了追赶炒房浪潮，在炒房热最不安全的后期进行投资，很有可能成为最后被瓦解的"泡沫"，这样的投资就是不成功的。除此之外，长期的房地产投资需要看中房产的地理位置，房产所处地理位置的发展状况是房价的决定性因素之一。城市的政治中心和金融中心的房产价值无疑是高于普通区位的房产价值的。

（4）房产投资时不能只看房地产行业的发展，往往需要对宏观经济尤其是金融市场领域给予关注、分析。回顾日本20世纪90年代的经济泡沫，房地产泡沫在形成之时，往往伴随着这个国家股市的"繁荣"。当国家经济受到外部压力时,国家会通过超低利率等手段振兴经济。大量的钱在市场流动的过程中,往往最先涌入资本市场,进而再流入房地产市场,金融市场会给出最迅速的反应。所以投资者在投资房产时,也要关注金融市场的发展,借此去判断房地产市场的泡沫到底有多少,投资水分是否过大等。

(5)国际环境对国内房地产市场造成的影响也不容小觑。在国际环境乐观时,国家外贸发展迅速,经济运行平稳,对外资就会有着巨大的吸引力。比如现在的越南,受到中美贸易战的影响,大量的中低端产业链转移至越南,越南重新受到国际资本的青睐。在越南—欧盟自贸协议签订后,进入越南市场的欧洲资本大幅提升,另外也助长了越南河内、胡志明等城市房价的节节攀升。

随着国际经济形势的波动,外贸出口会受到一定的影响,对于粤港澳大湾区这个外贸大户来说,经济必然受到一定影响。所以在进行房地产投资时,投资者需要考虑清楚全盘因素,目光不能仅局限于国内市场,国际环境对房地产的冲击也不容忽视。

参 考 文 献

［1］秦玉才，等. 粤港澳大湾区融合发展规划研究［M］. 杭州：浙江大学出版社，2018.

［2］马化腾，等. 粤港澳大湾区 数字化革命开启中国湾区时代［M］. 深圳：中信出版社，2018.

［3］粤港澳大湾区：巨大发展潜力背后的机遇与挑战［J/OL］.［2019/3/27］. https：//baijiahao. baidu. com/s？id＝1629161444528191842&wfr＝spider&for＝pc.

［4］国家发改委专家：粤港澳大湾区打造世界级城市群［J/OL］.［2019/3/23］. http：//www. cankaoxiaoxi. com/china/20170323/1803500. shtml.

［5］香港连续 22 年获评世界最自由经济体［J/OL］.［2016/2/2］. http：//www. xinhuanet. com/world/2016－02/02/c_1117970877. htm.

［6］粤港澳大湾区：打造最具竞争力的国际科创中心［J/OL］.［2019/2/21］. https：//www. sohu. com/a/296006018_115423.

［7］深圳建设"先行示范区"：新概念蕴含了什么大文章［J/OL］.［2019/7/25］. http：//www. bjnews. com. cn/feature/2019/07/25/607607. html.

［8］罗勇. 粤港澳区域合作与合作规划的耦合演进分析［J］. 城市发展研究，2014，2106：39－45.

［9］林雄斌，杨家文. 新区域主义下跨市空间规划与多层级治理研究——以珠三角为例［J］. 中国公共政策评论，2015，900：131－149.

［10］单菁菁. 粤港澳大湾区：中国经济新引擎［J］. 环境经济，2017（7）：44－47.

[11] 王小彬. 一带一路建设中推进粤港澳区域经济一体化问题研究 [D]. 长春：吉林大学，2018.

[12] 国世平. 粤港澳大湾区规划和全球定位 [M]. 广州：广东人民出版社，2018.

[13] 刘彦平. 四大湾区影响力报告：纽约、旧金山、东京、粤港澳 [M]. 北京：中国社会科学出版社，2019.

[14] 裴普，朱晴雯. "一带一路"背景下粤港澳大湾区的定位与走向 [J]. 人民法治，2019（11）：42-45.

[15] 覃成林，柴庆元. 交通网络建设与粤港澳大湾区一体化发展 [J]. 中国软科学，2018（7）：71-79.

[16] 杨东亮，李朋鹜. 人口集聚对粤港澳大湾区人口生产率的影响研究 [J]. 吉林大学社会科学学报，2020，60（2）：85-87.

[17] 程皓，阳国亮. 区域一体化与区域协调发展的互动关系研究 [J]. 经济问题探索，2019（10）：65-81.

[18] 蓝满榆，匡耀求，王德辉. 广东劳动力分布与经济协调情况及人居环境影响 [J]. 广东行政学院学报，2016，28（2）：85-92.

[19] 曹小曙. 粤港澳大湾区区域经济一体化的理论与实践进展 [J]. 上海交通大学学报（哲学社会科学版），2019（11）：120-130.

[20] 粤港澳大湾区未来发展面临的挑战及出路 [EB/OL]. [2020/6/5]. http://www.gdeconomy.com/shendu/2018-09-29/15579.html.

[21] 分析师观点：粤港澳大湾区应成为"中国内部的欧盟"现代化下一模板 [EB/OL]. [2019/2/19]. https://www.reuters.com/article/analyst-view-hk-gd-macau-plan-0219-idCNKCS1Q805L.

[22] 2018年粤港澳大湾区发展现状与机会分析：粤港澳三地优势产业互补共进，交流阻隔待破解，四大产业机遇明晰 [EB/OL]. [2018/7/16]. https://www.qianzhan.com/analyst/detail/220/180716-d63b864d.html.

[23] 粤港澳大湾区产业结构的现状、问题及建议 [EB/OL]. [2019/8/19]. https://www.ccidgroup.com/sdgc/14293.htm.

［24］粤港澳大湾区：打造国际一流湾区和城市群［EB/OL］．［2019/12/07］．https：//mp. weixin. qq. com/s? __biz = MjM5MjMxODAzMQ = = &mid = 2652687195&idx = 1&sn = 139e84c45b3a862c811161f0b5aff761&chksm = bd407c7b8a37f56dbefc9416f949d001c6ee7e3aa68a5ada354a195d2366d7cfe00eb5e5b7b0&mpshare = 1&scene = 1&srcid = 0229ZdoGyP30Y33P5aYXDYP9&sharer_sharetime = 1582956629939&sharer_shareid = 1849bc332a290a4936f42f2cfdfff7d1#rd.

［25］粤港澳大湾区建设的空间布局［EB/OL］．［2019/2/27］．http：//www. cnbayarea. org. cn/introduction/content/post_166011. html.

［26］珠三角超越长三角已无悬念 人口年龄结构诠释一切［EB/OL］．［2018/6/18］．https：//finance. jrj. com. cn/2018/06/18072124691505. shtml.

［27］人才红利释放！粤港澳大湾区人口突破7000万！2030年将达1亿？［EB/OL］．［2019/10/27］．http：//news. southcn. com/nfplus/nfh/content/2019 - 10/27/content_189334030. htm.

［28］珠三角用地新格局助力建设粤港澳大湾区［EB/OL］．［2018/6/25］．http：//house. people. com. cn/n1/2018/0625/c164220 - 30081590. html.

［29］"湾区"为什么会这么"火"，无一例外成为各国的经济中心？［EB/OL］．［2018/11/8］．http：//news. haiwainet. cn/n/2018/1108/c3543896 - 31432757. html? nojump = 1.

［30］粤港澳大湾区三之交通篇：交通网络的力量［EB/OL］．［2019/2/20］．https：//www. sohu. com/a/295856607_522913.

［31］今年大湾区10条高铁在建、将建，全省运营里程达4904公里［EB/OL］．［2020/1/30］．https：//zs. leju. com/news/2020 - 01 - 30/09376628460894043304975. shtml.

［32］粤港澳大湾区织起"梯形状"快速通道［EB/OL］．［2019/4/3］．http：//www. cnbayarea. org. cn/news/focus/content/post_167323. html.

［33］畅通大动脉 拥抱大湾区［EB/OL］．［2019/4/9］．http：//www. zgjtb. com/2019 - 04/09/content_220599. htm.

［34］机场群．为区域发展按下"加速键"［EB/OL］．［2019/3/15］．

http：// www. caac. gov. cn/ZTZL/RDZT/2019NQGLH/JJ/201903/t20190315_195173. html.

［35］大湾区发展规划纲要：港口功能互补、空港错位发展、打造一小时生活圈［EB/OL］.［2019/2/18］. http：//www. nbd. com. cn/articles/2019 - 02 - 18/1301106. html.

［36］粤港澳互融互通带来更多机遇［EB/OL］.［2018/10/21］. http：//www. gov. cn/xinwen/2018 - 10 - 21/content_5333110. htm.

［37］粤港澳大湾区五大机场纷纷加快建设，打造世界级机场群［EB/OL］.［2019/12/3］. https：//www. yicai. com/news/100424477. html.

［38］深圳的建设是中国特色社会主义的城市范例［EB/OL］.［2019/10/16］. http：//www. cdi. com. cn/Article/Detail? Id = 16856.

［39］国资报告：对标三大湾区打造世界湾区最新增长极［EB/OL］.［2019/10/29］. http：//www. sasac. gov. cn/n2588025/n2588139/c12425009/content. html.

［40］大湾区之魂：四大核心城市定位出炉［EB/OL］.［2019/2/19］. http：//www. nbd. com. cn/articles/2019 - 02 - 19/1301220. html.

［41］国务院港澳办：中央已明确粤港澳大湾区战略定位及港澳广深四城定位［EB/OL］.［2019/1/13］. https：//www. yicai. com/news/100098031. html.

［42］李橙. 珠三角世界级城市群空间结构研究［D］. 沈阳：辽宁大学，2017.

［43］李政道. 粤港澳大湾区海陆经济一体化发展研究［D］. 沈阳：辽宁大学，2018.

［44］徐凤. 基于边界效应的粤港澳大湾区经济一体化研究［D］. 长春：吉林大学，2019.

［45］张军."珠三角"区域经济一体化发展研究［D］. 成都：西南财经大学，2011.

［46］徐放. 粤港澳大湾区城市群经济联系及空间结构特征研究［D］.

广州：华南理工大学，2019.

[47] 蔡松锋，肖敬亮，文韵. 粤港澳大湾区发展现状与未来展望 [J]. 财经界·上旬刊，2019 (6).

[48] 杨英. 从"超级联系人"角度论香港经济发展定位 [J]. 华南师范大学学报（社会科学版），2018 (4)：96-103，191.

[49] 林锦凤. 改革开放以来珠三角产业结构的调整对城市发展的影响 [J]. 2014.12.21.

[50] 毛艳华，荣健欣. 粤港澳大湾区的战略定位与协同发展 [J]. 华南师范大学学报（社会科学版），2018 (4)：104-109，191.

[51] 何建东. 珠三角产业结构调整与金融支持政策研究 [D]. 广州：华南理工大学，2011.

[52] 粤港澳大湾区产业综述：9+2产业布局及产业发展机会 [EB/OL]. [2019/07/25]. https：//www.qianzhan.com/analyst/detail/220/180725-d0de8f2a.html.

[53] 湾区经济：粤港澳大湾区的产业状况. 中创产业研究院 [EB/OL]. [2019/07/25]. https：//mp.weixin.qq.com/s/dfiVeorX6dBrVIJ3JEx77A.

[54] 宋洋. 广东省制造业空间布局的演变研究 [D]. 长春：吉林大学，2019.

[55] 刘飞，孙延明，等. 新时代工业4.0背景下加快制造业向智能制造转型的策略研究——以粤港澳大湾区为例 [J]. 广东经济，2019 (3)：72-81.

[56] 白鹤祥. 推动大湾区国际金融枢纽建设 [J]. 中国金融，2019 (19)：127-130.

[57] 张海梅，陈多多. 粤港澳大湾区背景下珠三角制造业与港澳服务业合作发展研究 [J]. 岭南学刊，2018 (2)：96-102.

[58] 吴东方. 粤港澳大湾区特色金融服务发展研究 [J]. 合作经济与科技，2019 (21)：55-57.

[59] 王力. 深化金融产业协同：助推粤港澳大湾区实现跨越式发展

[J]. 银行家, 2019 (8): 36-40.

[60] 现代服务业 [EB/OL]. [2020/06/11]. https://baike.sogou.com/v5294801.htm?fromTitle.

[61] 香港金融银行监管体制的演变 [EB/OL]. [2017/08/02]. https://wenku.baidu.com/view/fbf06fcd70fe910ef12d2af90242a8956becaab9.html.

[62] 香港, 金融地位亚洲之冠 [EB/OL]. [2018/11/10]. https://www.jfdaily.com/news/detail?id=115003.

[63] 2019年深圳市金融业运行情况 [EB/OL]. [2020/02/28]. http://jr.sz.gov.cn/sjrb/ydmh/xxgk/sjtj/content/post_6926255.html.

[64] 广东金融发展保持全国领先 [EB/OL]. [2019/01/31]. https://baijiahao.baidu.com/s?id=1624157111970657708&wfr=spider&for=pc.

[65] 广州跻身全球金融中心20强 [EB/OL]. [2020/03/07]. http://www.gd.xinhuanet.com/newscenter/2020-03/27/c_1125774359.htm.

[66] 姜后福. 试论澳门金融体系的稳定性与依附性 [D]. 北京: 对外经济贸易大学, 2005.

[67] 广东省地方金融监督管理局局长何晓军: 把金融资源配置到发展重点领域 [EB/OL]. [2018/12/06]. https://www.sohu.com/a/279932150_222493.

[68] 推动大湾区金融融合发展, 打造金融开放"试验田" [EB/OL]. [2020/01/19]. http://bashusong.blog.caixin.com/archives/220021.

[69] 雷玉桃, 薛鹏翔. 粤港澳大湾区城市功能分工与制造业发展的现状与未来 [J]. 新经济, 2018 (7): 22-24.

[70] 巴曙松, 白海峰, 胡文韬. 粤港澳大湾区金融机构协同发展策略 [J]. 开放导报, 2019 (4): 59-64.

[71] 姜剑涛. 粤港澳大湾区绿色金融发展研究 [J]. 市场论坛, 2018 (8): 49-51.

[72] 杨本建, 林云鹏. 粤港澳大湾区制造业升级现状分析 [J]. 城市观察, 2018 (4): 7-16.

[73] 麦婉华. 珠三角制造业现状——传统制造业转型 高新制造业发力 [J]. 小康, 2017 (8): 16-21.

[74] 陈云贤. 推动粤港澳大湾区金融发展 [J]. 中国金融, 2018 (21): 10-13.

[75] 周梓琪. 粤港澳大湾区带来的金融机遇与合作 [J]. 中国市场, 2019 (34): 40-47.

[76] 杨新荣, 杨勇军. 粤港澳大湾区第三产业发展的对策建议 [J]. 新经济, 2017 (10): 33-37.

[77] 王婷. 积极推动粤港澳大湾区先进制造业和现代服务业深度融合——专访知名国际经济专家李晓峰 [J]. 广东经济, 2019 (10): 24-27.

[78] 王晓红. 推动粤港澳大湾区金融合作进一步发展 [J]. 珠海特区报/2018年4月1日第008版.

[79] 刘彦平, 燕翔. 粤港澳大湾区建构的金融视角 [J]. 银行家, 2019 (11): 49-51.

[80] 徐奇渊. 以金融业为突破口培育澳门经济新动能, 推动大湾区建设 [J]. 银行家, 2019 (3): 44-45.

[81] 康萌越, 侯彦全, 李杨. 优化粤港澳大湾区工业布局的新思路 [J]. 科技中国, 2020 (1): 78-80.

[82] 覃成林, 潘丹丹. 粤港澳大湾区产业结构趋同及合意性分析 [J]. 经济与管理评论, 2018, 34 (3): 15-25.

[83] 眭文娟, 张昱, 王大卫. 粤港澳大湾区产业协同的发展现状——以珠三角9市制造业为例 [J]. 城市观察, 2018 (5): 24-30.

[84] 陈伟, 柳颖. 粤港澳大湾区服务型制造业竞争力创新要素结构性研究 [J]. 当代经济, 2018 (13): 54-55.

[85] 卓尚进. 粤港澳大湾区建设给金融业带来新机遇 [J]. 金融时报/2019年2月20日第004版.

[86] 申罗辉, 罗明. 粤港澳大湾区建设国际金融创新中心的新机遇研究 [J]. 中国软科学, 2017, (z1): 348-351, 373.

[87] 朱惠斌. 粤港澳大湾区金融产业空间格局与分异探讨 [J]. 岭南学刊, 2019 (6): 28-34.

[88] 吴俭. 粤港澳大湾区金融集聚与城市经济增长研究 [D]. 广州: 广东外语外贸大学, 2019.

[89] 周伟杰. 粤港澳大湾区金融集聚与经济增长的关系 [D]. 北京: 商务部国际贸易经济合作研究院, 2019.

[90] 吴巾巾. 粤港澳大湾区金融一体化研究 [D]. 广州: 广东外语外贸大学, 2019.

[91] 白钰. 粤港澳大湾区金融资源配置效率实证研究 [D]. 广州: 广东省社会科学院, 2019.

[92] 徐芳. 粤港澳大湾区生产性服务业与制造业协同发展的机理分析及对策——基于"一带一路"战略背景 [J]. 广西质量监督导报, 2019 (1): 129-130.

[93] 林树哲, 李秋俭, 谢嘉岚. 粤港澳大湾区金融发展与经济增长关系实证研究 [J]. 特区经济, 2019 (11): 48-51.

[94] 刘慧廷. 粤港澳大湾区服务业竞争力及影响因素研究 [D]. 广州: 华南理工大学, 2019.

[95] 蔡松锋, 肖敬亮, 文韵. 粤港澳大湾区发展现状与未来展望创新是大湾区今后发展的主要驱动力 [J]. 财经界, 2019 (6): 30-34.

[96] 李人可. 粤港澳大湾区城市群产业互补性分析及协同路径创新 [J]. 新经济, 2019 (11): 27-33.

[97] 李启华, 黄鹏, 杨久炎. 粤港澳大湾区服务经济发展研究 [J]. 城市观察, 2020 (1): 41-51.

[98] 阮雪梅, 周翠俭, 张睿. 粤港澳大湾区产业协同视角下惠州市生产性服务业发展分析 [J]. 世纪桥, 2019 (5): 78-80.

[99] 谢炜聪. 广州建设广深港澳科技创新走廊的定位、路径与对策 [J]. 广东开放大学学报, 2019, 28 (4): 23-27.

[100] 徐静. 人才总量 377 万人在穗工作院士 97 人 [N]. 广州日报,

2019-06-06（A6）.

[101] 张智伟. 2019 更深更广更创新，深圳推进粤港澳大湾建设是真正的. https：//www.iyiou.com/p/92391.html.

[102] 金晨. 2020 香港创科人才库将再添新丁. http：//hm.people.com.cn/n1/2020/0208/c42272-31576831.html.

[103] 证券时报. 香港：创新求变建立世界级科创中心. https：//baijiahao.baidu.com/s？id=1634350206801444735&wfr=spider&for=pc.

[104] 崔世平. 粤港澳大湾区科技创新走廊中澳门的机遇和担当 [J]. 科技导报，2019，37（23）：6-10.

[105] 从粤港澳大湾区看房地产前景（第二期：房地产发展趋势）[J]. 房地产导刊，2018（1）：22-25.

[106] 王静，唐晓莲. 广州市房地产周期波动分析 [J]. 企业导报，2010（3）：178-179.

[107] 张海洋. 东京房地产泡沫始末 [J]. 金融博览（银行客户），2009（12）：68-69.

[108] 刘洪，钱佳蓉. 房地产经济周期波动影响因素研究 [J]. 现代经济信息，2017（20）：10-11.

[109] 姚薇. 我国房地产经济周期波动影响因素分析 [J]. 科技经济市场，2016（8）：48-49.

[110] 王曦. 中国房地产经济周期波动影响因素分析 [D]. 成都：四川大学，2006.

[111] 刘济涛. 新形势下影响我国房地产经济周期波动因素的反思 [J]. 中国外资，2014（1）：134.

[112] 莫非. 浅谈当前影响房地产经济周期波动的因素以及带来的发展 [J]. 低碳世界，2014（9）：189-190.

[113] 彭晓莲. 国内外房地产经济周期研究综述 [J]. 当代经济，2009（9）：148-149.

[114] 刘学成. 国内房地产周期研究综述 [J]. 中国房地产，2001

(5): 17-19.

[115] 佟克克. 中国房地产周期波动理论和对策研究 [D]. 北京: 北京交通大学, 2006.

[116] 龙娟. 金融政策与中国房地产周期波动 [D]. 湘潭: 湘潭大学, 2011.

[117] 张红, 孙煦. 基于扩散指数模型的房地产市场景气循环研究——以北京市为例 [J]. 中国房地产, 2014 (24): 3-10.

[118] 刘继红. 我国房地产周期波动影响因素分析 [D]. 哈尔滨: 哈尔滨工业大学, 2008.

[119] 罗达, 胡化, 曹珊, 夏梦, 雷建. 武汉市房地产周期波动及其走势分析 [J]. 品牌, 2015 (4): 55-56, 60.

[120] 何国钊, 曹振良, 李晟. 中国房地产周期研究 [J]. 经济研究, 1996 (12): 51-56, 77.

[121] 任泽平, 夏磊, 熊柴. 房地产周期 [M]. 北京: 人民出版社, 2017.

[122] 任泽平, 夏磊. 全球房地产 [M]. 北京: 中信出版社, 2020.

[123] 上海社会科学院房地产业研究中心. 房地产周期与特征价格模型 [M]. 上海: 上海社会科学院出版社, 2003.

[124] 董藩, 丁宏, 陶斐斐. 房地产经济学 [M]. 北京: 清华大学出版社, 2012.

[125] 彭芳梅.《粤港澳大湾区发展规划纲要》解读与启示 [J]. 特区实践与理论, 2019, 235 (2): 80-84.

[126] 汪思婷. 城市更新4.0——粤港澳大湾区背景下城市更新新机遇 [J]. 住宅与房地产, 2017, 469 (20): 68-70.

[127] 陈冠明. 深圳市房地产业政策调控问题及对策研究 [D]. 武汉: 华中师范大学, 2018.

[128] 贾鹏翔. 我国房地产市场供求关系影响分析及相关举措 [J]. 住宅与房地产, 2019 (9): 5.

[129] 韩永辉, 张帆. 粤港澳大湾区的区域协同发展研究——基于供给侧结构性改革视角的分析 [J]. 治理现代化研究, 2018 (6): 51-56.

[130] 李震邦. 香港房地产发展的周期波动及应对策略研究 [D]. 南昌: 江西财经大学, 2019, 147.

[131] 破界重构 包容发展——粤港澳大湾区房地产市场白皮书 [EB/OL]. [2020/7/3]. https://baijiahao.baidu.com/s?id=1647724261669867892&wfr=spider&for=pc.

[132] 任泽平. 大势研判: 经济、政策与资本市场 [M]. 北京: 中信出版社, 2016.

[133] 南雪倩. 香港土地政策与土地利用机制 [J]. 北京规划建设, 2016 (3): 9-14.

[134] 代懋, 李若冲. 中国香港住房保障体系的综述及评估 [J]. 北京航空航天大学学报 (社会科学版), 2016, 29 (4): 8-14, 21.

[135] 安建平. 香港保障性住房建设中的政府角色及其对内地的启示研究 [D]. 广州: 华南理工大学, 2013.

[136] 蒋勇. 香港银行的住宅按揭业务及经验借鉴 [J]. 消费导刊, 2009 (7): 47-48.

[137] 张莹雪. 房地产税改革道路探寻——借鉴香港地区经验 [J]. 财会研究, 2019 (6): 17-20.

[138] 杨龙. H-REITs的现状、运作模式及对内地的启示 [J]. 海南金融, 2019 (11): 55-60.

[139] 李娟, 王霞. 香港房地产经纪行业发展情况及经验借鉴 [C]. 中国房地产估价与经纪 (2017年第2期 总第123期): 中国房地产估价师与房地产经纪人学会, 2017: 25-29.

[140] 邱峰. 开征住房空置税的考量及启示 [J]. 上海房地, 2019 (12): 21-26.

[141] 王韶. 粤港澳大湾区为房地产业发展带来持续动力 [J]. 中国房地产, 2018 (23): 37-42.

[142] 穆子犁. 防控房地产金融风险 [J]. 上海房地, 2018 (7): 32-35.

[143] 陈晟. 产业与地产如何做到相生共长 [J]. 中国房地产, 2018 (20): 46-50.

[144] 许鲁光. 在粤港澳大湾区建设中深化深港合作创新 [J]. 开放导报, 2017 (4): 32-36.

[145] 澳门产业发展研究 [J]. 科技与金融, 2019 (9): 66-73.

[146] 贺传皎, 王旭, 李江. 产城融合目标下的产业园区规划编制方法探讨——以深圳市为例 [J]. 城市规划, 2017, 41 (4): 27-32.

[147] 杨红旭. 高房价构成的五大要素 [J]. 上海房地, 2016 (1): 7-9.

[148] 任新立. 关于区域经济理论与粤港澳大湾区经济实践的探讨 [J]. 财经界, 2019 (10): 41-42.

[149] 陈章喜, 吴振帮. 粤港澳大湾区城市群土地利用结构与效率评价 [J]. 城市问题, 2019 (4): 29-35.

[150] 黄震宇. 土地财政与地方政府债务问题 [J]. 消费导刊, 2016 (8): 162-163.

[151] 蔡芬. 土地财政对产业结构合理化的影响研究 [D]. 成都: 西南交通大学, 2019: 56.

[152] 李芳. 基于区位理论的农家乐发展对策研究——以郑州市为例 [D]. 武汉: 华中师范大学, 2018: 10.

[153] 毛新雅, 彭希哲. 伦敦都市区与城市群人口城市化的空间路径及其启示 [J]. 北京社会科学, 2013 (4): 139-146.

[154] 粤港澳大湾区人口流动分析洞察报告, https://mp.weixin.qq.com/s/Q68M-0j1fscRdMx2tDvcHw.

[155] 唐艺彬. 美国纽约大都市圈经济发展研究, 2011, F299.712.3.

[156] 金信定. 浅析房地产证券化存在的问题及对策 [J]. 经济师, 2017 (6): 282-283.

[157] 陈考坤, 初国清. 房地产证券化探讨 [J]. 合作经济与科技, 2018 (21): 36-38.

[158] 叶样明. 房地产企业融资中资产证券化应用研究 [J]. 全国流通经济, 2019 (15): 114-115.

[159] 王敏磊. 我国房地产企业资产证券化融资研究 [D]. 福州: 福州大学, 2018: 59.

[160] 2017年中国资产证券化行业概况及发展现状分析 [EB/OL]. [2020/6/5]. http://www.chyxx.com/industry/201708/554405.html.

[161] 王芳. 我国房地产宏观调控政策效果分析 [D]. 北京: 首都经济贸易大学, 2018: 50.

[162] 张蔚. 货币政策与财政政策的房地产调控效果比较研究 [D]. 湘潭: 湘潭大学, 2014: 56.

[163] 曹秋雨. 中国房地产市场调控研究 [D]. 上海: 上海社会科学院, 2009: 64.

[164] 王峰峰. 我国房地产宏观调控政策效应分析 [D]. 成都: 西南财经大学, 2014: 93.

[165] 易欢萍. 我国银行房地产信贷与房地产价格的互动关系研究 [D]. 南京: 南京大学, 2013: 90.

[166] 龚斌恩. 我国货币政策的房地产价格传导效应研究 [D]. 上海: 复旦大学, 2012: 160.

[167] 任泽平, 夏磊, 熊柴. 房地产周期 [M]. 北京: 人民出版社, 2017.

[168] 刘畅. 中国房地产调控政策的历史回顾及展望 [J]. 中国经济报告, 2019 (6): 49-53.

[169] 郭兆利. 我国房地产市场调控政策对房地产价格的影响研究 [D]. 北京: 财政部财政科学研究所, 2015: 73.

[170] 李晓丹. 我国房地产调控政策绩效评价研究 [D]. 北京: 首都经济贸易大学, 2013: 59.

[171] 曹翔. 中国房地产宏观调控政策研究 [D]. 合肥：安徽大学，2013：43.

[172] 吴亭. 2003年以来中国房地产宏观调控的政策工具研究 [D]. 南京：南京大学，2012：56.

[173] 余建源. 中国房地产市场调控研究 [D]. 上海：上海社会科学院，2009：170.

[174] 曾睿. 中国房地产调控政策绩效研究 [D]. 南昌：江西财经大学，2012：59.